中国人民大学海商法保险法研究所主办

海商法保险法评论

（第十卷）

《民法典》对中国保险法律制度建设影响研究专辑

主　编	贾林青	陈　胜	
副主编	陈冬梅	郑　梁	王德明
编　务	张　凯	刘　琦	傅雪婷
	孙子璇	吴　迪	汪　昕
	王静波	王卓琳	王　琪

知识产权出版社
全国百佳图书出版单位
—北京—

图书在版编目（CIP）数据

海商法保险法评论．第十卷，《民法典》对中国保险法律制度建设影响研究专辑/贾林青，陈胜主编．—北京：知识产权出版社，2022.6
ISBN 978-7-5130-8130-6

Ⅰ.①海… Ⅱ.①贾… ②陈… Ⅲ.①海商法—研究—中国②保险法—研究—中国 Ⅳ.①D922.294.4②D922.284.4

中国版本图书馆 CIP 数据核字（2022）第 063703 号

责任编辑：江宜玲　　　　　　　　　　责任校对：潘凤越
封面设计：杨杨工作室·张冀　　　　　责任印制：孙婷婷

海商法保险法评论（第十卷）
——《民法典》对中国保险法律制度建设影响研究专辑

贾林青　陈　胜　主编

出版发行：	知识产权出版社有限责任公司	网　　址：	http://www.ipph.cn
社　　址：	北京市海淀区气象路 50 号院	邮　　编：	100081
责编电话：	010-82000860 转 8339	责编邮箱：	jiangyiling@cnipr.com
发行电话：	010-82000860 转 8101/8102	发行传真：	010-82000893/82005070/82000270
印　　刷：	北京虎彩文化传播有限公司	经　　销：	新华书店、各大网上书店及相关专业书店
开　　本：	787mm×1092mm 1/16	印　　张：	18
版　　次：	2022 年 6 月第 1 版	印　　次：	2022 年 6 月第 1 次印刷
字　　数：	336 千字	定　　价：	89.00 元
ISBN 978-7-5130-8130-6			

出版权专有　侵权必究
如有印装质量问题，本社负责调换。

序　言

好风凭借力，送我上青云

——写在《民法典》施行之时

  2021年1月1日起施行的《中华人民共和国民法典》（以下简称《民法典》），是中国在坚持和完善中国特色社会主义制度、推进国家治理体系和治理能力现代化的新征程中发生的一个重大事件。它标志着中国的民事立法终于由"成熟一个，通过一个"的诸多民事单行法律并存的阶段，进入"形成一部适应新时代中国特色社会主义发展要求，符合我国国情和实际，体例科学、结构严谨、规范合理、内容完整并协调一致的法典"阶段。

  毫不夸张地说，《民法典》的施行是为中国特色社会主义法制园林送入的春风，有利于满足广大人民日益增长的权利和利益保护的需要，增强人民群众的获得感、幸福感和安全感。因为，编纂《民法典》并非简单的法律汇编，而是适应现实社会需求，反映社会经济生活出现的新情况、新问题，包含了物权、合同关系、担保关系、婚姻家庭关系、收养关系、继承关系、侵权责任关系等诸多民事关系，是一个结构严谨、协调一致的系统工程。这意味着《民法典》拥有在宪法之下、适用范围涉及社会经济生活之方方面面的"二等法"地位，具有规范人们的各类人身关系和财产关系的基础性、综合性法律作用。它规定的内容不仅确立了各项民事原则，还规定了自然人、法人、非法人组织、民事权利、民事法律行为、代理、民事责任等基本的民事制度，并且，对于物权、合同、人格权、婚姻家庭、继承、侵权责任等制定了基本规则。故而，《民法典》的颁行与人民群众的社会活动和社会生活相关，它能够为人民群众参与社会经济活动、实现家庭稳定和睦等提供充分的法律调整和保护的依据。

  当然，也不要把《民法典》仅仅理解为处理家长里短的"市民法"，而应当从社会经济生活的全局高度去理解和认识《民法典》的立法价值和适用意义。即它的施行对于坚持和完善中国特色社会主义制度，推进依法治国，实现国家治理体系和治理能力现代化，坚持和完善社会主义基本经济制度，增进人民福祉等方面均具有重要意义。究其原因，《民法典》之名中所用的"民"不仅表明其所规范调整的民事主体之间的财产关系和人身关系指向众多自然人、个体家庭因日常围绕着柴米油盐酱醋茶而产生的生活关系，更是覆盖着现代社会经济的各个行业、各个环节、各个领域之中的生产关系。《民法典》规定的各项民事制度针对这些生产关系和生活关系的整体发挥着规范作用。正如全国人民代表大会常务委员会副委员长王晨在《关于〈中华人民共和国民法典（草案）〉的说明》中所讲的："我国民事法律制度建设一直秉持'民商合一'的传统，把许多商事法律规范纳入民法之中。编纂民法典，进一步完善我国民商事领域基本法律制度和行为规则，为各类民商事活动提供基本遵循，有利于充分调动民事主体的积极性和创造性、维护交易安全、维护市场秩序，有利于营造各种所有制主体依法平等使用资源要素、公开公平公正参与竞争、同等受到法律保护的市场环境，推动经济高质量发展。"❶可见，《民法典》在强调调整平等主体之间财产关系和人身关系的"私法"体系中，处于基本法的地位，统领着我国民商事法律体系，作为协调统一的法律规范体系对社会经济生活发挥着规范调整作用。

在我国社会主义经济生活中占有一席之地的保险市场正处于深入发展时期，其对于各个经济领域的稳定发展具有无可替代的保障作用。为此，保险活动当然要接受《保险法》的规范调整，同时，它也必须是《民法典》调整对象的一部分。这充分表明《民法典》与《保险法》之间的关系不可能是相互排斥的。无论是视《保险法》为独立商事部门法，还是视其为《民法典》之特别法，相同点是均肯定《民法典》与《保险法》是密不可分的，认为《保险法》应当是《民法典》的下位法，《民法典》对于《保险法》的制定和适用均具有指导和领导的意义。所以说，《民法典》对于《保险法》所包含的各项保险法律制度的影响，是直接的、客观的。

首先，《保险法》用于规范调整保险活动的诸多制度规则应当脱胎于《民法典》的基本规定，要遵循《民法典》的立法精神和规定内容。虽然，我国当前的《保险法》采取了保险合同制度与保险业法合二为一的立法体例，但笔者认为，这两部分并不仅仅是立法形式上的"合体"，而是彼此之间相互分工合作、有机地合为一体。保险合同制度是直接用于确立和调整保险交易活动的行为规则，以实现保险活动参与者的保险交易目的。而保险业法部分也并非单纯

---

❶ 王晨. 关于《中华人民共和国民法典（草案）》的说明 [G] //中华人民共和国民法典（有声典藏纪念版）. 北京：人民法院出版社，2020：394.

的行政法律规范，而属于典型的商事规范，是服务于保险交易活动的，约束保险交易参与者，特别是保险人的行为规则，具有维持正常保险交易秩序、促进保险交易实现的作用。因此，《保险法》所规定的保险合同制度规则和保险业法规范均应当接受和落实《民法典》之基本原则和有关民事主体、民事权利、民事法律行为、民事责任以及合同编、人格权编、婚姻家庭编、继承编、侵权责任编等方面的规则内容和规定精神。其次，《民法典》对于《保险法》的引导作用也是非常突出的。因为，《民法典》是在我国民事法律规范体系较为完备、民事司法实践经验丰富、民法理论研究水平较高的基础上，吸收了原有民事单行法律的经验，适应了我国社会经济现阶段发展的需要应运而生的，具有显著的先进性、科学性和可操作性。这些都为我国《保险法》的完善进步提供了充分的前提条件。众所周知，中国保险市场的形成发展不过40余年，与西方国家的保险市场相比还很年轻，但又是活力十足的，这对保险法律制度的调整提出了很高的要求，必然需要《保险法》具有高水平、高质量，能为保险市场提供充分的、行之有效的法律保障。这意味着中国保险法制建设任重道远，需要有高水平的法律思想和理论基础予以支持。如今，《民法典》的施行正逢其时，借助代表《民法典》先进性和科学性的法律精神和规则内容，可以为《保险法》制度规则的设计和修改完善提供指导和借鉴，提升保险法律制度与中国保险市场的契合度，从而为将中国建设成为保险强国提供完善的法律环境。

主编

2022 年 5 月 25 日

目 录

第一编 《民法典》对中国保险法律制度的影响

《民法典》视角下保险合同制度的创新发展 …………………… 贾林青 3
《民法典》人格权单独成编与责任保险的发展机遇 ………… 姚 军 周 勇 25
刍议《民法典》基础上的保险消费者之个人信息保护制度 ……… 贾辰歌 35
《保险法》与《民法典》的衔接与协调 ………………… 郝 磊 包志会 46
《民法典》视野下保险金索赔时效的教义学解构 ………………… 黄清新 59
数据时代《民法典》视域下保险中介行业的挑战及应对
　　——以独立个人保险代理人为视角 ……………… 付立新 陈淑锐 69

第二编 中国保险法律制度的建设与完善

财产保险中"受益人"法律地位辨析及利益衡量 ……… 郑 梁 汪航舵 83
保险标的转让规则之反思与完善 …………………………………… 林 一 98
论互联网保险说明义务
　　——基于司法实践案例的争议 ………………………………… 林雨珠 116
财产保全保证保险解除制度的探索与实践 ……………………… 邢嘉栋 126
我国 UBI 车险制度构建研究 ……………………… 孙宏涛 刘秉昊 138
疫情时期营业中断保险承保范围的扩张与适用 ………………… 罗紫译 147
意外险监管历史沿革及展望 ……………………… 陈 胜 缪简仪 162
长期护理保险体系构建探讨 ……………………………………… 陈冬梅 173
保险资金的来源划分与运用规划研究 ……………… 王 荟 乔 石 183

第三编 保险法律实务研究

保险合同中"禁止性"免责条款司法裁判偏失及矫正研究 ……… 聂 勇 197
顺风车运行行为的保险保障路径探析 …………………………… 朱 玥 210

伤残等级比例赔付保险条款的法律属性辨析……………………史卫进 220
年金保险系典型的储蓄型保险
　　——兼与陈禹彦、邓晓隆律师商榷……………………………偶　见 229
被接管金融机构的风险化解
　　——以安邦集团接管实践为例……………………………陈　胜 洪浩熠 237

第四编　中国保险法制研究的新视角

论大规模传染病纳入巨灾保险制度的路径
　　——以疫情下发挥保险社会治理功能为视角…………………柳冰玲 249
供应链金融中保险创新的价值与法律检视………………陆新峰 高　洁 259
网络互助法律制度建构重要问题刍议……………………………何启豪 269

第一编

《民法典》对中国保险法律制度的影响

《民法典》视角下保险合同制度的创新发展[1]

贾林青[2]

摘 要 《民法典》与《保险法》之间难以分割的关系决定着《保险法》诸多制度的建立和施行都必须遵从《民法典》确立的基本原则和基本规定,而《保险法》作为民商法律的组成部分,又必须针对保险领域之保险活动的特殊需要,在符合《民法典》基本原则和基本规定的同时,建立合于保险市场诸多特点的保险法律制度。因此,我国《民法典》的颁行不仅为《保险法》的制度建设奠定了法律基础,还为保险合同制度规则的设计及其相关保险法理论的创新和发展提供了巨大空间。本文择其重点,仅就参与保险活动的主体地位和权利保护、互联网保险合同的订立规则和责任保险制度的创新进行研究和讨论。

关键词 民法典 保险合同 制度 创新 发展

《民法典》是与人民群众的社会生活息息相关的基本立法,它的颁布施行成为我国社会主义法制建设的重要内容,对于民商事法律的科学适用和制度发展具有重要的意义。《保险法》作为民商事法律的组成部分,属于《民法典》的下位法,其制度建设和适用必然会受到《民法典》的影响,服从《民法典》的基本规定和原则精神。因此,我国《民法典》的颁行,为我国保险合同制度的建设和完善奠定了必要的法律前提,并为保险合同制度规则及其相关保险法理论的创新和发展提供了巨大的空间。

需要说明的是,本文所提的保险合同制度规则及其相关保险法理论的创新发展指的是,在保持保险制度应有的法律本质和经济特征的基础上,根据我国社会主义市场经济发展对于保险业和保险市场的新需求,不仅在保险法理论上加以创新,而且在保险制度规则的设计和制定上不能囿于传统的习惯和做法,

---

[1] 此文原载于邢炜主编《〈民法典〉颁布对保险业的影响》(中国金融出版社2021年版),经作者润色修改后收录于本书。

[2] 贾林青,中国人民大学法学院教授,中国保险法研究会副会长。

墨守成规，而是针对保险市场面临的新问题，提出新的创新性理论，设计切实可行的新制度规则，实施新的应对举措，以为我国实现由保险大国向保险强国转变的目标提供科学、有力的法律保障。

限于篇幅，笔者仅就如下保险立法中重点的、体会较深的、发展中的三个问题谈谈看法，以求抛砖引玉。

一、落实《民法典》之民事权利受法律保护的原则精神，统一明确保险关系各方参与者的法律地位，为公平保护各方保险当事人的权利提供法律依据

客观地讲，在现代民商事法律范畴内，除了《保险法》以外，民商事法律关系当事人的法律地位平等，在其他诸多民商事法律领域内是不成问题的。原因在于，现代法理学和民商法学均强调民商事活动的参与者都是相应的民商事法律关系的当事人，民商事法律平等地对各方当事人提供法律保护。正是在此意义上，《民法典》第3条规定了"民事主体的人身权利、财产权利以及其他合法权益受法律保护"，构成《民法典》的首要原则。

究其原因，保护当事人的民事权利及其他合法权益是我国民法的基本精神，也是民事立法的出发点和落脚点。该原则直接体现着《民法典》的立法目的，统领着《民法典》和整个民商事法律体系。这意味着民商事法律体系作为一个以调整平等民商事主体之间的财产关系和人身关系为己任的法律体系，在规范和调整多种多样的民商事活动时，其诸多法律规范应当是内在统一的、存在相互有机联系的法律系统。虽然，针对调整广泛的、繁复的民商事活动的需要，民商事法律体系中存在诸多内容不同的、各自具有相对独立性的法律文件，但是，这些法律规范对于很多共性问题需要存在内在的协调统一性[1]。其中，认定民商事活动参与者的法律地位，理应是民商事法律领域一个基本的共性问题，用以体现民商事法律是以平等主体的当事人之间的法律关系作为调整对象的基本特色。

不过，具体到《保险法》的现有理论和制度设计上，关于保险活动参与者法律地位的认定问题，却是不同于其他民商事法律。现有的大多数《保险法》和保险学的书籍，在谈及保险活动参与者的法律地位时，并非统一使用当事人的概念，而是存在当事人和关系人的不同称谓，即保险人和投保人是保险关系

---

[1] 冯玉军. 完善以宪法为核心的中国特色社会主义法律体系研究［M］. 北京：中国人民大学出版社，2018：84.

的当事人，而被保险人和受益人则被称为关系人❶，赋予了保险关系的当事人和关系人不同的身份和地位，形成了《保险法》特有的保险主体分类。在此，笔者要强调的是，目前的保险法理论界和实务界普遍地将保险活动参与者划分为当事人和关系人绝不仅是一个单纯的理论问题，而且是我国保险实务和保险审判中具有实际意义的法律适用问题。例如，2020年6月至今引起各界关注和热议的"武汉金凤假黄金案"，在进入司法审判程序之后，作为当事人的A保险公司针对涉案的《财产保险合同》将原告（B信托公司）列为受益人的案件情节，向某高级人民法院提起上诉，其上诉的观点之一是B信托公司不享有诉权，其所持上诉理由就是：B信托公司"不是案涉保险合同的当事人，只是作为接受案涉保险合同履行的人，并非合同的权利主体，无权依据案涉保险合同提起诉讼"。

笔者无意在这里讨论该案的是非曲直，仅就A保险公司的这一上诉观点及其上诉理由而言，不难看出，其所依据的保险法理论基础正是源自保险活动参与者存在当事人与关系人之区别的传统看法。这意味着保险关系的当事人与关系人，不只是称谓的不同，更是在保险关系中处于不同的法律地位，直接的结果是权利主体身份的有无，尤其是民事权利的享有与否。

至于说，为什么保险活动的参与者要有当事人与关系人的区分，学者们在各自的著述中只有只言片语，并没有进行详细的阐述。概括来讲，保险关系的当事人就是保险合同的签订人，而关系人则是"与保险合同有重要关系的人"❷，具体而言，就是指"虽然不是保险契约的主体，但保险契约的订立、保险契约效力的维持及保险事故的发生与之有利害关系之人"❸。显然，《保险法》上区分保险活动参与者为当事人与关系人的看法是保险领域中的传统观点和主流观点，它是按照保险活动参与者对于保险活动的联系和影响而做出的划分。这一占主导地位的保险主体类型划分及其划分依据已经成为《保险法》理论上和保险实务中长期以来的通行认识，不过，它是否具有科学性、能否适应现代保险市场的发展需要值得商榷。

---

❶ 孙祁祥. 保险学 [M]. 5版. 北京：北京大学出版社，2013：47-49；庄咏文. 保险法教程 [M]. 北京：法律出版社，1986：56-60；李嘉华. 涉外保险法 [M]. 北京：法律出版社，1991：90；魏华林. 保险法学 [M]. 北京：中国金融出版社，1998：72；朱铭来. 保险法学 [M]. 天津：南开大学出版社，2006：47-52；樊启荣. 保险法 [M]. 北京：北京大学出版社，2011：39-41；刘宗荣. 保险法 [M]. 4版. 台北：翰芦图书出版有限公司，2011：87-105；江朝国. 保险法基础理论 [M]. 台北：瑞兴图书股份有限公司，2009：149；汪信君，廖世昌. 保险法理论与实务 [M]. 台北：元照出版有限公司，2006：23-26；傅廷中. 保险法论 [M]. 北京：清华大学出版社，2011：34；许崇苗，李利. 中国保险法原理与适用 [M]. 北京：法律出版社，2006：181-205.

❷ 孙祁祥. 保险学 [M]. 5版. 北京：北京大学出版社，2013：47；庄咏文. 保险法教程 [M]. 北京：法律出版社，1986：56.

❸ 刘宗荣. 保险法 [M]. 4版. 台北：翰芦图书出版有限公司，2011：87.

笔者却对此传统观点持完全相反的看法，认为保险活动的各方参与者均是保险关系的当事人，不应当、也没有必要区分为当事人与关系人❶。因为，按照上述《保险法》和保险学的论述，将保险活动参与者区分为当事人与关系人的观点，是建立在这些保险参与者与保险合同之间的联系和影响之上的，体现着各保险参与者参与保险活动时的经济联系，或者说是各保险参与者与保险活动之间经济联系的程度，而并不是各保险参与者在法律层面的身份地位。不可否认，按照现代法理学和民法学理论，保险参与者与保险活动之间的经济联系是客观存在的社会物质关系，属于以物质为内容的社会经济关系，它是建立保险法律关系的前提和基础，却不是保险法律关系本身。为了使此类社会经济关系的确立和发展和谐有序，国家运用民法和《保险法》来调整保险经济关系，"从而使受法律调整的社会关系获得了法律关系的性质"❷，它是上升为意识形态上、由民事权利和民事义务，更具体地是保险权利和保险义务构成的思想意识关系。此类保险法律关系是以保险经济关系为基础的，并借助法律的效力来反映、确认、维护和实现保险经济关系的法律手段。它才应当是用来认定保险活动参与者的主体身份和主体地位的根据，而不是拘泥于保险参与者与保险经济关系之间的联系。这一认定保险活动参与者的方法才是符合现代法律精神和现代民法思想的，它可以为我国保险市场的有序发展提供更为科学的法律支持。

当然，着眼于保险法律关系，将保险参与者的主体身份统一为保险关系的当事人，是出于维护保险法律关系的法律效力，公平保护各方保险参与者合法权益的需要。而要实现此目标，我们在运用这一方式认定保险活动参与者身份地位时，就应当落实两个要点：一是强调各保险参与者的法律地位平等。无论是保险人、投保人参与保险合同的签订，还是被保险人、受益人取得和行使保险请求权，均是这些保险主体参与保险活动的具体表现，其共性在于这些保险主体都是保险活动的组成部分，都具有各自的角色地位和价值作用。他们一旦具有法律资格而依法获取相应的主体身份时，就成为保险活动之目的得以实现的必要条件，故而，民法和《保险法》就应当赋予这些保险主体相互之间平等的法律地位。尤其是，民商法的调整对象是平等民事主体之间的社会关系，即市场交易关系，而《保险法》专门涉及的保险活动恰恰是保险商品交换关系，从而，需要强调各方保险参与者之间处于平等的法律地位，平等地接受法律的保护。统一认定各方保险参与者是当事人，也就是切实实现保险关系当事人的

---

❶ 贾林青. 保险法 [M]. 6版. 北京：中国人民大学出版社，2020：63-68.
❷ 王利明. 民法 [M]. 4版. 北京：中国人民大学出版社，2008：43.

平等性，避免因划分为当事人与关系人而产生对各方保险参与者厚此薄彼的误解。二是强调权利本位。之所以"民商法被称为'权利法'或'保护权利的法律'"❶，原因在于民商法是以权利为本位的法律体系。在《民法典》的民事权利受法律保护之原则的统领下，民商法的众多制度均立足于保护民事主体民事利益的需要，确立了一系列的民商事权利，对这些民商事权利施加平等的法律保护。《保险法》是民商事法律的具体部分之一，同样是以"保护保险活动当事人的合法权益"（《保险法》第1条）为己任。具体到因保险活动而建立的保险关系，保险人、投保人、被保险人和受益人基于各自的角色地位，都依照法律规定或者当事人的约定而享有一定的权利，承担各自的义务。《保险法》确认和保护这些权利，也就意味着保护各方参与者在保险关系中所具有的经济利益。可见，认定各方保险参与者均是当事人，便是实现对各方保险参与者在保险关系中的权利进行平等保护的必然需要。

然而，我国《保险法》仅仅是在首条中将"保护保险活动当事人的合法权益"列为其立法目的，并未将保险参与者是当事人作为明文规定。鉴于此，笔者建议，《保险法》出于贯彻《民法典》之民事权利受法律保护的原则精神，需要统一明确地规定："保险关系的保险人、投保人、被保险人和受益人是保险关系的当事人，各自的权利受法律保护。"这样可为保险实践中认定保险参与者地位而公平保护各方保险当事人的权利和利益提供直接的法律依据。

二、以《民法典》规定合同订立规则为依据，构建科学严谨兼有创新意义的保险合同订立制度，用以适应我国保险市场迅猛发展的需要

众所周知，在整个《民法典》的1260个条款中，有关合同之债的条款占据半壁江山。它由第一编第五章的民事权利之一的合同所生债权（第119条合同之债）到第三编的合同制度，构成我国《民法典》之债法的主体部分。同时，大家也清楚：由于民商立法的分工，我国《民法典》的第三编列举性规定的19类有名合同中并不包含保险合同，而保险合同制度构成我国《保险法》的两大部分之一。不过，《民法典》与《保险法》之间存在的普通法与特别法的关系决定了《保险法》规定的保险合同规则优先得以适用，但《保险法》没有规定的，就应当适用《民法典》的规定。其中，规范保险合同的订立规则便是如此。笔者认为，鉴于我国《保险法》关于保险合同的订立规则主要集中在第13条，故而，运用《民法典》的有关规则来处理保险合同的订立事宜时，

---

❶ 王利明. 民商法研究：第四辑[M]. 北京：法律出版社，1999：8.

就需要考虑如何将《民法典》的基本规定与我国保险市场的实践需求、活动特点有机地结合，充分发挥民商法规范和调整保险合同关系的作用，促进我国保险市场的良性发展。为此，就保险合同订立问题，提出两点制度建设上的建议。

（一）强化《保险法》第 13 条的科学性，提升其调整保险合同订立的实操性，为认定保险合同的成立与生效提供严谨的法律标准

就我国社会主义市场经济的整体角度来讲，各类民商事合同作为基本的法律手段被广泛地适用于各个民商事活动领域，相应的法律规则就构成了《民法典》的合同制度。其中，有关合同订立的法律规则占有十分重要的地位，这取决于订立合同是合同活动的肇始端，从而规范合同订立的法律规则就成为债权债务关系得以确立的法律前提，成为认定合同成立与生效的直接法律依据。

相比较而言，在保险合同的订立环节，特别是认定保险合同的成立与生效问题，因保险业经营特点而形成的习惯做法导致其成为一个更为复杂的问题。虽然，我国《保险法》第 13 条确认了保险合同是诺成合同的属性，按其规定的保险合同成立与生效的标准是："投保人提出保险要求，经保险人同意承保，保险合同成立。保险人应当及时向投保人签发保险单或者其他保险凭证。"（第 1 款）"依法成立的保险合同，自成立时生效。投保人和保险人可以对合同的效力约定附条件或者附期限。"（第 3 款）这一认定标准看起来较为清晰明了——保险合同成立于"保险人同意承保"，至于保险合同的生效时间，一般情况下，应当是自保险合同成立之时，不应当再有问题。然而，保险实践和保险审判的经验告诉我们，按照《保险法》第 13 条的规定来判定保险合同的成立与生效时，仍然存在如下的法律难点。

(1) 关于保险合同成立时间的认定，依据《民法典》和《保险法》的规定，应当"是双方当事人的磋商过程结束、达成共同意思表示的时间界限"❶，即订立保险合同所需的要约（保险实践中所称的投保）和承诺（保险实践中所称的承保）完成之时。因为，按照《合同法》的基本理论，"保险合同的签订过程，是投保人和保险人意思表示趋于一致的过程"❷。也就是说，投保人提出保险要求，这一意思表示依法构成要约；而保险人同意承保的意思表示，依法构成承诺，表明双方针对保险合同的订立事宜意思表示一致，最终达成了协议，保险合同当然自此即告成立。

但是，《保险法》第 13 条第 1 款仅仅用"保险人同意承保"来表述签订保

---

❶ 中华人民共和国民法典（实用版）[G]. 北京：中国法制出版社，2020：315.
❷ 中华人民共和国保险法（实用版）[G]. 北京：中国法制出版社，2015：7.

险合同所需的承诺环节，则显得过于概括笼统，缺少实操性，难以满足保险实务的需要。而此规定文字又缺乏相应的立法解释和直接的司法解释，导致保险实践和保险审判中对于"同意承保"会出现不同的理解和判断。究其原因，是在我国的保险业务流程中存在保险人的内部核保环节，需要占用一定的时间。由此引发的问题就是，衡量保险人"同意承保"，是以保险人收到投保人的投保要求（抑或收取全部或者部分保险费）的时间为标志，还是以保险人完成内部核保工作（抑或签发保险单或者其他保险凭证）的时间为标志。对此，《保险法》未做进一步的规定。

  笔者的看法，着眼于保护投保人、被保险人获取保险保障的利益需要，应当以保险人收到投保人的投保要求（抑或收取保险费）的时间作为保险合同成立的标志，保险合同自此时成立。除非保险人在完成内部核保工作后，主张投保人、被保险人不符合承保条件，并举出相关证据加以证明，才能够确认保险合同不成立，这是平衡保险人与投保人、被保险人之利益冲突的客观需要。理由在于，保险市场上普遍使用的格式合同已然在很大程度上限制了保险合同的订约自由，使得合同自由原则名存实亡，并形成了保险合同的附和性特征。这导致保险人与投保人、被保险人处于实质上强弱不对等的地位，促使现代保险法通过对处于弱势地位的投保人、被保险人一方有意识地实行倾斜性保护来重新平衡双方之间的利益关系。因此，具体到保险合同的订立环节，如果将保险公司"同意承保"理解为保险公司完成了核保程序，甚至是签发保险单之时，实质上是将本属于保险公司内部工作流程的核保程序所占用的时间加诸投保人、被保险人身上，损害了投保人、被保险人理应享有的时间利益。由于在保险实践中，保险人的内部核保工作要花费一定的时间，通常需要1~15个工作日，自保单签发之日起到保单送达投保人的时间平均是1周时间。可见，以保险人完成内部核保程序、签发保单之时为"同意承保"，这对于投保人、被保险人而言，是有失公平的。而且，以保险人收到投保人的投保要求的时间认定为保险合同的成立时间，也能够避免在保险人内部核保期间至签发保险单给投保人之时，因发生相应的保险合同约定的保险事故，出现"保险空白期"而产生的保险纠纷。

  为此，笔者建议《保险法》在第13条中增加一款规定："保险人收取投保人的投保（或续保）要求时，是同意承保，当事人另有约定的除外。"

  （2）关于保险合同之"保险空白期"的处理，笔者提出，以保险人收到投保人的投保要求（抑或收取保险费）的时间认定保险合同的成立，完全是迎合了保险合同订立的实践特点。不过，这只能是一般的认定标准，它并不排除当事人自行约定保险合同的成立时间作为依据。因此，如果当事人之间约定以保险人完成内部核保工作,签发保险单或者其他保险凭证时作为保险合同成立时间,仍然会存在"保险空白期"(或者称为"空窗期"[1])问题。尤其是人寿保险合同的订立,保险人普遍地要预收保险费,并对被保险人进行体检和调查,致使人寿保险合同处于不能成立和生效的状态。一旦投保人自交付投保文件来表达投保要求或者缴纳保险费给保险人至保险人完成核保并签发保险单之前的这段时间内,发生保险事故,却没有保险人之保险责任提供保险保障的情况就不可避免。

如何解决这一问题,我国《保险法》没有做出明确的规定,理论界大多认为,对于"保险空白期"内发生的保险事故,保险人不应当承担保险责任。理由是,保险人在这种情况下尚未承保,保险合同尚未成立,如果就开始承担保险责任,法律上难以解释[2]。保险审判则呈现出分歧较大、裁判结果不同的局面。国外保险立法和保险实务在处理"保险空白期"问题时,"鉴于其保险法信守的所谓保险合同对保险期间内的保险事故提供风险保障的规则"[3],采取了多种措施来加以改革,填补"保险空白期"的保险责任真空。有的学者研究此保险法专题时,将这些措施概括为保险人签发暂保单、按照保险费收据规则来开具预收保险费收据、适用保证续保规则、建立预约保险合同和适用于海上保险合同的追溯保险规则五大项[4]。我国在建设保险强国的过程中,同样要改变处理"保险空白期"无法可依的状态。

笔者对此的看法是,出于平衡保险合同双方当事人利益的需要,既要比较研究和借鉴国外处理"保险空白期"的成功经验,又要考虑我国保险市场的实际情况,确立当事人自愿约定与法律强制临时保险相结合的处理模式:一方面落实合同自由原则,鼓励保险合同当事人明确约定处理"保险空白期"的措施,适用暂保单、预约保险合同等临时保险方法,或者约定追溯保险条款来填补保险责任空白;另一方面建议《保险法》建立强制临时保险规则,增加规定"当事人未约定的情况下,保险人收取了投保人的投保单或者保险费的,对于保险合同成立和生效前发生的保险事故,应当按照投保单要求的投保内容承担保险责任;不符合承保条件的除外"。

(3) 对于"保险人应当及时向投保人签发保险单或者其他保险凭证"之规定的理解。需要指出,《保险法》第13条第1款规定的这一行文字表述,也是保险实践中存在不同看法的一个问题。有的学者提出,保险单是保险合同订立

---

[1] 樊启荣. 保险法诸问题与新展望 [M]. 北京:北京大学出版社, 2015:52-69.
[2] 叶启洲. 保险法专题研究(一) [M]. 台北:元照出版有限公司, 2007:183.
[3] 史卫进. "保险空白期"成因与治理规则比较研究 [M]. 北京:法律出版社, 2013:3.
[4] 史卫进. "保险空白期"成因与治理规则比较研究 [M]. 北京:法律出版社, 2013:3-5.

过程中的重要法律文件，绝对是一种保险合同。"保险人将签发保单作为承诺的一种方式，则保险合同就是以保险单的签发作为成立标志的。"❶ 有的学者主张，保险立法应当确认保险合同为不要式合同，其成立与生效并不以保险单的签发作为前提条件。"虽然于实务上，保险人未简化手续，常以保险单或暂保单之签发为承诺之意思表示，但并不表示保险单或暂保单等于保险契约。"❷ 笔者同样持保险合同应为不要式合同的观点，无论是在保险法理论上，还是在保险实务中，都不应当将保险合同与保险单混为一谈：保险合同是当事人之间就确立保险活动中的保险权利和保险义务而达成意思表示一致的协议，属于双方法律行为；而保险单则是一种物质载体，是用来固定展现保险权利和保险义务内容的表现手段。因此，保险合同可以借助保险单来表现，也可以用其他保险凭证或者某种方式来表现。这意味着保险合同与保险单是可以相互分离的，后者不是前者必需的形式，更不能成为保险合同成立的条件。

凭此观点来理解《保险法》第13条第1款规定的"保险人应当及时向投保人签发保险单或者其他保险凭证"，保险合同的订立行为与保险人签发保险单或者其他保险凭证的签单行为是相互独立又紧密联系的两个法律行为。仅就保险人签发保险单或者其他保险凭证的签单行为而言，它并非保险合同的订立行为本身，更不要将其理解为保险人同意承保（承诺）的组成部分，而是保险人为履行其所承担的法定缔约义务而实施的独立于保险合同订立以外的一个独立行为。我国《保险法》在保险合同订立行为以外，专句做出这一规定，目的在于赋予保险人在保险合同订立的过程中承担的又一项缔约义务——及时向投保人签发保险单，以便尽快完成整个保险合同的订立环节，用保险人签发的保险单来证明保险合同的存在，揭示保险合同的内容；同时，让保险人承担此项缔约义务更是保障保险消费者权益的需要。因此，"而课赋保险人于契约订立后将保险契约之文件交付予要保人，使其得进一步了解契约条款内容，及其于保险契约下应履行之义务与得主张之权利"❸。不过，需要指出的是，笔者之所以将"保险人应当及时向投保人签发保险单或者其他保险凭证"定性为缔约义务，意义在于突出保险人签发保单的行为即使是独立行为，也还是属于保险合同订立环节的一部分，不同于成立生效之后的保险合同项下的合同内义务。纵使保险人延迟签发保险单甚至不签发，亦不影响保险合同的成立与生效，而保险人则要由此承担相应的缔约过失责任。

---

❶ 史学瀛，郭宏彬. 保险法前沿问题案例研究[M]. 北京：中国经济出版社，2001：25.
❷ 江朝国. 保险法逐条释义：第二卷 保险契约[M]. 台北：元照出版有限公司，2013：37.
❸ 汪信君，廖世昌. 保险法理论与实务[M]. 台北：元照出版有限公司，2006：15.

（二）针对互联网保险发展中对保险合同的新需要，创新保险合同的订立规则，为我国保险市场的深度发展提供应有的法律空间

近年来随着现代信息技术在我国的迅猛发展，我国社会迅速地进入了信息时代。互联网已经遍及大众生活的各个领域，影响着各个行业的生产经营，在很大程度上改变了人们的生产和生活方式，直接影响到每一个人的消费模式，保险市场自然不能置身事外。这促使借助互联网开展的电子商务——以电子形式在信息网络上进行的商品交易和服务活动——的日益兴起，并逐步形成了新兴的网络经济。2000年在瑞士达沃斯召开的世界经济论坛就已经向全世界宣布网络经济是世界经济的发展方向。为此，国务院提出了"互联网+"的概念，运用互联网技术巨大的创新力量来引导和鼓励人们探索和拓展互联网在我国经济社会的适用空间。

而构成我国互联网金融的一部分并具有相对独立性的互联网保险，就是采取网上金融服务形式的新型电子商务。自2005年4月1日中国人民财产保险股份有限公司签出国内第一张电子保单至今，以电子保单为代表的互联网保险业务已然为越来越多的保险公司所接受和运用，并作为保险服务的新模式推向保险市场。应当说，互联网保险是对保险业传统营销模式的重大变革，是运用互联网这一现代信息技术手段而开拓的新保险服务领域，采用新的保险服务渠道和方式，向新的客户群体的新型保险需求提供新的保险服务活动。

经过十几年的发展历程，互联网保险的经营模式已经由初期单纯地通过网上投保、核保、缴费和生成电子保单或者由购买人持有自助式保险卡来网上激活、核保和生成电子保单的方式进行传统保险产品的销售活动，实质上是保险人增加了一个传统保险产品的销售途径（笔者称其为互联网保险的初级阶段❶），逐步上升为以互联网市场（互联网经济）作为保险服务对象而开展的保险经营形式（笔者称其为互联网保险的高级阶段）。这不仅表现为泰康人寿保险股份有限公司与淘宝网联手于2013年11月推出新的互联网保险产品"乐业宝"，更以第一家互联网保险公司——众安在线财产保险股份有限公司于2013年9月经中国保监会❷批准开业经营为标志。该互联网保险公司的保险业务范围包括借助网络技术直接与互联网交易相关的企业、家庭以及众多互联网市场的从业者建立保险关系，向这些保险需求者提供新型的保险产品。例如，

---

❶ 根据中国保险行业协会发布的《互联网保险行业发展报告》的统计，2011—2013年，国内经营互联网保险业务的保险公司从28家增加到60家，年均增长率为46%，规模保费从32亿元增长到291亿元，三年间增幅达810%。

❷ 2018年3月，根据第十三届全国人民代表大会一次会议第五次全体会议批准的《国务院机构改革方案》，不再保留中国保险监督管理委员会（即保监会），组建中国银行保险监督管理委员会，简称为"中国银保监会"。

"众乐宝"和"乐业宝"这两个互联网保险产品。前者是众安在线财产保险股份有限公司于获准开业经营后不久的 2013 年 9 月,向互联网市场推出的第一款互联网保险产品,全称为"众乐宝—保证金计划"。它是该家互联网保险公司首批公布的 5 款保险产品之一,面向淘宝集市的 900 多万家,且有 400 多万家加入消保协议的卖家之履约能力提供保险保障,成为国内第一款针对电子商务领域开发的互联网保证金保险❶。后者是泰康人寿保险与淘宝网联手于 2013 年 11 月推出上线经营的专门针对电子商务创业人群的保险保障计划,依托互联网运作,向电商平台上的卖家、客服、店小二等参与网上交易活动的群体提供低成本、高保障的意外、医疗、养老人身保险保障,填补了电商群体"无保险"的空白,对于淘宝网当时已达 2000 万人的电商群体颇具吸引力❷。可见,这类专门以互联网市场(经济)作为保险适用区域的、为参与互联网经营的电商所面临的经营风险提供保险保障的保险产品,明显地有别于为传统的农业、工业以及服务业等社会经济门类的生产经营和社会公众日常生活的消费领域提供保险保障的传统保险产品。这无疑是将互联网市场纳入保险业经营服务的范畴,扩展了现代保险服务的领域,笔者称其为互联网的高级阶段。

与互联网保险的初级阶段相比较,互联网保险的高级阶段不仅是保险产品营销模式的创新,而且发生了实质性的市场变化,使其在诸多方面均与传统保险市场活动存在本质上的不同。因为,它是专门针对现代信息技术条件下新兴的互联网市场(经济)而构建的保险服务领域,按照互联网技术的信息化和虚拟化特点而设计和提供新的保险产品,形成特殊的市场运行规律,满足其市场活动参与者新的保险需求。

借助保险市场的上述实例,我们不难发现,无论是互联网保险的初级阶段,还是其高级阶段,其共同之处在于:借助现代互联网信息技术,出现于该特定领域内的保险活动具有无纸化、即时性的特色。这不仅能够为参与互联网保险活动的当事人带来便捷的、高效率的市场经营效果,同时又催生了不同于传统保险领域的保险运行的新规律和新风险因素。诸如,互联网保险的信息化技术决定着一旦出现技术性故障,便可能面临互联网保险的信息数据丢失所带来的困难和损失;互联网保险的无纸化和即时性使得互联网金融活动的参与者

---

❶ "众乐宝"是首款保证金保险,专为淘宝卖家定制。它具有收费低、额度高、周期长的特点。该保险按照保险期限收取不同费率的保险费,半年期费率为 1.8%,一年期费率为 3%。因此,一年期的保险费只有 18 元,就可取代原本需缴纳 1000 元到 10000 元不等的消费者保证金,可以让投保人获得最长一年、最高 20 万元的保险保障额度。在发生维权纠纷需要保证金赔付时,先由保证金计划垫付,确保电商的经营不受影响,从而提高电商的信誉度。

❷ "乐业宝"的内容是:投保人只要每个月投入 10 元保险费,即可在保险事故(身故或者确诊罹患癌症)发生时获取一次性赔付 10 万元;每月支出 5 元,住院时可享受每天 50 元的保障金额。而且,可以理赔的医院超过了 3000 家,基本覆盖了全国的所有城市。

的信用风险更加突出，参与互联网市场经营的广大电商、互联网平台的服务方的经营风险是不可无视的，而互联网保险所采用的"支付宝"等网上支付手段更让消费者面临着复杂的、隐秘的支付风险。这些风险因素对于参与互联网市场活动的当事人，尤其是互联网金融的消费者来讲，会产生重要的负面影响，因此，互联网保险作为现代社会经济活动中重要的保障机制，应当将这些风险因素纳入其保险保障的范围，并以此来区别于传统的保险领域。

这意味着互联网保险对《保险法》的规范调整提出新的要求，形成《保险法》适用上的新需求，保险立法应当对此做出回应，才能适应互联网保险稳定有序发展的要求。其中突出的一点，就表现在互联网保险模式下保险合同的订立方式。借助互联网技术实施的网上操作，保险参与者在投保环节上，是以网上点击操作形式取代了彼此面对面的签约，大大简化了保险合同的签约过程，提高了签约效率。但是，由此引发的法律问题，就是直接影响着保险合同成立与生效的认定标准。这成为现下在保险法理论界和实务界争议颇大的一个问题，存在诸多观点，诸如收费说、激活说、预约和本约并存说、买卖说等。

（1）收费说认为利用互联网销售保险产品的保险公司收取了投保人缴纳的保险费，应当视为其同意承保。因此，相应的保险合同应当自保险人收到保险费之时成立和生效。

（2）激活说提出互联网环境下订立保险合同的过程中，投保人缴纳保险费属于签约所需的要约，而投保人按照保险人设计的签约步骤和操作流程完成操作过程，直到最终点击"同意"键进行确认激活或者将自助保险卡在互联网系统上激活时，为保险合同成立和生效的标志。

（3）预约与本约并存说则是主要针对电子保单范围内采取的自助保险卡模式，认为自助保险卡的交易（购卡交易）环节属于订立保险合同的预约，而电子交易双方各自在互联网上实施的激活自助保险卡和生成保险单的环节才是订立保险合同的本约，故应当认定生成保险单之时保险合同成立和生效。

（4）买卖说则是专门针对自助式保险卡提出的观点，认为购买自助保险卡属于一个买卖合同的订立，该买卖过程完成之时就是其所涉及的保险合同的成立和生效的时间。

概括上述各观点可见，其共性在于认定互联网环境下保险合同的成立与生效的时间标准，不应当适用《合同法》的一般规定，而需要重新设计认定的法律标准。

应当说，上述各观点各有独特的视角和合同法理论的支持，不过，考虑到保险合同在互联网环境下的订立，其成立与生效的标准仍然应当是以《民法典》的合同编有关保险合同成立与生效的一般性法律规定为基础的。《民法典》

第 464 条规定"合同是民事主体之间设立、变更、终止民事法律关系的协定",强调的是双方当事人之间意思表示一致的"合意"。这意味着任何一个合同关系的建立,均必须经过"当事人双方相互交换意思表示的过程,法律上称之为要约和承诺",最终达成协议的过程❶,这自然包括适用于保险市场的保险合同。不过,保险关系当事人在互联网环境下订立保险合同并取得电子保单的,该保险合同的成立与生效必然不同于传统的合同订立形式,需要重新设计认定电子保单所涉保险合同成立与生效的法律规则,以此适应互联网保险领域的要求。具体而言:确认投保人网上投保或者持卡网上激活的行为是承诺,由此生成的电子保单所涉保险合同自此成立与生效,不妨称其为"承诺说"。

笔者提出所谓"承诺说"的观点,主要是根据互联网传输技术的操作特点,重新考虑《民法典》合同编第 2 章规定的要约和承诺在网上订立保险合同过程中的地位和作用。首先,保险人利用网络技术所设计的,并且在网络上以销售为目的提供给不特定的社会公众公开选择购买的包括具体保险险种内容的保险产品(格式化条款)以及网上投保的操作流程等,应当是一种以电子数据形式表现的愿意出卖具体保险产品的意思表示,理应认定其为网上订立保险合同所需的"要约"。因为,保险人在网络上设计和公开销售的这种保险产品,虽然是向不特定的社会公众发出的一种意思表示,但是该意思表示不应当视为一般的商业广告,更不应视为要约邀请。原因在于,保险公司向不特定社会公众网上销售保险产品的行为具备了《民法典》第 472 条规定的要约条件:①该意思表示不仅包含了相应保险的基本(主要)条款和投保条件以及投保流程,并附有该保险产品的说明手册等内容,完全具备了相应的保险合同应有的具体、确定的条款内容。②该意思表示在网络设计上明确表示了如此意思:只要符合该意思表示设计要求的投保条件并按照网上投保流程来表达投保意思的,设计和网上推出该保险产品的保险人予以承诺,并受该承诺的约束。这意味着任何一个有意购买该保险产品的人,只要依赖保险公司的投保条件、投保须知和投保流程进行网上操作,就可以成功完成网上购买保险的活动。因此,即使保险人是通过网上向不特定的社会公众发布其设计的保险产品的内容和网上操作流程,按照《民法典》第 473 条第 2 款的规定,也应当认定该意思表示属于符合要约条件的商业广告,构成网上订立保险合同的要约环节,而不应当将其等同于《民法典》第 473 条第 1 款所规定的要约邀请。区别在于,要约邀请不是以订立合同为目的的意思表示,而仅仅是一种事实行为,"是当事人订立合

---

❶ 王家福. 中国民法学:民法债权 [M]. 北京:法律出版社,1993:279.

同的预备行为,在发出要约邀请时,当事人仍处于订约的准备阶段"❶。

其次,与上述的网上保险要约相对应的是,有意购买该保险产品的投保人,只要按照保险人在网上发布的投保条件和投保流程进行网上操作,就可以成功地完成投保过程,并获取记载保险合同内容的电子保单。由此,投保人实施的购买电子保单的投保过程就是其完全同意保险人之要约的真实意思,构成《民法典》第479条所规定的承诺,则认定该投保人在网上购买电子保单的投保行为无疑当属网上订立保险合同所需的承诺。因为,投保人在网上购买电子保单时,只能是在互联网终端上面对着保险人事先拟订好的格式化保险条款,并按照网上的操作流程而逐步完成,处于被动的附和地位,表明其网上投保的过程中只能表达同意或者不同意的意思,可说是"受要约人以要约人希望的方式表示同意要约中所表示的条款"❷。

显然,在上述网上订立保险合同的步骤中,保险人处于要约人地位,而投保人为承诺人,与习惯上面对面订立保险合同时,双方当事人的订约地位完全不同。但是,它与《保险法》第13条第1款有关"投保人提出保险要求,经保险人同意承保"而体现的保险合同订立步骤并不矛盾。因为,该条规定只是体现出投保人与保险人之间订立保险合同所需的双方意思表示对应的协商关系,并不意味着投保人提出保险要求必然在先,只能处于要约人的地位,而保险人同意承保也并非必然在后的承诺。更何况,按照合同法理论,要约与承诺的地位本就不是固定不变的,往往会因实际情况的需要而发生身份和地位置换。因此,确认互联网环境下订立保险合同的,"保险人同意承保"表现为向不特定的人公开销售,并表示接受约束的意思表示,构成要约;与此相对应,"投保人提出保险要求"就表现为投保人按照操作流程在网上进行投保操作,并成功完成购买的意思表示,属于承诺。

从而,认定电子商务所涉保险合同的成立与生效时间,就必须与上述网上订立保险合同的运作特点相适应,并据此依法认定网上所订保险合同的成立与生效。具体而言,投保人是以承诺人的身份进行网上投保操作,则按照《民法典》第484条第2款、第483条以及第137条的规定精神,投保人按照保险人设计的投保条件和投保流程进行网上投保的数据电文进入保险人(收件人)指定的特定系统的时间为投保人之承诺生效的时间,只要在保险人设计的网上销售电子保单的意思表示中未就该电子保单的生效条件和生效时间作出特别要求的情况下,也就是其所获取的电子保单所涉保险合同的成立和生效之时。

---

❶ 王利明. 民商法研究:第四辑 [M]. 北京:法律出版社,1999:459.
❷ 杰弗里·费里尔,迈克尔·纳文. 美国合同法精解 [M]. 陈彦明,译. 北京:北京大学出版社,2009:143.

三、以《民法典》的侵权责任制度为基础,创新责任保险法律制度,扩展责任保险的适用范围,提升其社会功能,为实现《民法典》侵权责任制度的立法宗旨提供必要的保险制度支持

熟悉民法的都知道,侵权责任制度是其重要的一部分。我国《民法典》将原有的《侵权责任法》吸收为其独立的第七编,彰显了侵权责任制度的法律价值。它不仅关系到民事主体的权益保护,也与责任保险的适用密切相关,即责任保险的实现正是以《民法典》第七编有关侵权责任的规定作为前提和判定是否承担保险责任之标准的。

责任保险与侵权责任制度产生紧密联系的契合点,就在于责任保险特有的风险转移机制能够将被保险人依法应当承担的侵权责任(所产生的民事赔偿责任)转移出去,由保险人依照责任保险合同的约定向第三人(受害人)予以履行。毫无疑问,由保险人替代履行被保险人的民事赔偿责任,实质上是强化了被保险人向第三人(受害人)履行民事赔偿能力,可以让第三人(受害人)获取充分的民事赔偿金额。显然,责任保险的适用,增加了实现侵权责任制度之立法目标的途径,实现了侵权责任制度规定的法律价值。应当说,责任保险的迅速发展与城市化、商业活动,尤其是与制造业的增长以及私人与公共交通的增长密不可分[1]。由于近现代人类社会生活的范围不断扩展,社会活动的内容日新月异,人与人之间的交往更加复杂多样。现代侵权责任法的规范调整也是日臻完善,形成方方面面的行为规则。它不仅有利于保护人们在各类社会活动中的权利和利益,也必然导致社会公众在日常的工作和生活中面临诸多行为规则的约束,因此,大家也必然涉及由于自己的过错甚至无过错状态下违反相关行为规则而侵害他人合法权益而向受害人承担民事赔偿责任的情况。按照保险法理论,这种承担民事责任的可能性构成现代社会生活中的责任风险。可见,责任保险制度与侵权责任制度之间的联系是与生俱来的,在适用关系上是缺一不可的。一方面,责任保险的适用必须以侵权责任关系的存在为前提。因为,"责任保险之缘起,原在填补被保险人因过失侵害第三人权利而为损害所致之损失",即"责任保险制度之设计,原来是针对侵权行为责任尤以汽车驾驶人对第三人之侵权行为及雇佣人之侵权行为之责任为主要领域"[2],正所谓"皮之不存,毛将焉附"?失去了侵权责任制度,责任保险就失去前提条件而无从适用。无被保险人实施侵权行为而依法应当承担的侵权责任,即使有责任保险

---

[1] 所罗门·许布纳,小肯尼思·布莱克,伯纳德·韦布. 财产和责任保险[M]. 4版. 陈欣,等译. 北京:中国人民大学出版社,2002:384.

[2] 樊启荣. 保险法[M]. 北京:北京大学出版社,2011:147-148.

也无法判断保险人是否应当承担保险责任。另一方面,责任保险的适用成为侵权责任制度得以贯彻实现的重要途径之一。如前所述,责任保险具有的风险转移功能指被保险人能够通过购买责任保险将其所面临的对他人承担法律责任的风险转移给保险人,达到用保险赔偿来填补被保险人因赔偿第三人(受害人)所致损害的结果。显然,保险人在责任保险项下的替代赔偿能够确保侵权责任制度之立法目标的实现。

当然,责任保险作为近代大机器工业社会的产物,是保险家族中的年轻成员,其在各国保险市场的发展并不平衡。归纳西方各国的经验,责任保险自19世纪中期肇始于英国的铁路承运人责任保险(1855年)和马车第三者责任保险(1875年)至今,仅有不到两百年的历史。不过,出于满足民商事立法,尤其是侵权责任法日益完善发展的需要,以及为适应社会生活城市化、现代制造业和交通运输业的高速发展,责任保险在西方各国的发展迅速。特别是在侵权责任法十分发达的美国等国家,责任保险的适用范围极大、险种丰富。仅以美国为例,由于美国有十分发达的侵权责任法,美国社会公众又普遍地习惯于通过诉讼来追究侵权人的侵权责任,保护自己的合法权益,故而,美国社会上的责任风险可说是无所不在。它意味着人们所参与的各种社会活动,都可能面临诸如产品质量(食品安全)责任风险、生产安全责任风险、公众安全责任风险、职业责任风险等无法事先预料的各种潜在的责任风险,需借助责任保险加以预先评估和事后的保险赔偿。因此,了解现代社会环境下产生各类责任风险的构成因素以及法律后果就显得非常重要,"只有掌握了风险的信息,才有可能识别出各种风险的来源,虽然有时只能对潜在损失的大小作出估计"❶。可见,责任保险制度现身于各国保险市场是近现代社会经济发展的客观需要,表明其被应用于保险市场并不断发展扩大是社会经济生活和法律制度发展的必然现象。

相比之下,责任保险作为我国保险市场的一部分,其发展情况是怎样的?这可以从以下两个角度分别加以评价。

第一个角度的分析,就是对应着《侵权责任法》规定的民事侵权责任而适用的基础类保险业务❷的责任保险领域,它在我国保险市场的发展不尽如人意。责任保险在我国发展为独立险种,最初是机动车辆第三者责任保险作为强制保险在全国各地被普遍适用。同时,在涉外保险范围内,陆续开办了船舶、

---

❶ 所罗门·许布纳,小肯尼思·布莱克,伯纳德·韦布. 财产和责任保险 [M]. 4版. 陈欣,等译. 北京:中国人民大学出版社,2002:368.

❷ 根据原中国保监会发布的《保险公司业务范围分级管理办法》(保监发〔2013〕41号)规定,以保险业务的属性和风险特征为标准,将保险公司业务范围分为基础类业务和扩展类业务。责任保险属于基础类保险业务。

飞机、汽车以及建筑安装工程的第三者责任保险、公众责任保险、产品责任保险和雇主责任保险等专门性责任保险。之所以说这些责任保险属于基础类保险业务，在于它们是经过了一定时间的适用，比较成熟，市场规模比较稳定，是传统意义上的针对民事侵权责任来提供保险保障的责任保险产品。虽然，这些责任保险适用至今经历了 40 多年，但是，它们在我国保险市场上的总体占比仍然比较小。仅以 2013 年为例，《中国非寿险市场发展研究报告 2013》提供的数据显示，国内财险市场排名前三位的人保财险公司、平安财险公司和太保财险公司三家的 2013 年责任保险的保费收入在各主要险种保费收入中的占比是 3%～4%，位居各险种的第三四位；且这三家财险公司合计占责任保险市场的份额就超过 60%❶。可见，我国责任保险市场的传统责任保险产品的发展是不平衡的，责任保险在各财险公司之间发展也不平衡。特别是，这些责任保险业务显现出产品单一、产品设计同质化等问题。同时，就我国责任保险市场的现状来看，各个责任保险产品之间的发展也是不平衡的。其中，占绝大多数的是各类交通运输工具的第三者责任保险，而其他责任保险或者仅仅适用于特定范围之内，规模不大，由于社会公众的投保比率过低使其难以达到预期的社会效果。这与保险业对于责任保险产品的宣传不够重视，导致其在公众之中的普及率过低不无关系，也意味着传统责任保险尚有极大的发展潜力。

第二个角度的分析，就是新型责任保险的创新在我国责任保险领域劲头十足，表现出极大的生命活力。伴随着中国特色社会主义市场经济和经济体制改革的深化发展，我国保险业亦与时俱进，处于创新发展过程中，其中，责任保险领域的变化是可圈可点的。诸如，出于加强建筑业的安全生产、降低工伤事故的发生率、保护建筑工人生命安全的目标，各地政府都在考虑引入商业保险机制，参与建筑工程责任的分散与转移，并制定建筑工程责任保险法规来规范建筑工程责任保险的运行。2015 年前后产生了以诉讼保全责任作为保险标的的诉讼保全责任保险，并逐渐在各地各级法院得到接受和普及。2016 年 10 月，最高人民法院颁布的《关于人民法院办理财产保险案件若干问题的规定》中明文将该责任保险确认为申请财产保全的担保方法之一❷，使其正式成为我国责任保险市场上适用于司法审判领域的第一个新型责任保险产品。如今，由于有的地方法院与商业保险公司合作，将用于依法赔偿救助对象的执行救助基

---

❶ 吴焰．中国非寿险市场发展研究报告 2013 [R]．北京：中国经济出版社，2014：83-138．

❷ 笔者对此持有异议，认为诉讼财产保全责任保险是一种保险产品，具有向诉讼财产保全之受害人提供保险赔偿的保障功能，但它并非保险人提供的担保。

金用来购买执行（司法）救助保险❶，以达到扩大救助基金规模、切实实现执行（司法）救助的目标，并且又进一步扩展为司法救助保险，使该保险的适用范围逐渐扩大为司法救助的全领域。从这个角度观察我国的责任保险市场，又因其富有生命活力的创新性，展现出拓展市场的极大冲击力，甚至突破了传统责任保险的适用定式，创新性地扩展了责任保险的适用范围。

这充分说明我国责任保险市场的发展仍然任重道远，也对法律环境提出了更高的要求：特别是在《民法典》颁行的基础上，如何有效发挥《民法典》对责任保险市场的积极影响，实现责任保险市场的创新和飞跃？笔者认为，应当与《民法典》的侵权责任制度紧密配合，建设具有先进性、创新性和科学性的责任保险制度。当前，需要落实两项工作重点：

（一）保险立法要细化有关责任保险的规定，为保险产品的设计提供法律依据，促进责任保险产品与《民法典》之侵权责任编的规定相互对接，丰富传统保险产品领域的保障内容和产品类型，形成责任保险市场体系，助力《民法典》的贯彻落实

鉴于我国责任保险市场尚处于发展的起步阶段，要想改变我国责任保险市场发展不足的现状，国务院于2014年8月发布的《关于加快发展现代保险服务业的若干意见》（以下简称"新国十条"）将发展责任保险作为其所包含的十大方面的内容之一来加以阐述，从发挥保险的风险管理功能、完善社会治理体系的高度，提出了发展各类责任保险的规划，以便达到"充分发挥责任保险在事前风险防范、事中风险控制、事后理赔服务等方面的功能作用，用经济杠杆和多样化的责任保险产品化解民事责任纠纷"❷。当然，在我国发展责任保险，不能一拥而上、一蹴而就。需要根据我国社会经济发展的客观要求，构建科学的合理的责任保险制度体系，用以满足中国社会发展的实际需要，促进中国社会的稳定发展。首先，应当借助《民法典》施行的大好时机，对照《民法典》侵权责任编关于各类特殊侵权责任和一般侵权责任的类型划分和构成条件，对比现有的责任保险产品的条款内容和适用情况，寻找责任保险产品设计上与《民法典》规定不相吻合的缺陷，分析其市场普及率过低的原因，确立解决问题的方案。同时，重视新型责任保险产品的设计和推广适用，弥补针对《民法典》规定的侵权责任类型所存在的空白点。而要实现责任保险市场的完善发展，也需要保险立法层面上的支持。为此，笔者建议完善责任保险制度的立法建设，或者是在《保险法》中增加有关责任保险的规定，改变现行《保险法》

---

❶ 笔者认为，司法救助保险的性质，就是以投保的法院和其他政府机构或执法部门为投保人、以司法救助对象为第三人的责任保险。

❷ 国务院关于加快发展现代保险服务业的若干意见（国发〔2014〕29号）[N]. 中国保险报，2014-08-14（2）.

的责任保险规定仅有两条的局面,丰富和细化责任保险制度规则;或者是在《保险法》之外另行制定和颁行下位法——"责任保险条例",对于责任保险制度做出全面的规定。

当然,建立完善的责任保险制度规则,也需要正确认识责任保险制度对民法之侵权责任制度具有积极的促进作用,改变责任保险对《侵权责任法》产生负面影响的消极看法。因为,民法学界长久以来就对责任保险存在一种质疑的声音,认为:责任保险的适用和发展会对《侵权责任法》的预防功能产生减损的影响,质疑责任保险制度削弱了《侵权责任法》抑制侵权行为发生的作用[1]。该观点所持理由是,责任保险制度将侵权行为的损害赔偿责任的承担者,由侵权行为人转变为保险公司,最终是分散给同一种危险制造者共同承担,形成了损害赔偿责任社会化的效果,根本性地动摇了自罗马法以来确立的"谁侵权谁承担责任"的法律规则,它实际上是"将加害人从承担损害赔偿责任的枷锁中解放出来,这在某种程度上将侵权行为法对于加害行为的抑制功能大打折扣"[2]。此一适用效果所产生的作用,是将侵权人从承担损害赔偿责任的法律约束效力之下予以解脱,削弱了《侵权责任法》对侵权行为的抑制作用。更有甚者,有观点认为责任保险的适用会助长保险领域"道德危险"的发生,让故意侵权的加害人逍遥法外。笔者不能同意这些诟病责任保险的观点,因为,该观点的形成只是根据保险公司在责任保险合同中的设计内容而出现加害人免除支付民事赔偿金的表象,却未能透过现象而认识到责任保险最终保护受害人的本质作用。只有剖析责任保险本质,才能够理解责任保险的适用机制在于利用保险服务的价格机制作用引导其运行走向,是由一定社会领域内的多数侵权责任群体分散承担诸个体侵权责任的理念。这一责任保险机制的适用结果,无疑是借助责任分担群体的经济实力来加强个体的侵权责任人向特定的受害人履行赔偿责任的经济实力,因此,确实提升了侵权责任人向受害第三人履行民事赔偿责任的能力,从而增强了受害第三人获取民事赔偿的实际效果。可见,这是与《侵权责任法》树立的惩罚侵权责任人之侵权行为,保护受害第三人合法权益的目标完全一致的,不仅未让侵权责任人逃避或者减轻所应承担的侵权责任,反而进一步确保《侵权责任法》惩罚侵权责任人,保护受害第三人的立法目的得到切实贯彻。因为,保险人借助责任保险单作出的承担保险赔偿责任的承诺只能理解为,保险人是依据责任保险合同的约定来代表被保险人向受害第三人支付保险赔偿金,并非保险人替代被保险人赔偿第三人遭受的

---

[1][2] 韩长印,韩永强.保险法新论[M].北京:中国政法大学出版社,2010:296.

损失❶。

(二) 实现责任保险的理论创新，用以适应和引导我国责任保险实务中的创新发展，提升和强化责任保险之多层次、多方面的社会管理功能

总结责任保险制度在各国的适用实践，可以发现其如今的价值取向已经从最初的注重保护被保险人利益转向强调保护遭受损害的第三人的利益。这充分表现在现代责任保险的独立性日益突出，使得责任保险制度的发展日益显现出与民事责任相互脱离而独立存在的趋势❷。也就是说，随着责任保险在现代社会生活中适用范围的日益扩大，责任保险甚至遍及各个社会领域。尤其是强制责任保险在保险市场上的出现和适用，更加表现出责任保险项下的保险责任不断突出独立于民事侵权责任之外，也正是由此出现了责任保险项下的受害人对保险人的直接请求给付保险赔偿的制度。因为，现代责任保险的重点，在于强调保险公司所应承担的保险赔偿责任或者定额给付责任，确定保险人所应承担的保险责任只是与受害人的损害结果相关联，也就是说确认该保险责任之内容范围的根据逐渐地与被保险人依据《侵权责任法》是否承担民事赔偿责任以及承担赔偿责任的范围大小没有直接关系了。这显现出现代责任保险制度以其补偿第三人损害的作用而具有一定的社会管理功能。

笔者肯定此一确认责任保险具有一定的社会管理功能，能够及时补偿受害第三方的利益的观点。因此，这也意味着对责任保险制度进行创新的必要性，由此表明其作为一种保险经营内容，向社会提供保险保障的范围应当与时俱进，不断保持持续创新发展的生命力。但是，必须确认责任保险独立发展的趋势不能与侵权责任理论完全相悖，道理是显而易见的，责任保险毕竟是保险市场经营的一部分，需要遵循保险市场运行的规律和习惯。责任保险自身的发展当然要符合特有的市场机制，从而，责任保险制度的发展与《侵权责任法》逐渐脱离，两者渐行渐远也就不足为奇。不过，这种分离只能是程度上的变化，不会发生根本性的本质变化，即责任保险制度与《侵权责任法》之间不可能截然分开，原因在于：责任保险的构建和适用必须建立在侵权责任基础之上，无侵权责任也就不可能存在责任保险。这一不争的事实决定着《侵权责任法》成为责任保险制度的生命之源。

反观我国责任保险的发展实践，诸如上述的建筑工程责任保险、诉讼财产保全责任保险、执行（司法）救助保险等新型的责任保险产品完全是对责任保

---

❶ 所罗门·许布纳，小肯尼思·布莱克，伯纳德·韦布. 财产和责任保险 [M]. 4版. 陈欣，等译. 北京：中国人民大学出版社，2002：383.

❷ 卞江生. 对于责任保险偏离民事责任趋势的几点看法 [G] //贾林青. 海商法保险法评论（第五卷）. 北京：知识产权出版社，2012.

险制度的创新发展，具有重大的社会意义。这集中表现在，上述新的责任保险险种已经突破了长期以来责任保险的保险标的限于民事赔偿责任的传统，将其适用范围扩展到行政责任、司法审判责任、司法救助责任等领域。因为，上述的建筑工程责任保险所涉及的显然是各地政府对建筑行业安全生产的监督管理责任，理应纳入各地政府的行政管理职责。诉讼保全责任保险所涉及的自然是相应的法院在诉讼保全阶段的司法审判职责。至于司法救助保险（或称执行救助保险），其实质上仍然是责任保险的属性，因为，它是由法院或者其他政府部门作为投保人运用司法救助基金来购买，将被救助对象列为责任保险关系之第三人的地位，而它所涉及的是法院或者其他政府机关所承担的司法救助职责。

这种责任保险的突破性创新发展，社会意义十分明显。首先，责任保险的这种创新是商业保险参与国家治理体系现代化的具体内容，完全符合中国的具体国情。因为，党的十八届三中全会确立实现国家治理体系和治理能力现代化的目标，需要通过全社会的参与来完成。而商业保险公司通过上述责任保险的介入参与，能够分担和减轻政府或者法院履职各自承担的国家管理职能的压力，提高国家管理的效率，满足人民群众的实际需要。而从政府的角度讲，它可以借助保险公司经营责任保险所提供的市场化服务，在公共服务领域提升社会管理效率。具体表现在，政府得以利用责任保险具有的化解社会矛盾和社会纠纷的功能作用，运用责任保险所包含的对价机制分别从事先风险预防、事中风险控制和事后理赔服务等各个环节实现化解侵权纠纷，及时履行管理职责的社会效果。从而，其在保障民事侵权中作为受害第三者的社会公众得到及时有效的保护，在尽快恢复稳定和谐的社会秩序的同时，也提高了政府从风险管理角度对社会实施高效率、快速管理的水平。其次，责任保险的这种创新发展完全符合中国的国情，它可以借助商业保险来扩大相应社会资金的规模，弥补现有社会保障制度尚未完善现状下的社会空缺，有利于社会民生水平的发展提高。同时，责任保险的这种创新发展也是保险业参与社会资源再分配的具体内容，将国家财政资金或者其他社会资金向特定的行政责任或者司法审判责任、司法救助责任等所涉及的特定人员进行支付，就属于社会资源的再分配。

所以，大家应当面对责任保险在保险实践中的创新发展，在理论层面进行分析研究，建立具有中国特色的创新性的责任保险理论，以便引导责任保险的制度立法和新型责任保险产品的设计。笔者的初步认识是，与中国的现实国情相适应，责任保险制度的法律功能不仅是向受害人进行保险补偿的保障，用以贯彻《民法典》之侵权责任编的规定，也兼有一定的参与社会管理的职能。这决定了我国责任保险的保险标的不只局限于民事侵权责任，也可以是投保责任保险的行政机关、司法机关等依法所承担的行政管理职责、司法审判职责等。不过，也不必一看责任保险的"责任"二字就马上变色，避而远之。在此，"责任"一词并不单指违反管理职责所要承担的法律责任，一般情况下，它指的是作为投保人的行政机关、司法机关依法承担的行政职责、司法职责等。

《民法典》人格权单独成编与责任保险的发展机遇[1]

姚 军[2] 周 勇[3]

摘 要 《民法典》人格权单独成编,建立了完整的人格权享有、人格权益的支配与人格权保护规范体系,为高度依赖于立法与司法发展的责任保险提供了新的发展机遇。具体而言,人格权编以人的基本权利为核心的理念能有效引导责任保险的逻辑基础从分散侵权人责任到保护受害人之重心转移;《民法典》人格权独立成编,能进一步唤起社会公众的权利保护意识,为责任保险发展提供良好契机;《民法典》人格权编对人的生命、身体、健康权利的优先保护为强制责任保险的发展奠定基础;《民法典》对人格权保护范围的进一步扩张为责任保险产品提供了具体的责任基础。

关键词 人格权 责任保险 人格权保护

保险行业的发展历程,经历了从以承保物质利益风险的财产保险为起点,到以承保人身风险的人寿保险为重心,再到以承保法律责任风险的责任保险为跃点的发展之路。责任保险是行业创新发展的必然趋势之一,也是保险业成为社会保障体系的重要一环。然而,责任保险的发展高度依赖于法制体系的建设,责任保险的创新与国家立法及司法环境密不可分。我国新颁布的《民法典》作为"民事主体的权利宝典",构建了完整的民事权利体系,尤其是人格权独立成编,为责任保险发展提供了新的机遇。

---

[1] 此文原载于邢炜主编《〈民法典〉颁布对保险业的影响》(中国金融出版社 2021 年版),经作者润色修改后收录于本书。

[2] 姚军,中国平安保险(集团)股份有限公司工会联合会主席、资深法律顾问,中国人民大学食品安全协同发展创新中心食品安全责任保险研究所研究员。

[3] 周勇,中国平安财产保险股份有限公司法律合规部初级律师。

一、《民法典》人格权编的立法革新

(一) 人格权独立成编，形成完整人格权利规范体系

我国人格权法的发展呈现出明显的理论与司法实践相互促进的特征：在理论层面，有法学家们创新研究的丰硕成果，百花齐放、百家争鸣，在司法实践也有对人格权益保护的不断探索；在立法层面，此前宣示型、碎片型的立法模式成为人格权学说争鸣的重要主题，概括式立法亦为社会公众对于人格权益的保护徒增困惑；在司法实践层面，人格权纠纷案件不断涌现，在民事争议案件中占比与日俱增，但模糊的人格权概念与边界是法官在审理人格权案件时不得不面对的难题，对此法律适用之困难，期待立法作出回应。

《民法典》为周全保护民事主体合法权益，对相关利益予以立法确认，为便利司法适用，全面地对人格权做了体系化编排。人格权编的出台意味着过去零散的、效力层级不一的人格权保护规范集中至民事基本法中做统一规定，实现体系化蜕变，以学说与司法实践共同推进人格权益保护的模式转向以立法规范确认为主、司法实践发展为辅的模式。[1] 通过建立完整人格权享有、人格权益的支配与人格权保护规范体系，实现由传统事后救济到关注事前防御性保护的迭变。我国《民法典》人格权独立成编，充分体现了现代化人格权保护和规制模式的新发展，也为人格权的开放性、体系性规定提供可能。

(二) 以人格尊严为中心，扩张人格权保护范围

孟德斯鸠曾说："在民法的慈母般的眼里，每一个个人就是整个的国家。"[2] 与公法不同，处于私法核心地位的民法更加关注公民个体自由和尊严的保障，将个人的权利保障视为社会的最高价值。我国《民法典》回归民法之"人法"本质，构建了以人的自由与人格尊严为核心的人格权体系。

具体而言，我国《民法典》确立了"具体人格权＋一般人格权"的人格权体系。《民法典》人格权编不仅对生命权、身体权、健康权、姓名权、名称权、名誉权、肖像权、隐私权、个人信息等具体的人格权益进行了详细的规定，还对人格尊严、人身自由等一般人格权作出了规定，其中既包括物质性人格权，也包括精神性人格权。

相比较而言，《民法典》对人格权保护范围做了如下扩充：

一是对姓名、名称权的扩大保护。《民法典》第1017条规定："具有一定社会知名度，被他人使用足以造成公众混淆的笔名、艺名、网名、译名、字

---

[1] 张红.《民法典（人格权编）》一般规定的体系构建 [J]. 武汉大学学报（哲学社会科学版），2020 (5)：155 - 173.

[2] 孟德斯鸠. 论法的精神 [M]. 张雁深，译. 北京：商务印书馆，1961：212.

号、姓名和名称的简称等，参照适用姓名权和名称权保护的有关规定。"该条对姓名权、名称权的保护范围进行了扩充，将具有识别性质的艺名、网名、字号及简称等纳入姓名权、名称权保护范围。

二是肖像权的扩张保护。《民法典》第1018条第2款规定："肖像是通过影像、雕塑、绘画等方式在一定载体上所反映的特定自然人可以被识别的外部形象。"该条对肖像的界定标准从以传统的个人面部特征为中心扩张为可识别的外部形象。个人面部特征以外的其他能够反映个人外在形象的身体部分特征，也应认定为肖像。同时，对肖像权侵害的认定废除营利性要求，对肖像权予以全面保护。

三是将声音纳入人格权保护范围。《民法典》第1023条第2款规定"对自然人声音的保护，参照适用肖像权保护的有关规定"，将声音作为一种新型的人格权益纳入了人格权保护范围。

四是隐私权、个人信息保护范围的扩张。根据《民法典》第1032条第2款规定，隐私权的保护范围包括私人生活安宁和不愿为他人知晓的私密空间、私密活动、私密信息，基本上概括了现代社会隐私保护的范围，显示了概念的开放性、"私享"范围的增大。❶ 而第1034条第2款对于个人信息范围的界定更是采用开放性表述，以方便在实践中不断丰富和发展个人信息保护的范围。

《民法典》人格权编将实践中出现的对于人格权利保护的新需求直接纳入人格权保护范围，进一步明确了人格权享有范围的广泛性，人格权编构建的完整而又富有张力的人格权体系，为人格权利界定、人格权益周全保护提供了充分依据。

（三）构建事前、事后多层次权利救济体系

人格权保护方面，侵权责任编第二章为损害赔偿规则，该编主要针对侵权行为对受害人遭受的损失探讨损害赔偿的救济方式。但人格权的损害后果难以弥补，人格权益保护最重要的环节之一是预防损害后果的发生，因此，人格权编区分了人格权绝对权请求权与侵权损害赔偿请求权体系，使救济请求权体系层次更加分明。《民法典》设置独立的人格权编被视为《民法典》的重大创新和最大亮点，其重大意义不仅在于它从价值层面为人格权的强力保护提供了法典的体系结构支撑，更在于从技术层面为涉及人格权案件的法律适用提供了人格权请求权的工具支撑，从而使我国宪法关于"人格尊严"的基本权利规范，通过民法规范得到落实。❷

---

❶ 王利明. 民法典人格权编的亮点与创新［J］. 中国法学, 2020 (4): 5-25.
❷ 丁宇翔. 民法典保护个人信息的三种请求权进路［N］. 人民法院报, 2020-09-25.

1. 人格权请求权与侵权请求权

《民法典》第 995 条规定:"人格权受到侵害的,受害人有权依照本法和其他法律的规定请求行为人承担民事责任。受害人的停止侵害、排除妨碍、消除危险、消除影响、恢复名誉、赔礼道歉请求权,不适用诉讼时效的规定。"该条在规定人格权请求权的同时,也对人格权请求权与侵权请求权进行了区分。在人格权遭受侵害时,权利人有权选择依据人格权请求权或者侵权请求权向行为人提出请求。权利人在主张人格权请求权时,只需要证明其人格利益的圆满支配状态受到了不当妨害即可,并不需要证明行为人的行为符合侵权责任的构成要件,❶ 此即构成人格权请求权与侵权请求权的区分。侵权赔偿请求权以过错责任为最基本的归责原则,而无过错责任或过错推定责任均须有法律的明文规定。同时,适用侵权损害赔偿请求权时,必须要有损害,没有损害就没有赔偿。但是,在适用人格权请求权时,既不用考虑是否有损害(只要构成对人格权的侵害或者存在侵害的危险即可),也无须考虑侵权人有无过错。即便没有过错,构成对人格权的侵害、妨碍或侵害之危险时,权利人也可以行使停止侵害、排除妨碍、消除危险等人格权请求权。❷

同时,在归责原则上,人格权编确立了精神性人格权动态系统论归责原则。《民法典》第 998 条规定:"认定行为人承担侵害除生命权、身体权和健康权外的人格权的民事责任,应当考虑行为人和受害人的职业、影响范围、过错程度,以及行为的目的、方式、后果等因素。"该条改变了以前以构成要件认定责任的做法,而是运用了动态系统论的方式。这种做法也借鉴了《欧洲侵权法原则》(PETL)等立法范式。动态系统论试图通过抽取一些因素或因子,引导法官考虑该因素或因子的权重,在个案中通过判断不同变量的强弱效果,并结合因素之间的互补性,最终得出案件裁判的结论。❸ 精神性人格权责任认定及损失计算并无固定范式,动态系统论的引入,为法官裁判提供了明确依据与指引。

2. 人格权禁令制度

《民法典》第 997 条规定:"民事主体有证据证明行为人正在实施或者即将实施侵害其人格权的违法行为,不及时制止将使其合法权益受到难以弥补的损害的,有权依法向人民法院申请采取责令行为人停止有关行为的措施。"在侵害他人权益的行为已发生或将发生时,若未及时制止,将导致损害后果迅速扩

---

❶ 王叶刚. 民法典人格权编的亮点与创见 [M]. 北京:中国人民大学学报,2020,34(4):4.
❷ 程啸. 我国民法典中的人格权请求权 [N]. 人民法院报,2020-10-22.
❸ 王利明. 民法典人格权编中动态系统论的采纳与运用 [J]. 法学家,2020(4):1-12.

大或难以弥补之时，受害人有权请求法院责令行为人停止相关行为。[1] 人格权益的损害后果一般具有不可逆转性，注重事前预防和防范对人格权保护具有重要意义。

同时，应当注意的是，禁令制度属于临时性紧急救济措施，法院禁令可因权利人的错误主张而失效，被申请人因此遭受的财产损失应由申请人予以赔偿。

二、责任保险创新发展与民事立法及司法的发展相辅相成

责任保险是以被保险人依法应向第三者承担的赔偿责任为标的的保险，责任保险转嫁的是责任风险。与一般财产损失风险不同，责任风险是由法律规定而引起的一种民事责任，这种民事责任系因公民或法人在不履行自己的民事义务或者侵犯他人的民事权利时按照民法的规定而产生的法律后果。[2] 可见，责任保险的存在，源于民事赔偿责任的存在，而民事赔偿责任之所以发生，归因于民事法律对民事权利义务关系的规定。可以说，离开了法律规定及司法实践，责任保险就无从谈起。

（一）责任保险承保范围发展历程：从与侵权法共生发展到其他民事责任

责任保险最初产生及发展的基础为侵权法，随后与责任保险互为发展的重要支柱，至今，侵权责任仍是责任保险扩张需求的主要领域。

责任保险起源于欧洲。19世纪前半叶，法国《拿破仑法典》中出现了损害他人身体或财产需承担赔偿责任的规定，责任保险随之率先开办。1857年，英国开办承运人责任保险，承保铁路承运人侵害他人权利时的法定赔偿责任。1880年，英国颁布《雇主责任法》，当年即有专门的雇主责任保险公司开发了承保雇主在经营过程中因过错致使雇员受到人身伤害或财产损失时应负的法律赔偿责任的雇主责任保险产品。从责任保险的起源来看，侵权责任制度立法发展为责任保险的启蒙发展奠定了基础。

长期以来，作为侵权责任制度基础上的衍生物，责任保险的扩张几乎是寄居在侵权责任制度之上得以实现的，责任保险的生命力是由侵权责任制度赋予的。当侵权责任风险的范围越来越大，侵权行为范围越来越广，责任保险也随之得以扩张。如1965年，美国《第二次侵权行为法重述》对无过失侵权责任原则的进一步完善将美国产品责任保险推向鼎盛发展时期。比较各国，侵权法律制度的完善程度在很大程度上决定着责任保险市场的发达程度，如美国、加

---

[1] 王利明. 论侵害人格权的诉前禁令制度 [J]. 财经法学, 2019 (4): 3-15.
[2] 郭颂平. 责任保险 [M]. 天津: 南开大学出版社, 2006: 2.

拿大、英国、法国、德国、澳大利亚等国侵权法律制度较为完备，它们同样是责任保险业的发达国家。

随着责任保险行业规模的不断扩大，承保范围开始逐渐由侵权赔偿扩大到其他民事责任。如在英国，各类责任保险最开始仅以被保险人对第三人的侵权赔偿责任为标的，1974年《保险公司法》则将违约损害赔偿责任纳入承保范围："责任保险的标的包括侵权损害赔偿责任、违约损害赔偿责任以及其他依法应当承担的民事责任。"又如在美国，早先的判决对责任保险标的包括合同责任一直持抵制态度，但在20世纪开始出现支持违约责任保险合同有效的判例。[1]

从责任保险承保范围的发展历程不难看出，责任保险的发展以各国立法、司法的发展为基础，责任保险伴随着立法、司法的动态发展而不断创新。

(二) 我国责任保险承保范围："依法应负的赔偿责任"

我国《保险法》第65条规定"责任保险是指以被保险人对第三者依法应负的赔偿责任为保险标的的保险"，而根据《侵权责任法》规定，侵害民事权益，应当依法承担侵权责任，故而侵权责任构成了我国责任保险的一般基础。

以侵权责任法为基础，我国责任保险形成了雇主责任险、公众责任险、产品责任险、职业责任险、机动车三者责任险等传统责任保险产品。近年来，责任保险产品体系亦在不断寻求创新发展，逐渐探索其他责任保险，比较典型的如产品延长保修责任保险、航班延误责任保险等。另外，在侵权责任领域也兴起了新形式的责任保险，如诉讼财产保全责任保险。根据《最高人民法院关于人民法院办理财产保全案件若干问题的规定》(法释〔2016〕22号)第7条规定，保险人可通过与申请保全人签订财产保全责任险合同的方式为财产保全提供担保，诉讼财产保险责任险成为责任保险创新发展的典范。

但整体而言，对于责任保险如何发展，保险行业尚处在不断探索过程中，目前亦未形成有效指导意见。而根据责任保险的一般内涵，需以被保险人依法应承担的赔偿责任为责任基础，责任保险的创新发展很大程度上有赖于民事法律体系的不断发展和完善。

三、《民法典》人格权编对人的关注为责任保险发展提供有力支撑

(一) 责任保险逻辑基础：从分散侵权人责任到保护受害人之重心转移

传统责任保险主要以被保险人损失为中心，以分散被保险人损失为基础，《民法典》以"保护民事主体的合法权益"为立法宗旨，以"保护人民的人身

---

[1] 罗璨. 责任保险扩张的法学分析[D]. 重庆：西南政法大学，2014.

权、财产权和人格权"为逻辑主线，并以人格权单独成编，重点宣示和规定了民事主体在社会经济生活领域的各项民事权利。在各类各项权利的配置上，《民法典》把人格权置于优先位置，突出了人权保护，凸显了立法机关以人为本的法理思维。❶《民法典》对人格权的明确与关注，将有效引导社会进一步关注"人"本身，在创新发展人格权领域责任保险产品的过程中，可将责任保险从分散侵权人责任的逻辑基础向保护受害人之重心转移，进一步体现责任保险保护弱者的制度本性。

具体而言，《民法典》除开放式列举了具体人格权外，还明确了一般人格权，"其他人格利益"如何确定，是否有具体标准，关于这些问题《民法典》留给后续立法及司法实践无限的合理解释空间；同时，《民法典》对具体人格权范围的扩大保护为当下各类经济活动提供了新的产品创新切入点，如对姓名权、名称权、肖像权的扩大保护提高了文学艺术创作及广告宣传等活动的权益侵害风险，将声音纳入人格权保护为各类软件开发、视频音频制作提出了更高权利保护要求，对于隐私权范围的开放性界定为隐私权保护提供了更多可能；此外，《民法典》基于人格权益保护的全面性而采用的开放式立法方式潜在地增加了民事主体在各类纷繁复杂的民事活动中的责任风险，进一步为以责任风险为承保标的的责任保险提供了发展空间，责任保险可以此为契机，将其逻辑基础向保护受害人转移，在充分保护人们人格权益的过程中，进一步发挥其社会治理的重要价值。

（二）人权保护理念下维权意识增强为责任保险发展提供新的发展机遇

《民法典》对于人格权独立成编的制度安排，符合人权与物权关系的基本法理，即物权和其他民事权利因人而存在，来源于人权，附属于人权，服务于人权，随着人权而演进。❷

从具体条款规范来看，《民法典》第991条明确"民事主体的人格权受法律保护，任何组织或者个人不得侵害"，强调了人格权属于绝对权、支配权，具有排他效力，相较于其他民事权利而言，具有优先保护的权能。同时《民法典》第1002条至第1004条强化了对生命、身体、健康的优先保护："自然人享有生命权，自然人的生命安全和生命尊严受法律保护。"该条文进一步强化了对生命、身体、健康的优先保护，宣示了生命、身体、健康的优先地位。

以此为基础，《民法典》对人格权完整的、相对独立的制度安排，强调对人权的关注、以人为本的宗旨，也为各民事主体，特别是自然人权利保护意识的进一步增强奠定了坚实基础，也将进一步促进人们在社会经济生活中更加关

---

❶❷ 张文显. 民法典的中国故事和中国法理［J］. 法制与社会发展，2020（5）：5-20.

注各项权利、积极维护权利。基于此,作为化解社会矛盾的重要工具之一,责任保险也将随着公民维权、索赔意识的增强迎来新的发展机遇。

(三)对人的生命健康权利的关注为重点领域强制责任保险发展奠定基础

强制责任保险是伴随着现代社会危险责任的产生和扩大而发展起来的,强制责任保险从某种意义上而言是国家对个人意愿的干预,因此强制责任保险的范围一般受到法律的明确限制。目前,我国已实施的强制性责任保险包括机动车交通事故责任强制保险、旅行社责任保险、船舶污染责任保险等,相比较而言,某些国家和地区强制保险的范围、社会覆盖面等更为广泛。如德国,职业责任、产品责任、雇主责任等均被纳入强制责任保险范围。

《民法典》以人为本的核心理念,强调社会生活中对人的生命、身体、健康及各类人格权益的优先保护,这为我国"生态环境污染、高危行业安全生产、疫苗、医疗"等与人的生命、身体、健康密切相关的强制责任保险的发展奠定了基础。

四、《民法典》人格权编立法为责任保险发展提供新的具体责任基础支撑

(一)对"侵害个人信息"提供信息安全责任保险保障

在大数据加持的互联网时代,个人信息的保护已经成为保护自然人人格尊严的世界性课题,"法与时转则治",个人信息的保护成为我国《民法典》人格权编的一大亮点与成果。人格权编规定了信息处理者的禁止性行为,"不得泄露或者篡改其收集、存储的个人信息;未经自然人同意,不得向他人非法提供其个人信息";也明确了信息处理者应当采取技术措施等必要措施以保障个人信息安全,对信息泄露事件及时采取补救措施并向有关主管部门报告;同时还明确了国家机关对于履行职责过程中知悉的自然人隐私和个人信息负有保密义务。

实践中,信息泄露事件时有发生,基于信息泄露引起的民事索赔亦不鲜见,且呈现规模大、范围广等特征。在信息化高速发展的当下,技术更新迭代迅速,信息的收集、存储方即便再谨慎也难以避免存在信息泄露引起法律责任的风险,为此,各主体可以选择保险的方式进行风险分散与转移。信息安全责任保险在境外各国保险市场均已有较长时间的实践发展,如美国、英国、瑞士、德国甚至印度的保险公司,都有丰富的实践经验。而我国的保险公司对网络信息保险依旧持谨慎保守的态度。[1] 保险公司可以以此为契机,进一步探索

---

[1] 王天凡.信息安全责任保险制度比较研究 [J].重庆邮电大学学报(社会科学版),2018(3):60-68.

个人信息安全相关责任保险产品，创新业务模式，以在信息泄露事件中能及时、有效地对当事人进行救济，避免或减少信息泄露对当事人合法权益造成重大影响，对于给当事人造成的物质或精神损害，予以合理赔偿与补偿，在最大限度维护个人信息安全的同时，分担企业发展过程中对于信息安全的相关法律风险。

（二）对"超出人格权合理使用范围的行为"提供新闻媒体责任保险保障

《民法典》第999条规定："为公共利益实施新闻报道、舆论监督等行为的，可以合理使用民事主体的姓名、名称、肖像、个人信息等；使用不合理侵害民事主体人格权的，应当依法承担民事责任。"基于人格权与社会公共利益的权利均衡考虑，人格权编明确了人格权合理使用免责，但同时也明确"使用不合理侵害民事主体人格权的，应当依法承担民事责任"。对社会公共利益的优先考虑不应当是无限的，而应当结合具体场景评估其必要性、合理性，如使用范围超出"合理使用"的范围，则使用人应当承担相应的民事赔偿责任。如何理解"合理使用"的范围，法律对此并不会明确标准，需结合具体场景进行个案判断，然而，每一个人对其理解可能存在不同，评估人员与法官的理解是否一致也可能存在差异，这在一定程度上给信息使用人带来了潜在的责任风险。

在信息时代，信息的及时性成了新闻媒体、网络平台竞争的关键要素，而信息一旦发布即呈指数级传播，因此新闻媒体等应当高度关注权益侵害的责任风险，对于其超出"合理使用"范围给当事人造成的影响、损害，可以尝试通过责任保险转嫁和分散风险。

（三）对"职场性骚扰"提供专门雇主责任保险保障

《民法典》第1010条明确了性骚扰的民事责任，也规定了机关、企业、学校等单位负有预防性骚扰的义务。之所以规定这些单位承担预防义务，是为了保护在工作中受害的弱者，也是因为利用职权、从属关系实施性骚扰是性骚扰的主要类型。对职场性骚扰而言，通过用人单位事前预防、事中监管和事后处置等手段可以在一定程度上预防和控制性骚扰。但是，这些措施可能无法从源头完全杜绝性骚扰的发生。

虽然《民法典》对职场性骚扰发生后单位是否应当承担严格责任并未明确，但有学者依据工作环境权理论认为，在发生职场性骚扰时，用人单位因为其与员工之间的权利义务关系而应当直接承担责任，如美国法律对性骚扰案件中的雇主严格责任。也有观点认为应当依据过错原则进行确定。❶无论何种归

---

❶ 王利明. 民法典人格权编性骚扰规制条款的解读［J］. 苏州大学学报（哲学社会科学版），2020（4）：1-7.

责方式，为在妥善保障受害人权利的同时分散用人单位的相关风险，对于单位应承担的责任，可通过相关责任保险予以承保。

（四）对"人格权禁令申请错误"提供人格权禁令申请损害赔偿责任保险保障

《民法典》针对正在发生的侵害人格权的行为设置了人格权禁令制度，权利人可申请法院责令行为人停止相关行为。人格权禁令制度系基于对权利人避免人格权益被侵害而事后救济无法弥补采取的优先性权益保护。在各类民事活动中，因权利人申请人格权禁令导致其他民事主体停止相关行为，存在因此导致行为人因权利人申请错误而使其正常民事活动受到影响、民事利益受到损害的风险。

就此，保险公司可以结合风险情况，针对人格权禁令制度开发因权利人申请禁令不当或错误导致被申请人遭受损失的责任保险，以为权利人正当行使其人格权禁令请求权提供保障。

（五）责任保险创新发展过程中应关注的风险

《民法典》人格权独立成编，为责任保险创新发展提供了良好的发展机遇，当然，也应当关注到责任保险的潜在风险，责任保险的创新开发应当遵循《保险法》的基本原则，应当符合保险的基本原理，对于不符合社会基本道德的、故意侵犯他人权利的行为不予承保，以防范道德风险。另外，鉴于责任保险与司法裁判具有强关联性，在产品设计时需关注司法裁判规则与倾向，防范系统性保险技术风险。

刍议《民法典》基础上的保险消费者之个人信息保护制度

贾辰歌[1]

摘要 我国的社会生活已经进入信息时代,其影响甚至改变了每一个人的社会生活方式。每个人在参与各种社会活动时,要借助各种能够将其特定化的信息的客观性和可识别性来形成独立的人格,由此引发个人信息的新的法律保护。保险业作为现代服务业的组成部分,保险经营的内容之一,在于获取和使用当事人的个人信息,故而,个人信息的保护是保险业必须解决的现实课题。而个人信息保护实质上是个人信息的使用与个人信息享有者之人格利益的冲突与平衡。为此,只有通过个人信息保护的制度规则来平衡两者之间的冲突,寻求解决该社会矛盾的方法。构建科学可行的个人信息权利与相应的保护个人信息的义务关系,就是必要的法律举措。并且,笔者认为,在私法范畴内,应当称其为个人信息权保护制度。就保险业来讲,必须了解和正确执行个人信息保护制度,履行相应的法律义务,合理收集和使用他人的个人信息。笔者针对我国个人信息保护制度存在的问题,提出加强对个人信息的私法保护,建立以《民法典》为基础的、由诸多民事法律制度和商事法律法规相互配套的保险消费者个人信息保护的法律规则体系。

关键词 保险领域 个人信息权 保护制度

一、信息时代产生新的法律需求:个人信息的法律保护

当今,我国的社会生活已经进入信息时代,现代信息科技所带来的影响,已然影响甚至改变了每一个人和每一个社会组织的社会生活方式。特别是每一个人作为最小的社会单位,既是我国宪法、刑法上的公民,也是我国民商事法律(私法)上的自然人。每一个人在社会环境中为了满足其实现自身生存需要

---

[1] 贾辰歌,首都经济贸易大学工商管理学院助理研究员,中国保险法研究会理事。

而参与的各种社会活动的要求,势必要借助各种能够将其特定化的信息资料来形成独立的人格。对于诸如此类的个人信息资料,不同的国家或者地区存在"个人数据""个人信息""个人隐私"等多种提法,我国有关立法和学术界普遍称其为"个人信息"。例如,2017年6月1日施行的《中华人民共和国网络安全法》(以下简称《网络安全法》)第三章、原《民法总则》第111条、现行的《民法典》第111条均采用了"个人信息"的称谓。

那么,如何理解"个人信息"的法律内涵?《中华人民共和国个人信息保护法(专家建议稿)》的第9条将"个人信息"定义为"个人姓名、住址、出生日期、身份证号码、医疗记录、人事记录、照片等单独或与其他信息对照可以识别特定的个人信息"资料[1]。而《网络安全法》第76条第5项进一步从现代信息技术角度将涉及的个人信息,确定为"是指以电子或者其他方式记录的能够单独或者与其他信息结合识别自然人个人身份的各种信息,包括但不限于自然人的姓名、出生日期、身份证件号码、个人生物识别信息、住址、电话号码等"。

上述个人信息的定义,表明其具有如下法律特征:

(1) 个人信息的主体限于自然人,而不包括法人和非法人组织等社会组织。自然人是构成人类社会的最基本单位,也是存在数量最多、各种社会活动最为普遍的参与者,并且,自然人需要提供和记载的个人信息资料是最为广泛的。不仅如此,与法人和非法人组织相比较,自然人又是弱势的社会群体。因此,对其个人信息加以法律保护就是必然的。

(2) 个人信息具有客观性。个人信息是依托各类客观载体而得以存在和表现的。不论是传统文字书写,还是现代信息技术,均使得这些个人信息资料在客观上被记录下来,并被使用者加以利用。可见,个人信息的内容范围大于运用现代信息技术所记载的个人信息数据。

(3) 个人信息具有可识别性。也就是说,个人信息成为每一个人从社会成员群体中特定化,并能够被区分开和识别的依据。个人信息的社会价值恰恰就在于其具有的可识别特性上,它不仅是自然人的人格利益获取保护的依据,更是人与人之间的社会关系得以确立和实现的基本条件。我国《网络安全法》第42条正是基于个人信息的可识别性,将"经过处理无法识别特定个人且不能复原的"信息资料排除在个人信息以外,这恰恰证明了可识别性是界定个人信息的重要特征。这也意味着个人信息的可识别性使其与自然人的隐私之间存在差异。虽然"个人信息保护是源于隐私保护",但是,"个人信息的概念是在信

---

[1] 周汉华. 中华人民共和国个人信息保护法(专家建议稿)及立法研究报告 [M]. 北京:法律出版社,2006.

息通信技术发展中逐步确立的,它与隐私存在一定的区别"❶。因为,"隐私包括私人生活秘密和私人生活安宁",其中,"私人生活秘密属于信息范畴,私人生活安宁多不属于信息范畴。而私人生活秘密往往是个人信息中较为重要和敏感的部分"❷。与此相比较,个人信息在私密程度、负面性等方面则弱于隐私,并具有更强的公开利用的商业价值。

由于我国保险市场属于现代服务业的具体领域,个人信息的收集和运用是各家保险公司和保险中介机构开展保险业或者保险中介服务的必要内容之一。只有获取和使用参与保险活动的投保人、被保险人以及受益人等当事人的个人信息,承保和保险服务才能够得以进行,保险理赔才能够合法、准确、高效地完成。因此,保险公司经营保险产品的过程也就是收集和运用参与保险活动的投保人、被保险人和受益人等当事人的个人信息的过程。特别是,为适应互联网信息技术在保险领域的使用和发展,当事人个人信息的存在更成为互联网保险不可缺少的保险内容之一。

需要强调的是,个人信息的保护同样是我国保险业面对互联网的迅猛发展而需要解决的新课题。虽然,个人信息的收集和使用自古以来就是我国社会活动的必要组成内容,但是,由于个人信息的泄露和非法使用而引发个人信息保护的社会问题,也是 2010 年以来现代信息技术在促进互联网迅速发展的同时带来的新情况和新问题。根据中国互联网络信息中心发布的《2013 年中国网民信息安全状况研究报告》❸ 显示的数据,2013 年下半年,我国就有 74.1%的网民遭遇过信息安全事宜,4.38 亿人的个人信息遭到泄露和非法使用,由此造成的个人经济损失达 196.3 亿元。

中国社会科学院于 2012 年发布的《法治蓝皮书》❹ 显示,个人信息被泄露的渠道很多,包括电信运营商、互联网公司、房地产开发商、航空公司、银行、证券公司、保险公司、各类中介机构以及各类零售企业。它们出于经营活动的需要,积累了各自用户和消费者的信息数据,其中就包括大量的个人基本信息。该《法治蓝皮书》将我国个人信息的泄露情况,大致归纳为三大类:一是过度收集个人信息,并对采集到的个人信息未经其享有者的许可而进行二次利用;二是擅自披露、传播其所占有的个人信息;三是擅自向他人提供个人信息,甚至以获取非法利益为目的而将其掌握的房主、股民、商务人士、车主、电信用户、保险消费者等的个人信息进行买卖,形成了买卖个人信息的地下产

---

❶ 杨合庆. 中华人民共和国网络安全法解读 [M]. 北京:中国法制出版社,2017:161.
❷ 张新宝.《中华人民共和国民法总则》释义 [M]. 北京:中国人民大学出版社,2017:219.
❸ 中国互联网络信息中心. 2013 年中国网民信息安全状况研究报告 [R],2014:10.
❹ 中国社会科学院法学研究所. 2012 年法治蓝皮书 [M]. 北京:社会科学文献出版社,2013.

业。可见，社会公众的个人信息遭受侵害的情况已经十分严重，保护公众的个人信息已然成为迫在眉睫的问题。保险业置身其中也难以独善其身，必须充分地认识到保险领域个人信息保护的必要性。原因是不言而喻的，如果个人信息的保护不充分，将直接关系到社会公众的生活安宁，甚至危及其个人隐私和生命财产的安全；同时，也会对我国互联网和信息产业的发展带来负面效果；而从国际角度来讲，我们应当立足于维护国家安全的高度来认识个人信息保护制度的作用。如果没有完善的个人信息保护制度，不仅会影响到我国的信息安全和国际竞争力，也会在国际交往中，由于缺乏个人信息保护而成为其他国家实行贸易壁垒的新口实。

仅就互联网保险的发展而言，根据国务院 2014 年发布的《关于加快发展现代保险服务业的若干意见》（又称"新国十条"）鼓励保险业积极培育新的业务增长点，支持保险公司积极运用新技术促进保险业销售渠道和服务模式创新，保险业顺势而为，积极投身于互联网变革，于 2014 年实现了保费规模跨越式发展。按照中国保险行业协会的统计，我国保险业 2014 年的互联网保险业务收入为 858.9 亿元，同比增长 195%，互联网渠道保费规模比 2011 年提升了 26 倍，占保险业总保费收入的比例由 2013 年的 1.7% 增长至近 4%，成为拉动保费增长的重要因素之一❶。这也意味着互联网保险所收集和使用的参保人个人信息不仅是不可缺少，也必然是呈几何级数的增长，因此保险消费者个人信息的法律保护是保险业在中国保险市场上不可回避的现实问题，更是开展保险经营时必须充分重视和妥善处理的业务问题。

二、保护个人信息的实质，是保险消费者个人信息的使用与该个人信息享有者之人格利益之间的冲突与平衡

研究个人信息的法律保护问题，首先应当认识到其本质在于处理个人信息的使用者的使用利益与个人信息享有者的人格利益之间的平衡与冲突关系。因此，个人信息的使用者所占有和使用的个人信息是其通过一定途径而收集到的一定社会群体的个人信息，目的是将这些个人信息在一定的社会活动之中加以公开和运用，以便取得一定的社会效益和经济效益。但是，在现代信息社会的条件下，自然人的姓名、住址、出生日期、身份证号码等个人信息作为识别一个自然人个体的必要条件，体现着其特定的人格利益，应当依法得到法律的保护，他人不得侵犯。为此，个人信息的享有者就需要避免个人信息的使用者非法获取其个人信息，更不得擅自以获利为目的来买卖、提供或者公开享有者的

---

❶ 中国保险行业协会. 2014 互联网保险行业发展报告 [M]. 北京：中国金融出版社，2015：10.

个人信息。显然，个人信息的使用者对他人个人信息的收集和使用与个人信息的享有者之间的利益冲突就是普遍的客观存在，只有通过个人信息保护的制度来平衡两者之间的冲突，寻求解决该社会矛盾的方法。例如，2021年"3·15"国际消费者权益日期间的一个热门话题"人脸识别技术"涉及利用分析比较的计算机技术，对生物体（一般特指人）的生物特征识别来区分生物体的个体。虽然，这是计算机领域热门的科技研究领域，不过，由于它与自然人的人格尊严密不可分，使其并非单纯的科技技术，同时也成为伦理学、法律学所需要解决的问题。正是由于个别企业将运用"人脸识别技术"所获取的消费者个人信息截留而引发了消费者在2021年"3·15"期间的投诉。关键之处，就是人脸识别过程中获取个人信息数据的占有使用人自行截留，会让此类信息的享有者面临一定的道德风险、法律风险，从而，法律上如何处理就与参与经营的社会实体、消费者个人都息息相关，当然需要法律提供相应的法律规则，协调彼此之间的利益冲突。

再以保险业为例，无论是保险公司还是保险中介机构对于其在保险业务经营中所获取的或者接触了解到的投保人、被保险人以及受益人的个人信息，有权合理使用，避免非法使用，用以实现保险经营的目标，并保护个人信息享有者之个人信息涉及的人格利益。而衡量合理使用的标准，则是处理个人信息占有者（保险公司或者保险中介机构）与个人信息享有者之间利益冲突的关键所在。笔者认为，保险公司或者保险中介机构要求投保人提供的相对人的个人信息时所告知的使用目的，就是其得以在保险经营中使用该个人信息的合理范围，而超出该范围，并且是在投保人、被保险人以及受益人等个人信息享有者不知（未经许可）的情况下使用该个人信息的，便构成非法使用。

从法律层面而言，构建科学可行的个人信息权利与相应的保护个人信息的义务关系，就是实现个人信息保护的必要法律举措。

首先，应当确认个人信息享有者对其个人信息依法享有的个人信息权。从民法角度讲，所谓个人信息权是自然人作为民事主体而依法享有的一项人身权，它是与自然人"的人身不可分离亦不可转让的没有直接财产内容的法定民事权利"[1]。进一步而言，个人信息权应当纳入自然人的人格权的范畴，因为，个人信息基于其具有的客观性和可识别性而成为每个自然人之个性化的客观标志，成为自然人作为民事主体依法固有的为维护自身独立人格所必备的，以人格利益为客体的权利[2]。我国《民法典》第111条正是在此意义上，以宣示性

---

[1] 王利明. 民法 [M]. 4版. 北京：中国人民大学出版社，2008：604.
[2] 王利明. 人格权法新论 [M]. 长春：吉林人民出版社，2002：10.

条款规定"自然人的个人信息受法律保护",实际上是确认自然人依法享有的个人信息权受法律保护。而保险消费者作为参与保险活动的一方当事人必然是《民法典》所规定的自然人的组成部分,成为个人信息权利主体的一部分。

不过,我们也应当认识到,个人信息权是一项独立的新型人格权利,是为了适应现代信息社会的发展要求、解决个人信息保护问题所产生的新权利,它有别于传统民法上的自然人的姓名权、生命健康权、名誉权、隐私权、肖像权等人格权。其特点之一,就是作为其权利客体的人格利益并非姓名、生命、隐私或肖像等单一的具体的人格利益,而是通过姓名、出生日期、身份证号码、住址、电话号码等诸多信息的相互结合而综合体现自然人的人格平等、人格尊严、人格自由的人格利益,具有明显的概括性和包容性。其特点之二,就是构成人格信息权的权利内容,不同于民法上的其他人身权。即围绕着自然人参与社会活动的需要而应当向相对人提供个人信息,并允许相对人合理使用而设计个人信息权所包含的诸多具体权利内容,包括:①个人信息支配权。自然人有权决定和支配其个人信息的权利。②个人信息保密权。自然人有权决定在一定范围内公开或者保密其个人信息的权利。③个人信息处置权。自然人有权独立决定向他人提供,或者允许他人在一定范围内使用,或者封锁或删除其个人信息的权利等。

显而易见,由于个人信息权是其权利人面对除自身以外的不特定的一切人,符合民法上的对世权的属性,因此,与个人信息享有者的个人信息权利相对应,包括个人信息占有者在内的其他一切法律主体均承担保护权利人之个人信息的义务,包括:①依法取得他人个人信息的义务;②不得非法收集、使用、加工、传输他人个人信息的义务;③不得非法买卖、提供或者公开他人个人信息的义务等。从共性上讲,因个人信息权的"实现不需要任何不特定义务主体的积极作为行为,而权利主体可以以自己的行为行使权利,实现其人身方面的利益"[1],故针对个人信息权而设计的不特定义务人所承担的上述各项义务均表现为不作为的义务内容。为此,我国《民法典》第111条在确认了自然人享有的个人信息权的前提下,也明确了义务人对个人信息权利人所承担的基本义务,包括:①任何组织和个人需要获取他人个人信息的,应当依法取得并确保信息安全;②不得非法收集、使用、加工、传输他人个人信息;③不得非法买卖、提供或者公开他人个人信息等。

通过上述权利的行使和大家自觉履行个人信息保护义务,达到法律平衡个人信息的使用与个人信息享有者之个人信息的人格利益的效果,实现个人信息

---

[1] 张新宝.《中华人民共和国民法总则》释义 [M]. 北京:中国人民大学出版社,2017:5,218.

的合理使用与个人信息享有者之人格利益的双赢发展。

而就保险业来讲，不论是保险公司，还是保险中介机构，既然其开展保险经营或者保险中介服务中离不开参与保险活动的当事人的个人信息，也就必须了解和正确执行个人信息保护制度，理解《民法典》第111条所赋予的针对个人信息权利人所承担的保护个人信息权的各项法律义务，在保险经营的过程中合理收集和使用他人的个人信息，实现预期的经营目标，也避免侵害个人信息权利人的个人信息权。不仅如此，保险公司也应当看到个人信息保护是一个新的市场领域，可以就个人信息保护的需要，设计和推出相应的保险产品，提供相应的保险保障，从而提升个人信息保护制度的适用效果。

三、建设个人信息保护制度需要解决的问题

不可否认，在美国、欧盟、日本等发达国家和地区，被纳入私法领域的有关个人信息保护的法律制度经历了将近半个世纪的发展，如今还是较为完善的。不论是以德国为代表的，建立在一般人格权基础上的个人信息保护模式（德国法中关于个人信息保护理论是以一般人格权为基础的，各种具体人格权都是基于一般人格权而具体化形成的，并通过法院判决来不断确认和发展的一般人格权，正如德国联邦最高法院说明的："在特别的程度上对一般人格权下定义时，必须进行相当的利益衡量"）❶，还是以美国为代表的，用隐私权的制度设计来实现的个人信息保护模式（按照美国学者 Warren 和 Brand 在1890年《哈佛法学评论》所发表文章的解释，隐私权就是"关于个人私生活不公开之自由及属于私事领域不受他人侵入之自由"。❷ Prosser 教授列举了4种侵犯隐私权情况，包括：①盗用，即非法利用他人姓名等个人信息获取不正当利益；②入侵，即用令人不悦的方式侵入他人的独处；③私人事务的公开，即对私人的事实真相的令人不悦的报道；④误导，即通过不实或者歪曲的信息宣传，使个人信息为公众误解等❸。这使得美国的隐私权成为人格权保护的权利基础，促进了美国侵权行为法的发展），它们均为各自的个人信息保护制度的完善和发展创建了相应的理论基础，积累了法律经验，也可以为我国建设个人信息保护制度提供借鉴。

与上述个人信息保护制度比较完善的发达国家相比，我国当前个人信息保护制度还处于逐步建设和不断完善的过程，需要重视和加快该法律制度的建设工作。其中，保险消费者在保险领域的个人信息保护必然是我国个人信息保护

---

❶ 迪特尔·梅迪库斯. 德国民法总论[M]. 邵建东, 译. 北京: 法律出版社, 2001: 800.
❷ 爱伦·艾德曼, 卡洛琳·肯尼迪. 隐私的权利[M]. 吴懿婷, 译. 北京: 当代世界出版社, 2003: 59.
❸ WILLIAM L PROSSER. Law of Torts [M]. 47th ed. West Publishing Company, 1971: 802, 804.

制度体系的重要组成部分。

因为,我国有关个人信息保护的法律规则当前还是存在于诸多的法律法规之中,据不完全统计,目前,有将近40部法律、约30部法规的规定内容涉及个人信息的保护,另有12个省市出台了包含个人信息保护内容的地方性法规。例如,我国2009年的《刑法修正案(七)》和2015年《刑法修正案(九)》均确立了"出售、非法提供公民个人信息罪"(第253条第1款)和"非法获取公民个人信息罪"(第253条第3款);而《护照法》《身份证法》就直接规定了个人信息保护问题。尤其需要强调的是,我国的现行立法设计的个人信息保护的法律模式,是以隐私权和一般人格权之外单独确认的个人信息权为基础的,《民法典》第111条的规定便是代表,形成了具有中国特色的个人信息权保护制度。笔者认为,从私法范畴,应当称其为个人信息权保护制度。

当然,我国现有的个人信息权保护制度也存在明显的法律缺陷和不足:第一,涉及个人信息的法律规则散见于诸多的法律法规之中,比较分散,未能形成统一的、成体系的、相互配套的法律制度。第二,现有的个人信息权保护制度,强调对个人信息的公法保护,即保护个人信息的手段是重视"刑事处罚"和"行政管理",忽视对其实施必要的私法保护,包括运用民事法律进行"民事确权"和"民事归责"。其产生的法律保护效果,往往是侵权行为人承担了刑事处罚或者行政处罚,受到了刑事法律(刑罚)或者行政法律的制裁,维护了国家社会关系和社会秩序的稳定,但是,遭受侵害的个人信息权的享有者由此承受的人格利益上的人身损害或者财产损失却未能得到实质意义上的补偿,对于保护自然人的个体利益和人格尊严的社会效果有待加强。

鉴于此,笔者认为,应当在我国的个人信息权保护制度框架内,建立和强化相应的民商事法律保护体系,加强对于个人信息权的私法保护。具体提出如下的完善私法体系的建议:

(1)改变我国目前个人信息权保护法律制度上存在的政出多门且各自为政、群龙无首的局面,构建以《个人信息保护法》为核心的、统一的、系统的个人信息权保护制度体系。因为,制定和颁行的《个人信息保护法》是专门用于规范个人信息权保护事宜的、具有统领作用的基本立法。目前,全球有近90个国家和地区颁行了个人信息保护法作为个人信息保护制度的核心和基础,它已成为构建个人信息保护制度的发展趋势。从而,借助我国《个人信息保护法》的出台,可以确立统一的个人信息权,明确信息处理主体收集、使用和处理个人信息的基本原则和行为规范,特别是为个人信息权提供保护程序和救济途径等。

当然,《个人信息保护法》并非单一性质的立法,而是一部围绕着保护自然人个人信息的主题,由行政法、刑法和民商法等法律部门的相关法律规范融为一体的综合性立法。其中,有关的民商事法律规范也就是民商法的组成部分,形成对个人信息权的私法保护体系。

(2)建立以《民法典》(第111条)为基础的、由诸多民事法律制度和商事法律法规相互配套的保护个人信息权的私法规则体系,其中,保护保险消费者的个人信息也就应当纳入该法律制度的内容体系和适用范围之中。

针对复杂纷繁的人类社会的调整需要,法律是一个多领域多层面的法律规范体系。按照法律调整方法的标准,法律理论将法律体系划分为调整和维护社会公共利益和国家利益的公法,如宪法、刑法、行政法等。而以保护私人利益为目的、规范平等私人关系的法律则属于私法,民法和商法是公认的私法领域。我国法学界也认为,"公、私法正是一国、一地区法律统一体的一个最基本的划分"❶,有助于提升我国法律体系的科学性和法律调整效果,更能够帮助立法者选择适合社会生活需要的法律调整方法。因此,我国现有的个人信息权保护制度的法律规范领域存在明显的重公法而轻私法的倾向,表现为十分强调公法规范的建构,运用刑法规范追究当事人的刑事责任,或者是国家主管机关对于个人信息实施行政管理的行政规范的制定和适用。但是,有关保护个人信息权的私法规范却较为薄弱,未能对遭受个人信息侵害的个人信息权的享有者因此承受的人格利益上的人身损害或者财产损失提供切实有效的私法性法律救济。

如今,我国《民法典》第111条明文规定:个人信息受法律保护,确认了自然人享有的个人信息权。同时,也列举性地规定了不特定的义务主体对个人信息权利所承担的禁止性义务。这成为我国个人信息保护制度的法律基础。

不过,《民法典》该条文规定仍然是一个宣示性规范,仅仅停留于此则不具备实际的可操作性,还需要其他部分各项民商事法律制度相互配套才能够构成个人信息保护制度。于是,《民法典》相应地在第四编人格权部分用6个条文(第1034条至第1039条)的篇幅,就个人信息的定义、范围、个人信息与隐私的关系,处理个人信息的原则,处理个人信息的免责情形,个人信息主体的权利,个人信息处理者对个人信息的保护义务等作出了具体规定。这是对《民法典》第111条原则规定的落实,构成了个人信息保护制度的基本内容,增强了可操作性。同时,《民法典》第七编侵权责任部分的第1194条至第1197条分别规定的网络侵权责任,"通知与取下"规则,"反通知"规则,网络服务提供者与网络用户的连带责任等均涉及个人信息的保护,应当纳入个人

---

❶ 朱景文.法理学[M].北京:中国人民大学出版社,2008:381.

信息保护制度的范畴。因为，网络侵权特指发生于互联网空间的侵权行为，即"网络用户、网络服务提供者利用网络侵害他人民事权益的，应当承担侵权责任。法律另有规定的，依照其规定"。显然，上述法定的网络侵权责任能否全范围地涵盖个人信息保护范围，认定其所述利用网络服务"侵害他人民事权益"是关键所在。对此，学者解释为"凡是在网络上实施侵权行为能够侵害的一切民事权益"❶。更有权威解释对网络侵权所侵害的他人民事权益加以类型化归纳，包含着侵害人格权、侵害财产利益和侵害知识产权三类。其中，侵害人格权的主要表现为：①盗用或者假冒他人姓名，侵害姓名权；②未经许可使用他人肖像，侵害肖像权；③发表攻击、诽谤他人的文章，侵害名誉权；④非法侵入他人电脑、非法截取他人传输的信息、擅自披露他人个人信息、大量发送垃圾邮件，侵害隐私权❷。不难发现，《民法典》规定的网络侵权责任的适用范围，既包含侵犯个人信息的行为，更涵盖了诸多侵害人格权的行为。但是，网络侵权责任所涉及的个人信息却未能包括非网络方式的侵害个人信息的侵权行为，这表明《民法典》该条规定的网络侵权只能涉及侵害个人信息的一部分（主要部分）而并非全部。因此，笔者建议，着眼全面保护包括保险消费者在内的自然人个人信息的需要，可以在《个人信息保护法》中专门和全面地规定个人信息权的私法保护规则，包括个人信息权利的确认、侵害他人个人信息的行为认定、侵害个人信息的法律责任等制度内容。

具体到保险领域实现对保险消费者之个人信息的保护，就需要《保险法》与《民法典》有关个人信息保护的规定相互配合，针对保险活动的特殊情况来充实有关保险消费者个人信息保护的具体规定，用以规范和调整我国保险市场上所涉及的保险消费者个人信息权的保护事宜。因为，1995年的《保险法》第31条曾经赋予了保险人和再保险人保密义务，即"保险人或者再保险接受人对在办理保险业务中知道的投保人、被保险人或者再保险分出人的业务和财产情况，负有保密的义务"。然而，2002年和现行的2009年《保险法》却把该条规定予以删除。如今，我国《保险法》已经进入第三次修改工作，应当适时参照《民法典》第111条及其人格权部分和侵权责任部分的相关规定精神，将保险消费者个人信息权保护的规定全面地体现在修改后新的《保险法》之中。

首先，在"保险合同"部分增加如下规定："保险人、再保险接受人和保险中介机构对于其在办理保险业务中所收集到或者知晓的投保人、被保险人的

---

❶ 杨立新. 简明侵权责任法 [M]. 北京：中国法制出版社，2015：216.
❷ 中华人民共和国民法典（实用版）[M]. 北京：中国法制出版社，2020：681.

个人信息、业务和财产情况,或者再保险分出人的业务和财产情况等,负有保密的义务"(第 1 款);"保险人、再保险接受人和保险中介机构不得非法收集、不合理使用投保人、被保险人的个人信息、业务和财产情况或者再保险分出人的业务和财产情况"(第 2 款);"保险人、再保险接受人和保险中介机构不得非法买卖、提供或者公开投保人、被保险人的个人信息、业务和财产情况或者再保险分出人的业务和财产情况"(第 3 款)。

其次,在"保险业法"部分增加如下规定:"保险人和保险中介机构应当建立科学的个人信息管理制度,确保其依法取得的个人信息的安全。""保险人和保险中介机构因管理制度的漏洞造成其收集的投保人、被保险人的个人信息被泄露,或者非法收集、不合理使用,或者非法买卖、提供投保人、被保险人的个人信息,并因此给投保人、被保险人造成损失的,应当承担民事责任;因此违反行政法规的,应当承担行政责任;因此触犯刑法而构成犯罪的,责任人应当承担刑事责任。"用以在《保险法》框架内构建兼顾保险合同规则(私法规范)与保险监管规则(公法规则),私法保护和公法保护并重的规则体系,将个人信息权的法律保护纳入全面科学的法律环境之下。

《保险法》与《民法典》的衔接与协调

郝 磊[1] 包志会[2]

摘 要 《民法典》的颁布与施行标志着我国正式进入"民法典时代"。《保险法》作为商事部门法,其与《民法典》之间有众多需要衔接与协调之处。保险索赔时效与《民法典》总则编之诉讼时效制度存在冲突与矛盾;保险合同解除权与《民法典》合同编之合同撤销权的适用选择在学理和司法实践中都存有争议;责任保险机制与《民法典》侵权责任编的关联性最为紧密,二者的互动与博弈在机动车交通事故责任中形成互补与共生,但仍然存在桎梏。基于《保险法》与《民法典》相关规定的内在衔接,厘清制度背后的本质逻辑,为争议焦点寻求更为适宜的解决路径,以期实现《保险法》与《民法典》的妥善协调。

关键词 保险法 民法典 衔接 协调

一、问题的提出

《民法典》于 2021 年 1 月 1 日起施行,这意味着我国正式进入"民法典时代"。《民法典》的颁布不仅彰显中国特色与时代特色,而且积极回应了社会热点,有利于增进人民福祉、促进国家治理。《民法典》被誉为"社会生活的百科全书"[3],其作为一部民商合一的法典,居于基础法地位,对推动我国市场经济发展具有深远影响。编纂完成一部现代意义上的《民法典》,其内生发展动力离不开商法。我国当前尚未形成统一的商事立法,因此探讨《民法典》与商事各部门法之间的关系与衔接是我国法律制度研究的重点之一。《保险法》作为商事部门法,其与《民法典》的规范联系紧密,所涉相关法条众多。《保险法》与《民法典》是特别法与一般法的关系,二者之间必然会存在适用上的

---

[1] 郝磊,男,天津师范大学法学院教授,研究方向:民商法学。
[2] 包志会,女,天津师范大学法学院 2018 级民商法学硕士研究生。
[3] 王轶. 民法典编纂与国家治理现代化 [J]. 中国人民大学学报, 2020 (4): 11-18.

冲突与协调问题。例如，诉讼时效制度之修正、保险人撤销权之适用选择、责任保险与侵权责任之互动等。本文意图从《民法典》总则编、合同编及侵权责任法编中的几个典型制度切入，探讨《保险法》与《民法典》相关规定的衔接与协调。保险制度与民事制度之间存在内在关联性，应当厘清制度规范背后的法理逻辑，衡量规范设计的利弊，以此为基础进行优化，调适出法律制度更具兼容性、法律适用更具统一性的法律规范，进而推动《保险法》与《民法典》和谐、稳定发展。

二、《保险法》与《民法典》总则编：诉讼时效制度之调适

"法律不保护躺在权利上睡大觉的人"，诉讼时效制度规定的目的在于对权利行使设置一定的时间限制，促使权利人在法定时间范围内积极行使权利，避免民事法律关系长期处于不确定与不稳定的状态，保障民事主体间权利义务关系的及时实现。在继受《民法总则》规定基础上，我国《民法典》总则编第188条对诉讼时效期间作出制度设计[1]，将原来《民法通则》"二年"诉讼时效期间修改为"三年"，并且起算点修改为"自权利人知道或者应当知道权利受到损害以及义务人之日起"。《保险法》第26条对保险金请求权的行使期间作出规定[2]，规定非人寿保险金请求权行使期间为二年，人寿保险金请求权行使期间为五年，期间起算点为"被保险人或受益人知道或者应当知道保险事故发生之日起"。一般认为，保险金请求权行使期间即为保险索赔时效。[3] 当前学界对于保险索赔时效是否能够定性为诉讼时效一直存在争议，并且时效期间的起算点设置，《保险法》与《民法典》总则编之间的规定也具有冲突之处，如何进行修正、解释与调适值得研判。

（一）保险索赔时效之定性

保险索赔时效是否能够定性为诉讼时效，是研究《民法典》总则编与《保险法》关于时效期间规定的基础与核心。若保险索赔时效属于诉讼时效，即促使《保险法》的该项规定与《民法典》相衔接，为后续诉讼时效相关规定之冲突与协调的研究奠定法理基石。对于保险索赔时效之定性，关键问题在于保险

---

[1] 《民法典》第188条："向人民法院请求保护民事权利的诉讼时效期间为三年。法律另有规定的，依照其规定。诉讼时效期间自权利人知道或者应当知道权利受到损害以及义务人之日起计算。法律另有规定的，依照其规定。但是，自权利受到损害之日起超过二十年的，人民法院不予保护，有特殊情况的，人民法院可以根据权利人的申请决定延长。"

[2] 《保险法》第26条："人寿保险以外的其他保险的被保险人或受益人，向保险人请求赔偿或者给付保险金的诉讼时效期限为二年，自其知道或者应当知道保险事故发生之日起计算。人寿保险的被保险人或者受益人向保险人请求给付保险金的诉讼时效期间为五年，自其知道或者应当知道保险事故发生之日起计算。"

[3] 武亦文，赵亚宁.《保险法》第26条诉讼时效规范之反思与优化 [J]. 保险研究，2019 (7)：116-127.

金请求权是否属于诉讼时效的适用范围。因此,应当厘清诉讼时效的适用范围和保险金请求权的性质,从而判断二者是否具有同质性。

请求权可基于负担合同分为原请求权和次请求权❶,原请求权为合同一方当事人基于合同约定向另一方当事人请求履行债务的权利,不具备权利救济的功能;次请求权为债权人基于债务人对于原履行义务履行不能时,所提出的损害赔偿请求权等。❷ 我国《民法典》合同编第577条对违约责任承担方式作出规定,其中包括继续履行、赔偿损失等。由此可以得出,在我国法律语境下,债务履行不能所导致的法律后果是承担违约责任,而非由债权人提出的次请求权。对于原请求权与违约责任请求权适用范围的判断,应当基于债务履行期限区分的情形下进行探讨。债务履行分为履行期限确定与履行期限不确定两种情形:其一,在履行期限确定情形下,债权人于履行期限届满之前不得请求债务人履行给付义务,避免债务提前履行,失之偏颇。当履行期限届满后,债权人请求债务人履行债务之请求权为违约责任请求权。其二,在履行期限不确定情形下,债权人可随时请求债务人履行债务,债务人也可随时履行债务。基于此,债权人的请求无权利救济性质,应为原请求权。当债权人行使原请求权之后,债务人仍不履行给付义务的,应当承担违约责任。由是观之,原请求权适用于履行期限不确定的债权债务合同,仅限于任意性履行请求权;而强制性履行请求权则为违约责任请求权。

对于诉讼时效适应范围的探讨,我国主流学说观点大多借鉴我国台湾地区或德国的相关规定,主张其范围应限于以债权为主的请求权。❸ 而该请求权的内涵解读,应当认为属于救济性请求权或违约责任请求权❹。基于我国现行法律规定,在债务与责任相区分的模式下,债权不具有救济性请求权,仅含有原请求权之品格。以债权为基础所提出的救济性违约责任请求权方为诉讼时效的适用范围。❺ 在保险合同领域内,债务履行期限不确定之范围应当包括保险金的给付义务。由于在保险事故发生后,保险金给付义务是基于被保险人或受益人提出理赔请求,被保险人或受益人何时提出理赔请求犹未可知,因此,该履行期限并未确定。在此情形下,保险事故发生后被保险人或受益人可以请求保

---

❶ 许德风. 法教义学的应用 [J]. 中外法学, 2013 (5): 937-973.
❷ 迪特尔·梅迪库斯. 请求权基础 [M]. 陈卫佐, 等译. 北京: 法律出版社, 2012: 29-30.
❸ 王利明. 民法总则研究 [M]. 北京: 中国人民大学出版社, 2018: 765; 马俊驹, 余延满. 民法原论 [M]. 北京: 法律出版社, 2010: 252; 陈华彬. 民法总则 [M]. 北京: 中国政法大学出版社, 2017: 664; 李宇. 民法总则要义 [M]. 北京: 法律出版社, 2017: 884; 程啸, 陈林. 论诉讼时效客体 [J]. 法律科学, 2000 (1): 65-72.
❹ 葛承书. 民法时效——从实证的角度出发 [M]. 北京: 法律出版社, 2007: 86; 杨巍. 民法时效制度的理论反思与案例研究 [M]. 北京: 北京大学出版社, 2015: 159-167; 郭明瑞. 关于民法总则中时效制度立法的思考 [J]. 法学论坛, 2017 (1): 5-10.
❺ 姚辉, 梁展欣. 民法总则基本理论研究 [M]. 北京: 中国人民大学出版社, 2019: 785-812.

险人给付保险金，经请求后保险人仍不履行给付义务时，被保险人或受益人则享有救济性违约责任请求权。故而，保险金请求权的本质不仅具有原请求权，而且包括救济性请求权。通过对诉讼时效适用范围和保险金请求权性质的厘定，可以得出二者之间存在同质性，保险金请求权属于诉讼时效的适用范围，所以，保险索赔时效可定性为诉讼时效❶。

（二）保险索赔时效起算点之修正

上述论证过程证明保险索赔时效定性为诉讼时效更为妥适，后续的研究阐释均以该论证结果为基础。为顺应社会发展趋势、保护债权人利益，《民法典》总则编的诉讼时效期间由《民法通则》第135条规定的"二年"❷修改为"三年"，同时做出兜底规定："法律另有规定的除外。"因此，根据特别法优于一般法的法理原则，若存在《民法典》之外的部门法对诉讼时效期间作出规定，应当适用该部门法的规定。《保险法》作为特别法，其将非人寿保险和人寿保险诉讼时效期间分别规定为"二年"和"五年"。《保险法》的诉讼时效期间规定符合《民法典》总则编的"法律另有规定"情形，二者相互衔接，本质上没有形成与《民法典》总则编规定的冲突，没有造成法律适用的桎梏。人寿保险承载着社会与伦理的矫正功能，其保险期间较一般合同而言较长，保险价值比较高，理应受到法律上更长时效期间的保护。这样有利于促进社会安定和谐，也符合域外法律规定发展的潮流，例如：比利时人寿保险诉讼时效期间为30年；意大利和法国为10年；荷兰为5年。❸

《保险法》诉讼时效期间的规定并没有与《民法典》总则编的规定产生抵触，二者正常衔接符合法治的精神。真正需要基于《民法典》总则编的规定进行修正，以更好促进法律适用和保护权利人时效利益的应当是诉讼时效的起算点。诉讼时效的适用范围为救济性请求权❹，即当权利实现受阻或权利受到侵害时，权利人可在法律规定期间内行使违约责任请求权。故而在《保险法》保险索赔时效的场域，该诉讼时效的起算点应为被保险人或受益人知道或应当知道其保险金请求权遭受到侵害之日起。❺ 根据《保险法》第26条规定，保险索赔时效起算点为"被保险人或受益人知道或者应当知道保险事故发生之日起"，该起算点仅限于保险事故发生，是被保险人或受益人行使保险金请求权

---

❶ 武亦文，赵亚宁.《保险法》第26条诉讼时效规范之反思与优化 [J]. 保险研究，2019 (7)：116-127.

❷ 《民法通则》第135条："普通诉讼时效，向人民法院请求保护民事权利的诉讼时效期间为二年，法律另有规定的除外。"

❸ JÜRGEN BASEDOW, JOHN BIRDS, MALCOLM CLARKE ETC. Principles of European Insurance Contract Law (PEICL) [M]. 2nd ed. Sellier European Law Publishers, 2016：240.

❹ 徐晓峰. 诉讼时效的客体与适用范围 [J]. 法学家，2003 (5)：90-99.

❺ 李兆良. 海上保险诉讼时效规定的理解和修改 [J]. 中国海商法研究，2013 (2)：55-59.

的前提。换而言之，当被保险人或受益人知道或应当知道保险事故发生时，其可向保险人主张保险金请求权，此时保险金请求权并未遭受侵害或实现不能，并不能作为诉讼时效的起算点。❶ 在权利未受到损害时就计算诉讼时效，有违《民法典》总则编诉讼时效制度设计的初衷❷，也减损被保险人或受益人的时效利益。2018 年施行的《最高人民法院关于适用〈中华人民共和国保险法〉若干问题的解释（四）》（以下简称《保险法司法解释（四）》）第 18 条针对商业责任保险中诉讼时效起算点作出明确规定："自被保险人对第三人应付的赔偿责任确定之日起。"但该规定并没有妥当解决《保险法》中诉讼时效起算点的现实障碍。一方面，商业责任保险应属非人寿保险范围，根据《保险法》第 26 条，其诉讼时效起算点应为"被保险人或受益人知道或应当知道保险事故发生之日起"，因此，《保险法司法解释（四）》超越《保险法》的现有规定，并未发挥其解释和矫正的功能❸；另一方面，《保险法司法解释（四）》的诉讼时效起算点规定容易引发道德风险，被保险人为骗取保险金与第三人相互串通勾结，损害保险人的合法权益。由此观之，无论是《保险法》第 26 条，抑或是《保险法司法解释（四）》第 18 条，二者对于诉讼时效起算点的规定均与《民法典》总则编相应规定和制度精神相违背，应当对此作出修正。

基于诉讼时效制度的规范原理，保险索赔时效期间的起算点应当置于保险金请求权受到损害的场景内。《最高人民法院关于审理民事案件适用诉讼时效制度若干问题的规定》（以下简称《诉讼时效规定》）针对合同请求权的诉讼时效起算点作出一般规定，《诉讼时效规定》第 6 条针对一般合同的诉讼时效起算点分别作出三种规定❹，其本质上均以债务不履行的成立时间点为起算点。保险金请求权实质是基于保险合同，保险合同属于《民法典》规定的民商事合同类型之一，故而，其诉讼时效期间起算点应当与《诉讼时效规定》第 6 条内容相契合。因此，《保险法》中保险金请求权的诉讼时效起算点应当设定为"自被保险人或受益人知道或应当知道保险人不履行保险金给付义务之日起"更为妥当。

---

❶ 霍海红. 再论未定履行期限债权的诉讼时效起算 [J]. 环球法律评论, 2019 (1): 102 - 112.
❷ 周江洪. 诉讼时效期间及其起算与延长——《民法总则》第 188 条评释 [J]. 法治研究, 2017 (3): 57 - 67.
❸ 张力毅. 被保险人危险增加通知义务司法适用之检讨——基于 277 个案例的裁判文书之分析 [J]. 政治与法律, 2019 (6): 105 - 118.
❹ 《诉讼时效规定》第 6 条："未约定履行期限的合同，依照合同法第六十一条、第六十二条的规定，可以确定履行期限的，诉讼时效期间从履行期限届满之日起计算；不能确定履行期限的，诉讼时效期间从债权人要求债务人履行义务的宽限期届满之日起计算，但债务人在债权人第一次向其主张权利之时明确表示不履行义务的，诉讼时效期间从债务人明确表示不履行义务之日起计算。"

三、《保险法》与《民法典》合同编：保险人撤销权之适用选择

在《保险法》场域中，保险合同具有特殊性，当被保险人因故意或重大过失违反如实告知义务，足以影响保险人是否与其订立保险合同或者调整保险费率时，保险人可根据《保险法》第16条行使保险合同解除权❶。《民法典》合同编于第三章规定了合同的效力，为保障《民法典》法律条文间的逻辑顺畅，虽未继受《合同法》第54条因受欺诈订立合同之法律后果的规定，但根据第508条规定可"适用本法第一编第六章"❷，该条仍然承继了合同效力的精神，仍然可基于"民事法律行为"规定厘清合同行为的效力。因此可由第148条得出❸，以欺诈手段订立合同，违背对方当事人的真实意思表示，受欺诈方享有合同撤销权。故而，在《保险法》视域下，投保人因故意或者重大过失未履行如实告知义务与保险人订立保险合同时，此时会引起两种法律后果，即《保险法》之合同解除权、《民法典》合同编之合同撤销权。对于合同撤销权，《保险法》并未明确规定适用与否，司法解释也未作出完善，因此，学界存在较大争议，司法实践中也出现"同案不同判"现象。❹对于投保人违反如实告知义务的法律后果，当前主流观点是基于特别法与一般法的关系，适用保险合同解除权，但也存在适用合同撤销权的情况。保险人行使保险合同解除权的内在逻辑是否合适需要深究，如何在《保险法》与《民法典》合同编衔接基础之上厘清保险合同解除权与合同撤销权二者之间的关系并适用妥当是未来《保险法》及司法解释的研究重点，是法律制度完善亟待解决的现实障碍。

（一）主流观点：保险人撤销权之排除适用

为避免出现道德风险，最大诚信原则是保险合同的订立基础。其不同于民商事领域内的一般合同，保险人是否承保以及保险费率的确定均以被保险人所告知的财产保险标的或被保险人身体状况为根本。若在保险合同成立之前，保险人发现被保险人因故意或重大过失未履行如实告知义务，保险人可选择不与被保险人订立合同或者提高保险费率；若在合同成立之后，保险人发现上述情况，并足以动摇保险人与被保险人订立保险合同或者调整保险费率的决定的，会产生两种法律后果，即保险人选择行使保险合同解除权或者合同撤销权。

---

❶《保险法》第16条："订立保险合同，保险人就保险标的或者被保险人的有关情况提出询问的，投保人应当如实告知。"

❷《民法典》第508条："本编对合同的效力没有规定的，适用本法第一编第六章的有关规定。"

❸《民法典》第148条："一方以欺诈手段，使对方在违背真实意思的情况下实施的民事法律行为，受欺诈方有权请求人民法院或者仲裁机构予以撤销。"

❹ 金东辉, 李佳栋. 我国保险解除权与合同撤销权之竞合困局与解决进路 [J]. 郑州航空工业管理学院学报（社会科学版），2017（3）：53-59.

对于二者的适用选择，当前主流观点认为是适用《保险法》的保险合同解除权，排除适用合同撤销权。❶ 该主张认为：首先，在保险合同解除权和合同撤销权适用要件层面，保险合同解除权适用于投保人故意或有重大过失违反如实告知义务并足以影响保险人是否订立合同或调整保险费率的真实意思，合同撤销权适用于合同一方当事人以欺诈、胁迫等方式使得对方当事人违背真实意思表示情形下与之订立合同。二者适用要件存在重合性和相似性，本质上都是一方当事人主观状态存在"故意"，另一方当事人意思表示不真实。保险合同解除权或者合同撤销权的行使都是针对同一行为矫正其中的意思表示瑕疵，二者之法律规定存在法条竞合情形❷。其次，在法律关系层面，《保险法》与《民法典》合同编属于特别法与一般法的关系，"合同法属于一般法，规范一切民事合同关系；保险法只规定保险合同关系，保险合同关系属于合同关系中的特殊合同关系，保险法应为特殊法"，❸ 特别法将优先使用于一般法，因此，应当优先适用《保险法》第16条规定，即保险合同解除权。再次，在保险人权利救济层面，根据《保险法》第16条，保险人可解除保险合同、不承担赔偿、不给付保险金、不退还保险费等；根据《民法典》合同编第508条，保险人可撤销合同，即保险合同自始未成立等。通过比较《保险法》与《民法典》合同编之保险人权利救济方式，《保险法》对于保险人的合法权益救济更加完备、全面。最后，在权利行使期限层面，保险合同解除权与合同撤销权都属于形成权，权利行使都受到除斥期间的限制。❹《保险法》设置保险合同解除权的除斥期间为三十天，《民法典》之合同撤销权的行使期限为一年。在《保险法》领域，相较于被保险人，保险人作为保险合同一方当事人，其更具优势地位。保险人作为专业机构，在保险合同签订完毕后，有条件且有能力在法律督促之下及时做好真实审查工作，积极核对被保险人是否出现未履行告知义务。因此，虽然《民法典》设置合同撤销权的除斥期间为一年，某种程度上有利于保险人有充分时间进行权利救济，但是位于弱势地位的被保险人权利却一直处于不稳定状态，不符合交易效率与公平原则，阻碍保险行业的高效发展。而《保险法》规定赋予保险人三十天合同解除权行使期限并设置不可抗辩条款❺，更有利于利益平衡的实现，体现交易公平，维护交易安全与稳定。

---

❶ 于海纯. 保险人撤销权：保险法中的一个制度选择及其合理性追问[J]. 中国法学，2020 (4)：283-302.
❷ 卡尔·拉伦茨. 法学方法论[M]. 陈爱娥，译. 北京：商务印书馆，2003：146.
❸ 梁慧星. 裁判的方法[M]. 2版. 北京：法律出版社，2012：55.
❹ 曾祥生. 论合同解除权与撤销权之竞合[J]. 求索，2010 (1)：148-149.
❺ 陈轩禹.《保险法》中不可抗辩规则的法律适用[J]. 新疆大学学报（哲学·人文社会科学版），2020 (2)：28-35.

（二）保险人撤销权排除适用之反驳

发生法条竞合需要满足两个条件：其一是法条各组成要素之间具有吸收关系；其二是适用法条所产生的法律后果不一致。在法律后果方面，《保险法》对于保险合同解除权的行使后果作出明确规定，并针对故意和重大过失进行区别与固定处理，即在故意情况下，保险人不承担赔偿责任、不给付保险金、不退还保险费；在重大过失情况下，保险人不承担赔偿和给付赔偿金责任，但应当退还保险费。而对于合同撤销权的法律后果，《民法典》规定合同自始无效，取得财产应返还、不能返还时折价补偿、过错方承担损害赔偿责任等。因此，保险合同解除权与合同撤销权虽然都属于形成权，但是二者法律后果并不相同，而且保险合同解除权中的不可抗辩条款成为与合同撤销权之间的本质区别❶。因此，若要分析保险合同解除权与合同撤销权之间是否能够形成法条竞合关系，主要拆分二者的权利组成要素进行探究。

保险合同解除权与合同撤销权的权利组成要素主要分为主观、客观、因果关系三个层面。在主观层面，保险合同解除权与合同撤销权都存在故意情形，但是合同撤销权的故意强度要高于保险合同解除权。另外，保险合同解除权中还包括重大过失情形，合同撤销权中虽然存在重大误解或显失公平，但二者之间并无联系。因此，保险合同解除权与合同撤销权在主观层面只存在故意情形的部分重合，并无真正吸收关系。在客观层面，保险合同解除权存在被保险人未履行如实告知义务，合同撤销权中存在合同一方当事人行使欺诈行为。欺诈行为属于故意行为，未履行如实告知义务行为不仅属于故意行为，也有可能属于重大过失行为，故未履行如实告知义务行为不一定是欺诈行为。所以，保险合同解除权与合同撤销权仅在因故意所导致的客观行为中有相似部分，但二者不存在吸收关系。在因果关系层面，保险合同解除权的因果关系在于被保险人未履行如实告知义务导致保险人订立保险合同或调整费率，合同撤销权的因果关系是合同一方当事人行使欺诈行为导致另一方当事人违背真实意思表示而订立合同。未履行如实告知义务行为与欺诈行为在客观层面并不能相对应，故而，在因果关系层面，保险合同解除权与合同撤销权也不具有吸收关系。综上所述，通过对保险合同解除权与合同撤销权各要素比较分析，发现仅存在部分重合，二者权利构成并不存在吸收关系。

由是观之，保险合同解除权与合同撤销权并不存在法条竞合关系，合同撤销权不应当被排除适用。❷ 在保险活动场域中，保险人与被保险人由于存在专

---

❶ 阚园芳. 论保险欺诈与不可抗辩条款的衡平与规制 [J]. 山东行政学院学报, 2018 (4): 59-64.
❷ 任顺. 论投保欺诈背景下的保险人合同撤销权——以一起投保欺诈案件的两级法院判决为线索 [J]. 保险研究, 2015 (3): 80-91.

业差异性，往往导致被保险人处于弱势地位，应当对保险人加以法律约束，但是为保障交易安全、平衡双方利益，也应当保障保险人的合法权益。另外，当前司法实践案例中存在适用合同撤销权的判决结果。❶ 通过上述论证分析，未来或可在《保险法》及司法解释中承继《民法典》之合同撤销权的规定，结合对价平衡与投保人倾斜保护尺度，在适用合同撤销权基础之上，既要维持打击现实中恶意骗保的法律力度，也要避免出现保险人权利滥用的情况，促进保险行业健康、稳定发展。

四、《保险法》与《民法典》侵权责任编：责任保险与侵权责任之互动

自工业革命结束之后，现代社会已经转变为"风险社会"。❷ 在风险社会中，其制度性与人为性特征不断显现，即人类所创建的社会制度会带来制度性风险，人类自身的社会活动会带来人为性风险。由此，社会将会面临大规模损害不断涌现的风险❸，人身与财产之权益救济成为社会发展的关注重心。在传统侵权责任背景之下，个人责任占据主要地位，通常被学者称为损害移转❹，其所彰显的观点为罗马法的矫正正义理念。然而，随着社会发展和损害频繁发生，损害救济责任逐渐由个人本位转向社会本位，促使责任保险的产生。❺ 因此，在现代侵权责任视域下，损害救济逐渐社会化。为应对无限溢出的社会风险，在损害发生与救济的场域中，世界上很多国家和地区正逐步建立和完善多元化救济机制：责任保险、侵权损害赔偿、社会救助等❻。作为风险分散与损害救济的方式之一，责任保险与侵权责任于现代社会背景坐标中发生交集并产生互动效应❼。《民法典》侵权责任编对各类民事责任作出进一步完善与落实，例如：机动车交通事故责任、产品召回责任、环境污染责任等。这一方面会为责任保险发展带来机遇，另一方面也必然会倒逼责任保险与《民法典》侵权责任编作出更妥适的协调与整合。《民法典》侵权责任编于第五章机动车交通事故责任中引入责任保险制度，责任保险与侵权责任有机互补并相容，但仍存在部分冲突与不足之处亟须完善与协调。

---

❶ 参见郑州市金水区（2014）金民二初 695 号民事判决书；参见郑州市中级人民法院（2014）郑民四终 1678 号民事判决书；参见河南省高级人民法院（2016）豫民再 418 号民事判决书。
❷ 张文霞，赵延东. 风险社会：概念的提出及研究进展 [J]. 科学与社会，2011（2）：53-63.
❸ 张铁薇. 侵权法的自负与贫困 [J]. 比较法研究，2009（6）：38-49.
❹ 王泽鉴. 侵权行为 [M]. 北京：北京大学出版社，2016：8.
❺ 程啸. 侵权责任法 [M]. 2 版. 北京：法律出版社，2015：36-37.
❻ 王利明. 建立和完善多元化的受害人救济机制 [J]. 中国法学，2009（4）：146-161.
❼ 陈皓. 保险对侵权法损害赔偿功能的冲击与限度 [J]. 社会科学辑刊，2014（3）：61-65.

（一）责任保险与侵权责任之独立与互补

责任保险与侵权责任在损害救济赔偿领域中存在一定的同质性和风险分散特征，但是二者相互间具有独立性，在各自独立基础之上发挥自身作用实现互补。责任保险与侵权责任的独立性主要体现在归责原则和损害赔偿标准两个层面。在归责原则层面，传统侵权法通常以过错责任为原则。[1] 社会发展进入工业化阶段之后，风险发生逐渐普遍，在某些领域开始出现无过错责任，虽然有助于保护被侵害人，但在机动车交通事故责任领域，侵权责任的归责原则如果适用无过错原则将会过于严苛，并且会阻碍社会发展进程。根据《民法典》侵权责任编第1208条和《道路交通安全法》第76条规定，机动车之间发生交通事故应当以过错责任为原则；机动车与非机动车、行人之间发生交通事故应当以过错推定和严格责任相结合方式为归责原则。而责任保险的归责原则可根据《机动车交通事故责任强制保险条例》第21条规定得出，即当机动车一方造成交通事故且不是由受害人故意造成时，保险公司应当在其责任限额内承担赔偿责任，因此，责任保险本质上所适用的归责原则是无过错责任[2]。故而，在机动车发生交通事故时，责任保险与侵权责任在归责原则层面存在差异化。在损害赔偿标准层面，侵权责任会在填补损害基础之上对受害人损失给予充分的赔偿。责任保险赔偿金额将会受到限制：其一，投保人缴纳保险费不足时，保险费所支付赔偿金仅限于已缴纳保险费比例范围内；其二，保险人只能根据法律规定或者合同约定的范围内缴纳保险费，不得超过一定的范围。因此，在机动车交通事故责任中，责任保险只在保险合同约定的范围内承担赔偿责任，区别于侵权责任赔偿标准。[3] 由是观之，责任保险与侵权责任在归责原则和损害赔偿标准两个层面具有一定的差异性。

责任保险与侵权责任虽然在归责原则和损害赔偿标准层面具有差异性和独立性，但是二者之间存在互补性。一方面，责任保险强化侵权责任的赔偿功能。风险的产生是社会发展与工业化的必经过程[4]，导致个人本位主义逐渐退化，罗马法的矫正正义观念演变为分配主义，促进责任保险的兴起。在风险社会中，传统侵权责任法的个人责任思想受到冲击，在发生侵权行为之后，加害人赔偿能力和财力具有限制性，无法及时填补受害人实际损失和全面、充分对受害人承担损害赔偿责任。责任保险的功能之一便是转移风险[5]，将损害赔偿

---

[1] 林嘉．社会保险对侵权救济的影响及其发展 [J]．中国法学，2005（3）．
[2] 程啸．民法典侵权责任编中机动车交通事故责任的完善 [J]．法学杂志，2019（1）：64-74．
[3] 杨立新．中国大陆地区道路交通事故责任立法司法的基本状况及评价 [J]．河南社会科学，2018（3）：63-71．
[4] 沃特·阿赫特贝格．民主、正义与风险社会：生态民主政治的形态与意义 [J]．马克思主义与现实，2003（3）：46-52．
[5] 王德明．责任保险在多元化救济体系中的位置及其法律环境分析 [J]．保险研究，2014（10）：87-97．

责任部分转移至保险人。保险人作为社会专业机构，拥有厚实的财力，具备较强的损害赔偿能力，能够充分保障受害人的权利救济，强化侵权责任的损害赔偿功能。因此，为加害人与受害人之间提供第三方救济机构，能够促进各方利益达到平衡与最大化，推动社会稳定发展。毋庸置疑，在机动车交通事故损害赔偿责任中，责任保险在责任分摊上提供了巨大的支持和保障。另一方面，侵权责任是责任保险的基石。侵权责任在稳步完善与发展的过程中，必然会使得责任保险的需求范围不断扩大。公众为增加其内心安全感，在日常生活中往往会倾向于降低个人风险值的承担，主要方式便是通过风险分散，向保险公司投保，因而，责任保险的价值日益凸显。另外，责任保险的建立必须依靠损害赔偿制度的法律环境，侵权损害赔偿责任的确定是责任保险产生与发挥作用的前提。只有当被保险人的行为构成侵权，并且责任赔偿方式足以量化时，保险人才能承担赔偿责任或给付赔偿金等。具体到机动车交通事故责任中，责任保险机制的启动建立在保险人有侵权责任的基础之上，有赖于侵权责任的责任认定的支撑。

（二）责任保险与侵权责任之冲突与协调

责任保险在侵权责任范围内更为广泛地运用于机动车交通事故责任中，《民法典》侵权责任编中对于机动车交通事故的责任保险作出统一且完备的规定，其整合了《侵权责任法》《道路交通安全法》《最高人民法院关于审理道路交通事故损害赔偿案件适用法律若干问题的解释》等相关规范，旨在统一裁判思想，也为《保险法》之责任保险的发展与调适提供指引。在侵权责任中引入责任保险机制，二者能够相互独立并相互融合。但是任何一项制度皆不是完美的，责任保险与侵权责任在交互影响和渗透过程中，会存在部分冲突和需要协调之处[1]，如何更好处理冲突，并整合、完善达到和谐，是研究责任保险与侵权责任关系的重心，也是推进《保险法》与《民法典》衔接的基础。责任保险与侵权责任的冲突与协调之处主要体现在二者功能发挥和利益平衡两个层面。

在功能发挥层面，责任保险的引入容易削弱侵权责任的惩罚功能。侵权责任的制度设计以受害人损失救济为中心[2]，以填补损失为主要功能。在现代风险社会中，仅凭个人力量难以对损害赔偿责任的承担达到完满状态。责任保险在分配正义理念中应运而生，其功能在于分散风险，强化侵权责任的赔偿功能，为受害人提供更全面的救济。在机动车交通事故责任中，当机动车一方负有责任时，先由保险公司在其责任限额内承担赔偿责任，不足部分再由机动车

---

[1] 张俊岩. 风险社会与侵权损害救济途径多元化 [J]. 法学家, 2011 (2): 91-102.
[2] 王利明. 我国侵权责任法的体系构建——以救济法为中心的思考 [J]. 中国法学, 2008 (4): 3-15.

所有人填补损失，使受害人的损害救济具备更多可能性。责任保险与侵权责任在功能上的结合，虽然满足受害人的损害救济，但是最终赔偿责任由保险公司承担，因此，责任保险的出现会导致难以对侵权人产生惩罚功能，容易引发道德风险。一方面，被保险人在与保险公司订立保险合同之后，基于保险公司之赔偿责任的保障与兜底，被保险人可能会降低其理性人标准[1]，放松其对他人人身、财产的注意义务，任由损害的发生，导致出现大量的侵权行为。另一方面，由于责任保险与侵权责任之结合的主要功能在于保护受害人的权益恢复与救济，往往会引发受害人与被保险人相互串通，故意引发交通事故并造成财产损失，从而骗取保险金。因此，侵权责任中引入责任保险是一把双刃剑，在具备正面效应的同时也会产生反面冲突。责任保险对于被保险人之惩罚功能的削弱和道德风险的引发，需要在今后法律完善中不断修正和调适。

在利益平衡层面，责任保险的引入会引发各方利益失衡。在侵权责任中结合责任保险机制，本质上是过错责任与无过错责任的高效配置。在机动车交通事故责任中，所涉及利益主体主要为保险公司、侵权人、受害人。[2] 保险公司具备比侵权人更强大的财力和能力，其根据无过错责任原则替代侵权人先承担赔偿责任，能够减轻侵权人的赔偿负担。责任保险的存在实质上是将侵权人置于比受害人更具优势的地位，基于此，我国立法和司法实践都对受害人加以倾斜保护，以达到三者之间的利益平衡。例如，《民法典》侵权责任编第1213条，当机动车发生交通事故，机动车一方有责任的，由强制责任保险在其责任限额内承担赔偿责任，不足部分由商业保险在合同约定范围内承担赔偿责任，若仍然不足再由侵权人予以赔偿。由此可以得出，责任保险与侵权责任相结合不仅体现出给予受害人更为充分、及时的救济保障，该赔偿顺序也减轻了侵权人的赔偿负担，从而达到各方主体的利益平衡。虽然我国《民法典》侵权责任编和《保险法》相关规定彰显了各主体的利益平衡精神，但仍然存在需要完善和协调的部分。第一，由上述论证可得，侵权人在责任保险的庇佑之下，其赔偿责任负担较轻，无法对其施行真正的惩治和约束。囿于惩罚机制的缺失和责任保险机制的日益完善，容易导致侵权行为频发，对他人利益造成侵害，也增加保险公司的赔偿负担。第二，保险公司作为第三方社会机构，由于其财务状况客观，不仅为受害人提供救济，也为侵权人承担赔偿责任。虽然责任保险机制的出现为侵权责任提供"深口袋"[3]，但是对于侵权人和受害人的倾斜保障，

---

[1] 梁鹏. 保险法之"理性人"标准研究 [J]. 中国青年政治学院学报, 2008 (2): 76-81.
[2] 周学峰. 侵权诉讼与责任保险的纠结——从两方对抗到三方博弈 [J]. 清华法学, 2012 (2): 83-101.
[3] 叶延玺. 论责任保险对侵权连带责任的影响——兼谈侵权连带责任的未来 [J]. 河南财经政法大学学报, 2016 (4): 27-36.

容易导致保险公司承担过重的赔付责任,不利于保险产业的发展,最终使得各方主体利益失衡。因此,在未来法律修缮过程中需要对被保险人加以规制和对保险公司加以适度重视,以期为达到利益平衡提供制度保障。

结语

在《民法典》实施的背景下,《保险法》与《民法典》各分编规定联系密切,《民法典》的颁布为保险行业带来更多需求,也为《保险法》及司法解释的完善与修改提供指引。如何让《保险法》吸收《民法典》的精神与理念,完成衔接与协调,是当前研究的重心之一。以《民法典》总则编、合同编、侵权责任编为例,从诉讼时效制度、保险人撤销权适用以及责任保险机制三个层面出发,探讨其与《保险法》的制度对接与调适,并为消弭内在冲突提供妥适路径,以期为后续《保险法》与《民法典》关系的深入研究提供裨益。

《民法典》视野下保险金索赔时效的教义学解构

黄清新[1]

摘要 保险金索赔时效以保险金请求权为规范对象,诉讼时效之定位能够实现及时索赔之目的,除斥期间之定性实为剥夺请求权人请求权受领力之错误之举。《保险法》第 26 条对保险金请求权与保险费请求权规定了不同的诉讼时效长度与起算点,更偏向于保护保险人,在典型的格式合同场域下相对人的利益无法得到保障。二年的保险金索赔时效之立法意旨并非游离于民法普通短期时效之外,而是与其保持一致,且在比较法层面,多数国家采纳统一的诉讼时效立法例。故在诉讼时效长度层面,应当将非人寿保险的保险金索赔时效规定为三年;保险事故发生之日实际上属于被保险人或受益人通知义务的履行,诉讼时效起算点应修改为"被保险人或受益人知道或应当知道保险人拒绝履行保险赔付义务之日"。

关键词 保险金索赔时效 诉讼时效 期间长度 起算点 《民法典》第 188 条

一、问题之缘起

最新的《保险法》第 26 条对保险金索赔时效的规定将二年的保险金索赔时效定位于诉讼时效,起算点为权利人"知道或应当知道保险事故发生之日",改变了以往除斥期间的立法例。[2] 而《最高人民法院关于适用〈中华人民共和国保险法〉若干问题的解释(四)》(以下简称《保险法司法解释(四)》)仅是将诉讼时效的起算点修改为"自被保险人对第三者应负的赔偿责任确定之日起计算",同样肯定了诉讼时效的立法模式。但学界对于保险金索赔时效的争议

---

[1] 黄清新,中南财经政法大学法学院硕士研究生,研究方向:民商法。

[2] 考察本条之立法史,《保险法》所规定的保险金索赔时效的几次修订,表明立法者就其性质存在一定的分歧,保险金索赔时效最初规定的是权利人经过一定期间不行使,则权利归于消灭,采纳的是除斥期间的立法例,但最新的《保险法》明确将索赔时效界定为诉讼时效,采纳的是诉讼时效的立法例。

并未因司法解释的出台而消弭,晚近有学者指出,保险金索赔时效本质上属于消灭时效而非诉讼时效。❶ 因此首先需要厘清的是,保险金索赔时效性质定位属于诉讼时效的正当性何在?其次,在《保险法》的规范体系之内,被保险人或受益人保险金的索赔时效适用的是二年的诉讼时效,起算点为"知道或应当知道保险事故发生之日"。但保险人享有的保险费请求权的诉讼时效却适用民法三年普通短期诉讼时效的规定,且起算点为"知道或应当知道权利受到损害以及义务人之日"。在同一个合同中适用不同的诉讼时效标准难谓妥当,在此双轨制的诉讼时效规范路径之下,作为典型的格式合同的保险合同的相对人的利益又如何保障?最后,《民法典》第188条规定的三年普通短期诉讼时效适用于整个债法领域,且其诉讼时效的起算点为请求权人"知道或应当知道权利受到损害以及义务人之日"。如此一来,《保险法》第26条又应当如何回应《民法典》第188条的体系辐射效应?

二、理论预设:保险金索赔时效的规范性质之剖析

(一)诉讼时效定位之妥当性证成

晚近学说认为,诉讼时效与请求权、除斥期间与形成权并非一一对应的关系,诉讼时效虽然只能适用于请求权,但除斥期间却并非只能适用于形成权,譬如原《合同法》第104条第2款规定的债权人对提存物的提取请求权,《产品质量法》第45条第2款规定的因产品缺陷产生的损害赔偿请求权。❷ 保险索赔时效本质上属于除斥期间的观点存在两种价值进路:一是认为,保险索赔时效本质上是为了督促被保险人或受益人及时行使保险金请求权,并且保险索赔亦需以不可变的除斥期间约束权利人,故而符合除斥期间的法律理念。❸ 二是认为,将保险索赔时效认定为除斥期间。有的观点认为,被保险人或受益人应当在法定的时间内提出索赔请求,在该期间内不行使的,索赔权即应期限届满而消灭;❹ 但有的观点却认为,在保险事故发生后,被保险人或受益人可以在法定期间内向保险人索赔,在保险人拒绝履行或怠于履行保险金赔付义务时,还可以通过诉讼时效期间寻求保护,因而被保险人或受益人的保险金请求权存在双重保护。❺ 也有观点认为,保险金请求权规定的二年期间不是诉讼时效而是消灭时效,❻ 所谓消灭时效是权利人不行使权利的事实状态持续经过一定

---

❶ 潘红艳. 论责任保险金请求权时效制度——以责任保险为制度背景[J]. 当代法学, 2019 (2): 74.
❷ 朱庆育. 民法总论[M]. 2版. 北京: 北京大学出版社, 2016: 548.
❸ 贾林青. 论保险索赔时效的法律性质——对新《保险法》第26条的质疑[J]. 中国商法年刊, 2010: 362-363.
❹ 贾林青. 保险法[M]. 3版. 北京: 中国人民大学出版社, 2009: 145.
❺ 魏国君. 再论保险索赔时效——关于《保险法》第26条的思考[J]. 中国商法年刊, 2012: 156.
❻ 潘红艳. 论责任保险金请求权时效制度——以责任保险为制度背景[J]. 当代法学, 2019 (2): 76.

间后导致权利消灭的制度。[1] 但《德国民法典》第 214 条第 1 款规定表明,消灭时效（Verjahrung）适用的对象为请求权,故消灭时效本质上是指请求权因期间届满而失去可实行性,但请求权并不因消灭时效的完成而消灭。[2] 因此,在我国消灭时效的法律后果与诉讼时效基本相同。[3]

保险金索赔时效系对保险金请求权的行权期限的规定,保险人的赔付义务并非自保险事故发生时即已确定,实际上仍然是需要被保险人或受益人向其提出履行保险金赔付义务的请求。但保险人并非在被保险人或受益人提出支付保险金请求时即需立刻支付保险金,《保险法》第 23 条规定了保险人对被保险人或受益人核定期限,并且第 25 条规定自收到给付保险金请求和有关证明、资料之日起六十日内仍不能确定具体数额的,应当先行支付。易言之,在最长的六十日期限范围内属于保险人对赔付数额的确定期限,该期限属于保险人履行赔付义务的合理期限,只有超过该期限保险人依旧不履行才构成义务违反,需向被保险人或受益人承担责任。因此,被保险人或受益人的保险金请求权具有双重功能,一是提示保险人履行赔付保险金的原给付义务,二是超过合理期限后获得强制保险人支付保险金的效力。[4] 原给付义务下被保险人或受益人并未遭受侵害,因此便无须进行救济,但是在保险人不履行保险金赔付义务时,权利即遭受侵害,请求权诉讼时效即有发挥效用之空间。

在比较法层面,多数国家和地区立法例认为保险金请求权应当适用诉讼时效,《德国保险合同法》第 12 条第 3 款规定,在保险人对于投保人支付保险金的请求拒绝赔付保险金时,保险金请求权则适用除斥期间,若投保人在接收到保险人拒绝理赔的通知之后未在法定期间内向保险人主张赔付保险金,则投保人保险金请求权消灭,考虑到对被保险人或受益人而言显属不利,故最终将除斥期间的规定删除,统一适用诉讼时效的规定。《日本保险法》第 95 条规定,保险金请求权在权利人 3 年期间经过仍未行使的,则此时产生阻碍权利效力的障碍,我国台湾地区"保险法"亦规定保险金请求权适用普通诉讼时效。而从除斥期间与诉讼时效的功能上来看,除斥期间的规范意旨在于,期间经过,权利即告消灭,法律效力终局确定,因此更多服务于法律安全,诉讼时效则只是赋予债务人抗辩权,并未消灭请求权本身,因此提供了债务人防御的手段。[5] 如果认为保险金的索赔时效属于除斥期间,那么请求权一旦期间经过,被保险

---

[1] 张新宝. 《中华人民共和国民法总则》释义 [M]. 北京：中国人民大学出版社, 2018：664.
[2] 德国民法典 [M]. 4 版. 陈卫佐, 译. 北京：法律出版社, 2015：67.
[3] 温世扬. 保险法 [M]. 3 版. 北京：法律出版社, 2016：170.
[4] 武亦文, 赵亚宁. 《保险法》第 26 条诉讼时效规范之反思与优化 [J]. 保险研究, 2019（7）：121.
[5] 朱庆育. 民法总论 [M]. 2 版. 北京：北京大学出版社, 2016：548.

人与受益人享有的保险金请求权归于消灭，不得再向保险人主张赔付保险金，再加上在索赔时效的起算点上更为有利于保险人，因此这样一来双方的利益失衡状态更为显著。但定位于诉讼时效，即使期间经过，债权人并不当然丧失实体性的请求权，而是蜕变为效力受抗辩权减损的请求权，仍然享有受领保持力。《德国民法典》第222条第1款规定：消灭时效完成后，义务人有权拒绝给付，因此消灭时效的核心旨趣在于给予债务人某种保护措施，而非剥夺权利人的权利，以此对抗尚未实现的债权。❶

综上所述，比较法层面将保险金索赔时效适用诉讼时效而不适用除斥期间，根本原因在于考虑到过度保护保险人的利益，如果为了达致保险理赔的高效性，诉讼时效与除斥期间事实上都具有督促权利人及时主张保险金请求权的功能，因此基于即时理赔、维护市场交易秩序而使保险金请求权适用除斥期间的规定有违比较法层面的做法，且从当事人利益动态平衡的视角来看，诉讼时效实际上更能在一定程度上矫正索赔时效起算点上被保险人或受益人的相对不利的地位。

（二）诉讼时效定位下私法自治对强制性规范属性的祛除

但如此一来，又会引发另一重追问，保险金请求权诉讼时效究竟属于强制性规范还是任意性规范？诉讼时效的功能主要存在于两个方面：一是督促权利人及时主张权利，保护债务人；二是维护法律秩序的安全与和平。❷《诉讼时效规定》采纳抗辩权发生主义，但第2条又禁止当事人延长、缩短或预先放弃时效利益，显然又具有强制性的规范属性。这实际上是受德国民法和我国台湾地区"民法"的影响，❸但诉讼时效的主要功能在于保护新形成的法律关系秩序，此种秩序的维护本质上体现为对债务人的保护，对于公共利益的维护而言力有不逮。德国民法在债法现代化改革之后，已经逐渐涤除诉讼时效的强制属性，因当事人主观故意有悖善良风俗，故所承担责任的诉讼时效禁止当事人事先约定延长或缩短之外，其余情形下均可由当事人作出约定，只是在延长时效的约定的情形下，不得超过30年。

从另一方面来看，如果保险金请求权诉讼时效属于强制性规范，则法官可以主动适用诉讼时效，这无疑沦为胜诉权消灭说之囹圄，因此胜诉权消灭说是建立在诉讼时效属于强制性规范属性的认识基础之上，但《诉讼时效规定》言

---

❶ Vgl. Motive zu dem Entwurfe eines Burgerlichen Gesetzbuches fur das Deutsche Reich, Band1, 1986, S. 291.
❷ 王泽鉴．民法总则 [M]．北京：北京大学出版社，2014：492；施启扬．民法总则 [M]．8版．北京：中国法制出版社，2009：380．
❸ 德国债法现代化之前，德国民法仍然禁止当事人不得通过法律行为排除或加重消灭时效，但允许减轻或缩短时效，我国台湾地区相关规定亦持强制性规范的立场。

明法官不得主动适用诉讼时效，实际上肯定了法官不能在当事人未提出诉讼时效抗辩的情形下，主动释明诉讼时效问题及适用诉讼时效规定进行裁判。换言之，请求权诉讼时效虽已经过，但债务人享有抗辩权不必然表明其必定向债权人主张，债务人抗辩权的行使属于私法自治的范畴，法官不能横加干涉，债务人可以行使，也可能基于与债权人之间关系维护、社会信用保持等因素的考量而选择放弃主张抗辩权。但是，《诉讼时效规定》第 2 条与第 3 条之间的规范张力实际上可以通过解释得到一定程度的纾解，第 2 款强调当事人不得以约定方式延长或缩短诉讼时效的长度或事先对时效利益作出放弃。诉讼时效长度涉及当事人之间债权债务关系的存续，如果当事人可以以约定的方式延长或缩短诉讼时效，可能导致债权人胁迫债务人作出延长诉讼时效的意思表示，或者是债务人胁迫债权人作出缩短诉讼时效的意思表示，但是此时受胁迫一方可以主张撤销权。因此只要当事人出于真实且自由的意思表示，由当事人约定延长或缩短诉讼时效的长度未尝不可，只不过在诉讼时效的延长层面，为了防止诉讼时效督促当事人行权的规范意旨落空，当事人约定延长诉讼时效后的时效长度需作限制。因此，保险金请求权诉讼时效应当以当事人私法自治为原则，强制性的规范属性应当在抗辩权发生说的框架下逐渐剥离，赋予当事人对诉讼时效的长度意思自治的空间能够与保险人防御性的抗辩权在运行机理上实现通畅衔接。

三、反躬自省：保险金请求权索赔时效理论误区之检讨

（一）背离民法一般诉讼时效规范

被保险人或受益人在保险事故发生之后向保险人主张支付保险金并非基于保险人的违约行为，而是基于保险合同中约定，保险事故发生时保险人负有履行保险赔付义务，而且保险金的赔付义务并不是义务违反所承担的不利的法律后果，因此本质上不属于民事责任的范畴，故保险金请求权并非民事责任请求权。保险金索赔时效的起算点实际上对被保险人或受益人而言极为不利，《保险法》第 26 条规定的保险金诉讼时效的起算点是被保险人或受益人知道或应当知道保险事故发生之日，但问题在于，保险事故发生并不意味着被保险人或受益人的保险金请求权就遭受损害。依照民法的诉讼时效的一般原理，保险金的索赔时效应当是自保险金请求权遭受侵害之时起进行计算，亦即被保险人或受益人向保险人主张保险金赔付请求权而保险人不履行或怠于履行赔付义务，则可以认为保险金请求权遭受侵害。因此，从保险事故发生之日计算保险金请求权的诉讼时效不仅有违民法诉讼时效的一般规定，而且不当缩减了被保险人或受益人的请求权行使期限，如此一来，被保险人或受益人基于自身利益考量

往往会主张以《民法典》第188条之规定作为起算点。《保险法司法解释（四）》第18条则将保险金索赔时效的起算点规定为被保险人损害赔偿责任确定之日，该规定虽然对《保险法》第26条规定作出一定的修正，即保险事故发生时被保险人对第三人所应承担的损害赔偿责任尚未确定，涉及损害赔偿的成立及其范围的认定，但这有可能导致被保险人与第三人恶意串通进行脱法赔付，甚至夸大赔偿数额。[1] 因此，无论是《保险法》还是《保险法司法解释四》本质上都背离了《民法典》第188条对诉讼时效起算点的规定。

（二）加剧格式合同场域下相对人利益损害程度

保险合同本质上属于格式合同，《民法典》第496—第498条分别就格式合同订入控制、内容控制以及格式合同的解释作出规定。从这些规定可以看出，在格式合同场域下，由于合同条款是由一方预先拟定的，且相对人根本无权与之协商，只能选择接受或者不接受合同全部条款，因此订入控制中格式条款的提供方的说明义务、内容控制下无效的格式条款、具有争议的格式条款作通常解释与不利于格式条款提供一方的解释都表明对相对人的保护。但是，《保险法》第26条保险金请求权的诉讼时效的规定不仅没有赋予被保险人、受益人相较于一般的合同相对人更优的保护地位，反而在诉讼时效层面作出了更有利于保险人的规定，具体体现在两个方面：其一，对于被保险人、受益人向保险人主张的保险金赔付请求权的诉讼时效而言，起算点的设置先于"知道或应当知道权益受侵害之时"的时点，使得被保险人、受益人保险金请求权的诉讼时效若以知道或应当知道权益受侵害时起计算，则远不足两年或五年；其二，保险合同订立之后，投保人具有及时支付保费的义务，在投保人不支付保费的情形下，因《保险法》第26条规范对象为被保险人与受益人，不包括保险人在内，因此保险人的保费请求权的诉讼时效的规定并不适用《保险法》第26条的规定，而应当适用《民法典》第188条三年诉讼时效之规定，其起算点为投保人不履行投保义务之时。因此，在诉讼时效的起算点上保险人是自权利受侵害时起进行计算，被保险人或受益人的保险金赔付请求权的诉讼时效则是从知道或应当知道保险事故发生之时起计算，且在非人寿保险的情形之下，保险金诉讼时效只有两年，但保险费的诉讼时效却有三年。《保险法》第26条实际上将优先保护保险人的利益，投保人、被保险人、受益人的时效利益保护存在双重不利，从而在保险合同这一格式合同之下，保险人在具有信息、资源、技术优势的情形下，又被予以时效上的优待，更加剧了双方地位上的不平等，与民法格式条款保护相对人的价值立场背道而驰。

---

[1] 潘红艳. 论责任保险金请求权时效制度——以责任保险为制度背景[J]. 当代法学, 2019 (2): 74.

实际上,《保险法》第26条之所以将索赔时效的起算点规定为"知道或应当知道保险事故发生之日",很重要的原因在于,错误地将保险事故发生时被保险人或受益人权利遭受侵害当作"知道或应当知道权利受侵害之时",未认识到《民法典》第188条实际上针对的是请求权人与义务人之间存在直接的权利侵害关系,但保险合同作为射幸合同,保险人支付保险金完全是基于保险事故发生这一约定事由的发生,保险人并非权利的直接致害者。因此,《保险法》第26条保险索赔时效的规定与《民法典》诉讼时效的一般规范及格式合同保护相对的价值旨趣格格不入。

四、重构路径:保险金索赔时效归入《民法典》第188条体系辐射

在比较法层面,关于保险金索赔时效是否应当适用统一的时效规定,各国规定有所不同,《意大利民法典》与《越南民法典》均未就保险金请求权诉讼时效另行规定,而是统一适用消灭时效的规定,但《日本保险合同法》与《韩国商法》均单独规定保险金请求权的诉讼时效。但有学者仅从普通法与特别法的适用关系层面指出《保险法》作为特别法应当优先于《民法通则》的规定,但问题在于,机械地从法的适用层面证明《保险法》第26条诉讼时效的规范正当性难谓妥当,应当结合规范目的以及当事人的利益状态进行考量。非人寿保险适用二年短期诉讼时效本身即是与《民法通则》的规定一致,在《民法总则》以及《民法典》已经对债权人时效利益提供三年的诉讼时效保护的情形下,特别法优于普通法的解释方案已经脱离了本条的规范意旨,督促权利人及时行使保险金请求权的目的并不意味着牺牲被保险人或受益人的时效利益。在诉讼时效的长度以及起算点之上,《保险法》第26条对保险人予以了优待,为了矫正保险合同当事人在时效利益上的不均衡状态,需要考虑以《民法典》第188条为修正进路,拓展被保险人或受益人的时效利益。

(一) 保险金索赔时效起算点之修正

在《民法典》第188条的规范背景之下,无论是《保险法》第26条规定的"知道或应当知道保险事故发生之日"的时效起算点,抑或《保险法司法解释(四)》第18条规定的"被保险人对第三者应负的赔偿责任确定之日"的时效起算点,都应当回归到普通诉讼时效的起算点的轨道,其正当性在于:

其一,契合债法债务履行期限届满的诉讼时效的起算点的规定,具有规范体系圆通上的合理性。诉讼时效的起算点存在两种方式:一是以请求权客观上可行使之日为计算起点,不考虑请求权人主观上是否知道或应当知道;二是以请求权人主观上知道或应当知道之日为准。《德国民法典》第199条第1款规定,请求权诉讼时效的起算应当同时具备客观要件与主观要件,我国台湾地区

"民法"第128条规定的诉讼时效是从权利的可行使之日起进行计算,而我国《民法典》第188条采纳的是请求权人知道或应当知道权利受侵害之日起计算,属于主观期间。客观期间的立法虽然可以使诉讼时效的起算点的时间固定化,不致使不同主体应主观上不知道而导致诉讼时效一直不计算的情形,但可能使得权利人根本不知道请求权的存在,尚未行使请求权便已过诉讼时效,此时就需考虑设置较长的诉讼时效,这与督促请求权人及时行使权利的意旨不符。而在主观期间的情形下,当事人已经知道权利的时间限制,因此可以在该期间内及时行使权利,虽然诉讼时效的起算点可能不必然固定,但符合诉讼时效的规范目的。❶

由于被保险人或受益人向保险人主张保险金赔付请求权时,仍需要提供相应的证明材料,而且保险金的具体数额尚未确定,因此此时即使被保险人或受益人请求赔偿保险金,但保险人在确定保险金的具体数额之前并不负有赔付保险金的义务,仅在保险金的具体数额确定之后,保险人才负有赔付保险金的义务。但诉讼时效本身是为了对权利人权利行使期间的限制,只有被保险人或受益人向保险人所主张的保险金赔付请求权具有强制执行力,诉讼时效的计算才具有正当性。譬如在借款合同场域下,债务人享有时效利益,在约定的还款期限届满之前,借款人享有时效利益,不负有返还之义务,仅在约定的履行期限届满或者未约定履行期限情形下贷款人催告后的合理期限内负有返还之义务,在约定的还款期限或者合理期限届满之后,贷款人的返还借款本息请求权才开始计算诉讼时效。易言之,从保险事故发生到保险人拒绝理赔期间被保险人或受益人向保险人主张赔付保险金仅仅产生被保险人或受益人对保险人保险事故发生的告知义务的履行的效果,❷保险人确定保险金赔偿数额的期限实际上属于债务的履行期限。因此依照债法的一般原理,诉讼时效应当自债务的履行期限届满之后开始计算,只有在法定的确定保险金的期限经过之后保险人仍然不向被保险人或受益人履行保险金赔付义务,此时保险人的保险金给付义务的履行期限届满,诉讼时效应自此时开始计算。

其二,实现保险索赔的效率与被保险人或受益人保险金请求权的时效利益平衡保护的价值上的合理性。前述已然论及,《保险法》第26条与《保险法司法解释(四)》第18条的诉讼时效起算点,不仅将被保险人或受益人的保险金请求权的诉讼时效起算点不当前置,而且在投保人未支付保费的情形下,保险人保费支付请求权的诉讼时效的起算点却适用《民法典》第188条规定的"知

---

❶ 朱庆育. 民法总论 [M]. 2版. 北京: 北京大学出版社, 2016: 552-553.
❷ 陈欣. 保险法 [M]. 2版. 北京: 北京大学出版社, 2000: 188-189.

道或应当知道权利受到损害以及义务人之日"为起算点。这无疑在诉讼时效的起算点上实行双重标准,而且在格式合同场域下相对人往往处于不利地位,应在合同的内容、解释规则上对消费者予以优待,但诉讼时效起算点的双重标准反而有利于保险人,背离保险合同作为典型的格式合同对相对人倾向性保护之旨趣。

其三,具备比较法立法经验镜鉴之合理性。《德国保险合同法》第14条规定,保险金索赔时效的起算点是自保险人的给付义务调查期限届满或收到通知一个月后的年度结束之日起进行计算。《欧洲保险合同法原则》根据保险人意思表示的不同,将保险金请求权诉讼时效的起算点划分为保险人同意赔付保险金的通知发出、保险人拒绝赔付保险金的通知以及保险人延期赔付保险金的通知。我国台湾地区相关规定虽然采纳的是保险事故发生之时的立法例,但是多数学者主张保险人确定保险金数额不应当纳入保险金请求权的诉讼时效之中,应当将诉讼时效的起算点修改为理赔结果确定之时。[1] 因此,将保险金确定期间纳入保险金请求权诉讼时效的做法已日益遭受摒弃,保险金确定的调查期间届满后保险人不予理赔,且被保险人或受益人知道或应当知道保险人拒绝赔付保险金时,诉讼时效才应开始起算。

(二) 保险金索赔时效的期间长度之修正

在《民法典》第188条已经对普通短期诉讼时效作出规定的情形下,《保险法》第26条非人寿保险的保险金请求权诉讼时效应与《民法典》规定的三年普通短期诉讼时效相一致,将二年的诉讼时效修改为三年,如此一来可与民法普通短期诉讼时效相统一,而人寿保险五年的诉讼时效的规定应当予以保留。其正当性在于:一方面,对于人寿保险以外的保险而言,《保险法》第26条规定了二年的诉讼时效,实际上是与《民法通则》第135条的普通短期诉讼时效的规定保持一致,在借鉴德国民法三年普通短期诉讼时效的规定之后,《民法总则》第188条将普通短期诉讼时效修改为三年,统一适用于违约与侵权的情形。人寿保险合同以外的保险合同并不具有人寿保险的伦理与社会属性,只具备一般的射幸合同的特征,因此应当适用三年普通短期诉讼时效。如此一来,非人寿保险的被保险人或受益人保险金请求权的诉讼时效即应回归《民法典》普通短期诉讼时效,由二年修改为三年,如此而言,无论是被保险人、受益人还是保险人,都应当统一适用三年的诉讼时效,从而矫正了被保险人或受益人的保险金请求权与保险人保险费请求权在诉讼时效期间上不一致的状态,从而能够在一定程度上兼顾被保险人或受益人在格式合同中不利地位的

---

[1] 江朝国. 保险法逐条释义:第二卷 保险契约 [M]. 台北:元照出版有限公司,2013:621-623.

保护。另一方面，对于人寿保险合同而言，具有抚慰近亲属的功能，有利于维护社会秩序的稳定。❶ 在比较法上，人寿保险合同的保险金请求权的诉讼时效普遍在5年以上以充分保障人寿保险的被保险人或受益人的时效利益。

结语

《保险法》第26条将保险金索赔时效作为诉讼时效加以规定的做法诚值肯定，但在诉讼时效的长度上，被保险人或受益人保险金请求权的诉讼时效长度短于民法普通短期诉讼时效，然而保险人的保险费请求权诉讼时效却可以适用民法的三年诉讼时效；在诉讼时效的起算点上，保险金索赔时效的起算点为"知道或应当知道保险事故发生之日"，但此时属于保险人确定保险具体数额的，被保险人或受益人权利并未遭受损害，故将保险事故发生之日作为诉讼时效起算点并不妥当。因此，为了更周全地保护保险合同相对人的利益，《保险法》第26条诉讼时效长度应当修改为三年，诉讼时效的起算点应当修改为"被保险人或受益人知道或应当知道保险人拒绝履行保险赔付义务之日"。

---

❶ 梁宇贤．保险法新论［M］．北京：中国人民大学出版社，2003：229-230．

数据时代《民法典》视域下保险中介行业的挑战及应对[1]

——以独立个人保险代理人为视角

付立新[2]　陈淑锐[3]

摘　要　互联网大数据等新兴科技的兴起、《民法典》的颁布以及《保险代理人监管规定》《中国银保监会办公厅关于加强保险公司中介渠道业务管理的通知》皆对我国保险中介行业产生深远影响。目前，我国保险中介行业仍存在发展结构不平衡、专业化水平低、保险中介违法违规行为频发、个人保险代理人法律地位尚未明确的弊端。且大数据时代，保险中介行业面临"去传统中介化"、中介机构转型存在难题挑战，保险中介行业营销体系改革势在必行。《保险代理人监管规定》虽然对个人保险代理人有了框架性规定，但是仍缺乏可操作性。独立个人保险代理人制度的资格准入完善、平衡独立个人保险代理人权利义务、强化监管成为变革我国保险中介行业的关键路径。

关键词　大数据时代　民法典　保险中介行业　保险代理人

一、引言

互联网的高速发展在给我们的工作与生活提供便利的同时，也必然带来相应的隐患与风险。因此，保险行业的管理应充分考虑到风险的多样化，善于运用新的科技手段，顺应时代潮流，将保险行业的发展推向新高度。在新的时代背景下，个人社交方式的多样化与新发展必然对产品与服务的供应产生重要影响，紧跟社群经济的新潮流，转变保险中介行业的商业模式，保险中介行业营销体系改革势在必行。我国保险中介行业的全面改革已经拉开序幕。虽然中国银保监会试水了专属保险代理人、个人独立保险代理人的相关改革举措，但其效果仍与预期的保险中介行业变革有所差距，我国保险中介行业转型处在重要

---

[1] 本文为北京博士后工作经费资助项目研究阶段性成果。
[2] 付立新，特华博士后科研工作站应用经济学博士后、法学博士。
[3] 陈淑锐，西南政法大学市场交易法律制度研究中心研究员。

的历史节点。保险中介在应对新兴技术变革的同时，《民法典》《保险代理人监管规定》《中国银保监会办公厅关于加强保险公司中介渠道业务管理的通知》《互联网保险业务监管办法》等法律法规的颁布与出台无疑是一个重要的契机与推动力。本文拟从保险中介行业实证分析为切入点，分析我国目前保险中介行业的现存问题以及我国目前保险代理人体系的桎梏，论证独立个人保险代理人制度的构建为目前困局的应对之策。

二、保险中介行业现状实证分析[1]

（一）保险中介渠道保费收入情况

从图 1-1 的保费收入情况可以看出，从 2011 年开始，保险中介行业的年保费收入大多占全国保费收入的 80% 以上。截至 2018 年，我国的保险中介行业保费收入占全国总保费收入的 87.4%，达到 3.36 万亿元。其中，专业中介、兼业代理、个人代理的保费收入分别为 0.49 万亿元、1.07 万亿元、1.8 万亿元，分别占全国保费收入的 12.7%、27.7%、47%。保险中介保费收入相较 2017 年明显增多，个人代理方面的保费收入比例优势明显，但仍有很大进步空间，市场地位仍需提高（见图 1-2）。总体来说，保险中介行业的产品销售占据着保险市场的主力军。

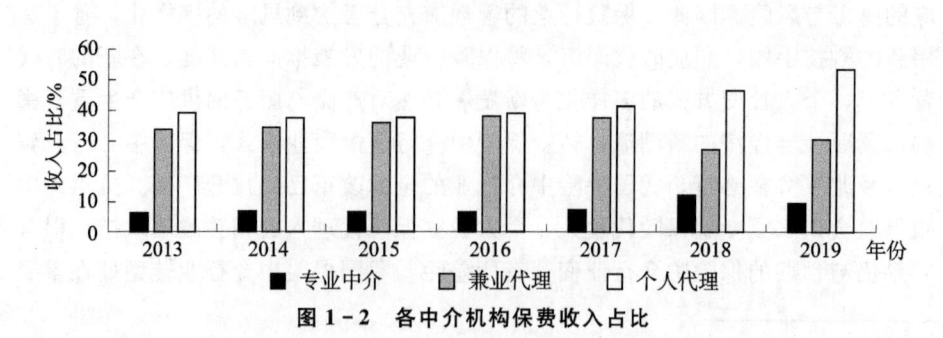

图 1-1 中介渠道保费收入占比

图 1-2 各中介机构保费收入占比

---

[1] 数据来源：中国银保监会官方统计数据。

(二) 保险中介机构及从业人员数量情况

从图 1-3 可以看出，我国保险中介机构及从业人员的数量持续增加。尤其是个人独立代理领域，从业主体的增长速度较高。到 2018 年年底，我国大型保险中介集团共有 5 家，全国性保险代理公司及区域性保险代理公司分别为 240 家、1550 家，保险经纪公司有将近 500 家，已备案的保险公估公司有 350 多家；而独立个人保险代理人数量则达到 870 多万，保险兼职代理机构 3 万多家，代理网点达到 22 万多家（其中，银行类保险兼业代理法人机构 1971 家，代理网点 18 万余家），且各类数量均在稳步增加中。

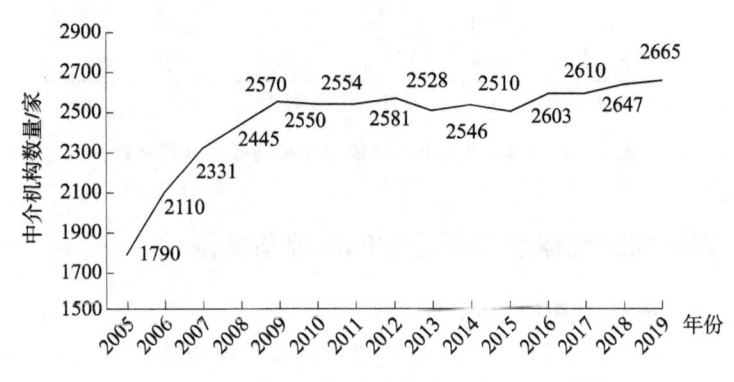

图 1-3 2005—2019 年我国保险中介机构数量

(三) 保险中介机构人力资源情况

2018 年 11 月，中国保险行业协会正式发布《2018 年中国保险行业人力资源报告》，通过报告所显示的数据，我们可以对我国保险行业的从业主体现状有一定了解。首先，我国保险行业的从业人员规模指标比 2017 年增长了 16.4，达到了 140.5，保险行业的职工及销售员人数具有较大幅度增长；其次，2018 年我国从业人员素质指标较上年降低 0.5，为 94.9，从业人员的学历水平略有降低，但整体技术职称取得无变化。

(四) 保险中介机构处罚情况

通过查询中国银保监会公布的数据，2020 年上半年其针对保险公司开具了 196 张罚单（见图 1-4），开具罚单数量最多的全国前八位监管局分别为辽宁监管局、浙江监管局、陕西监管局、青海监管局、深圳监管局、青岛监管局、四川监管局、湖南监管局，上述八个监管局开具的罚单总金额占据全国总额的九成以上。针对这些罚单的违规事由，保险代理公司违法违规行为主要为以下几种：录用未取得职业资格的高管、利用工作便利为他人谋取不正当利益、违规投保职业责任险、制作虚假报表等。保险公估公司的惩罚事由为以下几种：业务数据虚假、未设立收取公估业务报酬的独立账户、执业人员未办理职业登记、制作虚假报表及材料等。而保险经纪公司的违法违规行为主要为以下几种：利用本人业务便利为他人谋取不正当利益、未设立代收保险费的独立专门账户、未对离职及部分从业人员登记、制作虚假报表及材料等。

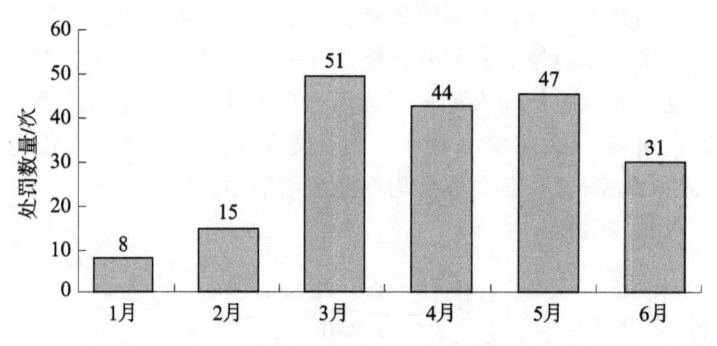

图 1-4 2020 年上半年保险中介机构各月处罚数量

月份	1月	2月	3月	4月	5月	6月
处罚数量/次	8	15	51	44	47	31

三、大数据时代保险中介行业的挑战与转型

（一）保险行业"去传统中介化"

随着互联网日益渗透进我们生活的各个领域，保险行业也在开拓新的销售渠道，各大保险公司开通官方网站、手机 App、微信公众号等方式进行营销，通过新型的、多样化的交易方式，使得交易过程更加方便快捷。而保险中介作为保险公司与客户之间的连接媒介，其主要功能正在被削弱。在互联网兴起之初，便出现很多声音建议保险行业"脱媒"和"去中介化"，但保险行业自身的复杂性、监管力度的加强、保险行业的日趋多元化等因素都决定了保险市场无法按照单一的逻辑方向发展，不可能仅仅"去中介化"。实际上，保险中介行业正在辞旧迎新的双向发展中孕育新方式。

（二）跨界竞争加剧

互联网时代具有多元化的特点，其影响在保险行业表现为各行业之间的互相渗透，保险行业参与者的多元化。各行业掌握大数据与信息的企业，如网络平台、通信企业等均想跨界进入存在可观利润空间的保险中介行业，这必然加剧这一行业的竞争。在大数据时代的竞争中，掌握数据和信息的企业具有无可比拟的优势，如阿里巴巴、腾讯等拥有数据与技术的网络巨头，而传统保险中介的转型便困难重重。

（三）保险中介机构的转型难题

我国保险中介机构的转型过程中，最大的挑战是资本与技术方面的匮乏与落后。规模较大的专业保险公司在技术与资本领域都具有绝对的优势地位，在互联网时代能利用自身的各种资源较为轻松地实现产品与服务转型，为客户提供网络化、精准化服务。相较而言，传统的互联网中介公司的实力则处于劣势地位，无法独立完成转型革新。

四、我国保险中介行业现状

（一）保险中介行业整体发展不均衡

首先，我国保险中介市场结构比例失衡。保险中介机构以营销员及兼业代理人为主要主体，但个人代理与兼业代理的发展速度远高于整个行业，占据了保险中介市场的主导地位。根据中国银保监会披露的数据，截至 2019 年年底，全国共有保险专业代理法人机构 1776 家，保险兼业代理机构 3.2 万家、网点 22 万个，个人保险代理人 900 万人。从整个保险中介行业的保费收入方面看，专业保险中介机构与兼业代理及营销人员的保费收入比为 1∶9，保费收入比例失衡严重。其次，保险中介行业的竞争格局不平衡。从业务来源方面看，资源型业务为其主要来源，只有很少一部分业务属于市场型业务；从保险公估业指标来看，保险中介行业两极化及兼并收购现象严重，保险中介市场的整体发展非常失衡。

（二）保险中介行业专业化程度低

保险中介行业在我国目前仍处在低水平的发展阶段，无论是从业主体的专业化，还是市场竞争环境都有待提高与改善。其主要问题表现在以下三个方面，其一，我国保险中介机构缺乏核心竞争力，单个企业规模较小。行业内缺乏如计算机、经济金融等专业技术型人才，行业准入门槛较低，由此过于重视行业规模而轻视服务质量的整体环境严重阻碍保险中介行业的高质量发展。其二，传统保险中介行业业务单一，整体层次有待提高。目前，整个行业过于注重前台销售业务及短期盈利，普遍受制于资本周转能力、业务来源等因素，使得保险中介行业的长期发展困难表现得尤为突出，企业的专业化程度、持续经营能力、售后服务水平均亟待提高。其三，保险中介机构与专业保险公司之间的关系仍需纠正。保险市场中的这两个主体本应是合作互补、协同发展的亲密关系，但在很多情况下，二者都表现为敌对状态，而处于弱势的保险中介机构在这样的竞争中明显会被压制。

（三）保险中介行业合法合规意识较低

2020 年上半年，中国银保监会对保险公司开具的罚单接近 200 张，这一趋势明显说明保险行业的整体监管将日趋严格。但保险中介行业的法律意识明显欠缺，由于行业整体惩罚力度不到位导致违法违规成本过低，很多监管空白也导致存在部分"真空地带"，保险中介行业的治理之路依然严峻。同时，保险行业也缺乏完善的法律体系进行规制。目前，针对这一领域仅出台了《保险专业代理机构监管规定》《保险公估机构监管规定》以及《保险经纪机构监管规定》等，而对于保险中介行业而言，这些监管规定的内容明显缺乏明确性及全面性，且法律效力较低。以上两个问题直接降低了保险中介行业对违法违规现象的惩罚力度与监管水平，另外，保险中介的行业内监管体制的不完善，也是导致市场整体混乱的重要因素。

（四）缺乏对个人保险代理人法律定位

保险公司与保险代理人之间是代理关系，其法律基础是委托代理合同；而保险经纪人则向投保人提供与保险公司订立合同的中介服务，其与投保人之间是委托关系。基于中介行为及基础合同，保险中介机构与保险公司之间是平等主体之间的民商事法律关系。但在实践中，目前的监管体系仅针对保险中介机构，而缺乏对个人代理的法律定位及具体规定，从而导致保险公司与中介机构的业务灵活性过高而个人保险代理资质冒用、主体资格认定不明确、无资质挂靠等现象，保险中介的相关立法缺乏明确性、过于抽象与概括的缺点是导致这些现象的主要因素。

五、《民法典》的颁布与保险中介行业的机遇

保险属于典型的民商事活动，同时也是一种较为特殊的经济活动，而保险合同也属于一种一般又特殊的经济合同，故而《民法典》与《保险法》之间也有紧密相连的关系。保险业的法律规制一直以来都存在一系列问题，如行业经营规范性欠佳、社会形象较差、违法违规风险较大等。《民法典》的施行对解决上述问题以及保险行业的发展产生了重大的积极影响。

（一）《民法典》明晰了行业内保险公司与保险中介的法律关系

《民法典》对保险行业相关制度的完善规定，弥补了保险中介行业原有的法律空白，对保险公司与保险中介之间的关系进行了原则性规定，为保险行业的监管提供了坚实的法律支撑。根据《民法典》代理制度、合同编委托合同以及中介合同的规定，保险公司与保险中介之间基于合同形成代理关系、委托关系及居间关系。进一步说来，基于保险人的授权行为，保险代理人取得代理权且其行为即视为保险人的意志体现，从而代理行为所产生的最终法律也归属于保险人承担；委托代理合同形式必须为书面形式，并需外现为代理证书或授权资质等形式。保险经纪人则基于投保人利益考量及中介合同，为保险人与投保人的交易提供中介服务并获得报酬；保险公估人与保险机构及投保人之间则属于委托关系并基于委托合同获得报酬。对于保险中介与保险公司的关系，《民法典》将二者之间明确规定为直接显名代理行为，且即使保险公司向保险代理

人或者保险经纪人提供的业务培训、销售管理、佣金计划等与提供给自身员工的制度近似或混同，保险中介与保险公司之间的关系同样不受影响；根据《民法典》，保险公司与保险经纪人之间的法律关系属于居间关系，其签署的合同为中介合同，为解决二者之间的纠纷规定适用于中介合同的相关规定，而排除了通过保险公司员工的职务行为对外归属于法人这一认定方式。

（二）《民法典》明晰了保险经纪人与保险代理人的区别

从字面意义上很难对保险经纪人与保险代理人进行明确区分，因此从法律层面对二者的区别进行本质上的法律明晰便显得尤为重要。针对这一问题，《民法典》在代理制度以及合同编中介合同章节做了完善规定，如中介合同一节中，将"居间合同"改为"中介合同"，与保险经纪合同明确相连，为实务操作指明方向。保险中介人作为居间人，《民法典》合同编的中介合同部分对其权利义务做了规定与保护。保险经纪人的经纪行为具有独立性和居间性，其区别于保险人或投保人的代理人，而是属于中介合同三方中独立的居间一方存在；其虽然为投保人的利益进行活动，但其主观动机对其客观层面的中介行为没有任何影响。

六、破局之策：构建独立个人保险代理人制度

（一）我国独立保险代理人制度现状

我国保险代理人销售门店发展模式经历了保险公司分支机构模式、兼业代理机构模式和专业代理机构营业部模式，近年来保险公司及监管部门积极探索专属独立保险代理人模式及独立个人保险代理人模式。2017年，鉴于华泰财产保险有限公司专属独立保险代理人代理销售华泰人寿保险股份有限公司产品❶，2019年中国银保监会办公厅批准阳光财产保险股份有限公司在全国推行专属独立保险代理人模式❷。目前，我国专属独立保险代理人以个体工商户形式申请开设专属代理门店，积累经验，形成示范样本。广东省工商部门出台华泰财险专属代理门店工商登记事项文件，在广东全省范围内为试点工作创造环境。

美国独立个人保险代理人制度已经推行30多年，在欧美地区普遍发展较为成熟。区别于传统个人保险代理人只能代理一家保险公司的业务的刻板约

---

❶ 保监中介〔2017〕178号文。

❷ 银保监办发〔2019〕28号文。该文件要求：一、认真甄选，加强培训，确保专属独立保险代理人品行良好，具有相应的专业能力。二、切实强化执业管理，加强日常管控，依法承担专属独立保险代理人代理保险业务行为的法律责任。三、对推行专属独立保险代理人模式过程中出现的相关问题和风险，要主动解决、积极处置，并及时报告中国银保监会。

束，独立个人保险代理人可以同时为多家保险公司代理保险业务。我国首次提出"独立个人保险代理人"概念是在 2015 年；2015 年 12 月 4 日，保监会允许独立个人保险代理人在京津冀三地试点；2018 年 7 月，银保监会发布的《保险代理人监管规定（征求意见稿）》中多次提及独立个人保险代理人相关规定；2020 年 11 月出台的《保险代理人监管规定》较征求意见稿有了较多改善，如独立代理人、保险市场准入门槛、任职回避等方面有多达 50 多处修改，其中《保险代理人监管规定》第 37 条❶、第 38 条❷、第 39 条❸框架性地规定了个人保险代理人从业相关规定。但遗憾的是，其规定与传统个人保险代理人并无本质区别，仍仅能代理一家保险公司的产品。

目前，个人保险代理人金字塔形营销模式在我国已经推行超过 20 年，但这种管理模式仍然存在个人保险代理人权利缺乏保护及义务过重问题，这些问题不仅对从业主体的积极性产生了一定的消极影响，而且极易导致违法违规现象的产生。由此可见，这一模式难以适应我国保险行业的革新要求，建立新的个人保险代理制度，赋予个人保险代理人独立性及适度的保护是推动我国保险中介行业深化改革的重要举措。

（二）促进个人保险代理人的独立化

《保险代理人监管规定》第 39 条规定："国务院保险监督管理机构对个人保险代理人实施分类管理，加快建立独立个人保险代理人制度。"第 39 条删除了 2018 年征求意见稿版本对于个人保险代理人分类、独立个人保险代理人的定义等具体内容，这就使得这一意见稿并未对独立个人保险代理人规定具体内容。据中国银保监会统计，截至 2019 年年底，我国保险营销员千人覆盖率已经大大多于美日等保险市场发达国家，保险销售员人数已经高至 900 万人。但这一庞大的保险销售主体却一直被划分为非独立个人保险代理人，导致一系列负面问题，如法律地位不明确、社会保障性差、收入不乐观、销售方式违法违

---

❶ 该规定第 37 条：个人保险代理人、保险代理机构从业人员应当具有从事保险代理业务所需的专业能力。保险公司、保险专业代理机构、保险兼业代理机构应当加强对个人保险代理人、保险代理机构从业人员的岗前培训和后续教育。培训内容至少应当包括业务知识、法律知识及职业道德。
保险公司、保险专业代理机构、保险兼业代理机构可以委托保险中介行业自律组织或者其他机构组织培训。
保险公司、保险专业代理机构、保险兼业代理机构应当建立完整的个人保险代理人、保险代理机构从业人员培训档案。

❷ 该规定第 38 条：保险公司、保险专业代理机构、保险兼业代理机构应当按照规定为其个人保险代理人、保险代理机构从业人员进行执业登记。
个人保险代理人、保险代理机构从业人员只限于通过一家机构进行执业登记。
个人保险代理人、保险代理机构从业人员变更所属机构的，新所属机构应当为其进行执业登记，原所属机构应当在规定的时限内及时注销执业登记。

❸ 该规定第 39 条：国务院保险监督管理机构对个人保险代理人实施分类管理，加快建立独立个人保险代理人制度。

规、只注重短期收益、行业整体监管水平低等，反映出了我国现存保险营销体制的弊端与缺陷。而专业保险公司的现状也较为艰难，粗放式经营管理与"人海战术"导致这一行业时常面临增员压力，被市场份额牵制的保险公司根本不能着眼于创新服务与提高产品质量。独立个人保险代理人制度的完善与改革，将极大地解决我国上述保险销售管理体制的一系列弊端。

（三）完善独立个人保险代理人制度

1. 独立个人保险代理人资格

从事个人保险代理业务的人员需要取得一定的资格，狭义的个人保险代理人资格指其法定资格，广义的定义则不仅指取得法定资格，还包括职业管理方面。在进行保险代理行为前，个人保险代理人应当取得法定从业资格，另外还要取得保险公司的授权，且已经注册登记或备案，具备这些条件才能从事保险代理行为。资格取得为从业资格的满足，而执业管理为执业登记或备案。合格的真正的个人保险代理人，即为具备执业资格和执业管理的保险代理人。

2. 个人保险代理人资格的取得

与国外相反，目前个人保险代理人资格取得制度在我国是空白的状况。资格认定是成为个人保险代理人的基本门槛，其认定的对象为个人保险代理申请人，认定内容为申请的公民是否具备进行基本保险行为的能力。但由于简政放权政策，我国取消了保险代理人资格考试，以简化行政审批项目。对保险从业人员及保险公司来说，这确实会带来一定的便利；但对保险代理这一行业而言，取消这一资格考试会直接影响到个人保险代理人资格的认定。对于取消保险代理资格考试后的应对，笔者认为，应在法律层面及时设立个人保险代理人的准入门槛，从积极和消极层面来弥补取消资格考试的空白。目前，我国在取消了这一考试后，尚未对个人保险代理行业的准入条件进行其他规定，这一管理空白将导致保险公司在聘任个人保险代理人时无法可依，最终不利于保险代理行业的长足发展。

3. 个人保险代理人执业管理

对于保险行业的执业管理规定最初是2013年出台的《保险销售从业人员监管办法》，规定保险公司和保险代理机构应当为保险销售人员，在中国保监会的中介监管信息系统中办理执业登记，保险公司发放《保险销售从业人员执业证书》，从而将保险公司的授权依据从《展业证》改为《执业证书》。

目前，执业登记已经发展为采集和公示个人保险代理人信息，即为执业信息登记。但这一登记在法律层面仅具有公示的效力，且由保险公司去办理并制作证书发放。《执业证书》具有多重身份，不仅可以作为个人代理人拥有代理权的凭证，同时也是对代理人的保险代理权的公示，这一证书本质上即是保险公司的授权委托书。但代理资格考试制度取消后，认定个人保险代理人资格的权力便全部转移到保险公司，我国的保险执业管理制度的资格认定方面便出现了空缺，由此导致保险公司的权力过大，中国银保监会的登记制度极易被削弱甚至架空。因此笔者认为，在取消考试制度的同时应紧跟相应的资格认定规定的出台，并将保险中介信息系统进行同步更新，以避免保险行业的混乱，完善监管体系。

4. 建立科学的培训体系

在逐步完善个人保险代理人制度的同时，也要逐渐放开对个人保险代理人的管理，逐渐减轻保险公司对其的监管力度，从而建立科学培训体系。首先，在内容上，应从整体上加强保险行业的素质培训，如《保险法》相关规定、保险职业伦理道德等方面，从各方面提高保险人的专业素质和道德素养。其次，在方式上，应提高对保险人的培训效率。培训应注重专业化和集中化，给予个人保险人合理的个人时间、充分的自由发展。最后，在行业准入方面，可以增加资格考试的形式来弥补个人保险人资格取得制度的空白。

5. 建立个人保险代理人信用评级制度

我国取消了资格考试，导致《保险销售从业人员监管办法》产生了一定的滞后性，其中的很多条文无法继续适用，因此应尽快发布与个人保险代理人配套的其他规定来弥补漏洞。应当使用"个人保险代理人"这一表述来与保险营销员进行区别。在个人保险代理人这一章的规定中，应明晰以下几点：首先，对于保险人与保险代理人二者之间委托代理关系的认定问题，应以个人代理人与保险公司订立的委托代理合同为基础，若未订立代理合同，则以代理人的代理行为、报酬的获得作为代替判断依据。其次，对个人保险代理人的资格作出具体规定，其中应具备实质要件（包括积极方面及消极方面）及形式要件。如专业的保险行业从业能力、遵纪守法等可作为实质要件中的积极方面要求；而消极方面条件包括曾因违反《刑法》及有关金融法律法规而受处罚，执行完毕未满5年的自然人和无民事行为能力或限制行为能力人的自然人，不得从事保险销售等代理行为。对于形式要件则主要集中在执业登记等方面。最后，在给予个人保险代理人权利的保护与义务的约束方面，应制定保证金制度、规定保险从业人员的职业保险的相关规定等。

结语

如今保险代理人资格考试既然已被取消，个人保险代理人制度的革新则更应提上日程，完善独立个人保险代理相关的法律法规，明晰个人独立保险代理人的法律地位，对其权利与义务进行保护与规定，为其提供完善的法律体系保护与支撑；建立规范的入职培训及日常培训体系，提高准入资格，弥补个人保险代理人资格取得制度的缺失；加强行业监管，在保险中介监管信息系统的基础上，建立信用评级机制，督促个人保险代理人诚信执业，积极履行法定义务；提高保险行业专业化水平，充分利用新兴技术，抓住《民法典》带来的机遇，尽快完成大数据时代背景下保险中介行业转型升级，推动我国保险行业高质量发展。

参考文献

[1] 刘水杏，王国军. 个人保险营销模式的突破 [J]. 中国金融，2015 (24)：58-59.
[2] 孙晓婷，邹睿，方有恒. 互联网冲击下个人保险代理人发展前景探究 [J]. 上海保险，2018 (10)：44-47.
[3] 北大汇丰风险管理与保险研究中心，保险行销集团保险咨询研究发展中心. 2019 中国保险中介市场生态白皮书 [R]，2019：11.

第二编
中国保险法律制度的建设与完善

财产保险中"受益人"法律地位辨析及利益衡量

郑 梁[1] 汪航舵[2]

摘 要 2020年10月10日，中国裁判文书网发布"陕民辖终53号"裁定书（案涉武汉金凰假黄金案），认定保单记载的"单一受益人"长安信托为案涉财产保险合同的当事人，同时将受益人是否享有诉权问题留待实体审理。由此，财产保险中"受益人"法律地位这一久有争议的问题再度引发业界热议。本文梳理了近两年来各地中院和高院的典型裁判观点，在此基础上尝试采用类推适用和利益衡量的方法探讨赋予财产保险中"受益人"独立诉权的必要性和可行性，以及相应程序、实体权利的界分与平衡。

关键词 财产保险 "受益人" 法律地位辨析 利益衡量

一、关于财产保险中"受益人"法律地位的司法实践

有关财产保险中约定的各种"受益人"是否享有独立诉权以及在诉讼过程中应受何种程度保护的问题，笔者整理了近两年来全国各高级人民法院和中级人民法院的400余份裁判文书后发现，目前的裁判结果大致分为以下三类。

（一）财产保险中约定"受益人"属于无效条款

说理基础1：《保险法》有关财产保险一节中无"受益人"相关规定

持这种观点的法院多数基于如下考量：我国《保险法》第18条规定："受益人是指人身保险合同中由被保险人或者投保人指定享有保险金请求权的人。"从体系解释角度将受益人的概念限定于人身保险合同，所以不得在财产保险合

---

[1] 郑梁，男，浙江绍兴人，法学硕士，上海法演数据科技有限公司创始人，上海汇盛律师事务所高级合伙人。
[2] 汪航舵，男，浙江台州人，法学硕士，"惠赢网"法务主管，保险法律师。

同中约定"第一受益人"或"单一受益人"。❶ 值得一提的是，不仅司法机关，部分保险业监管机关也认为在财产保险合同中约定"第一受益人"属于一种违规行为。中国银保监会镇江监管分局作出的镇银保监罚决字〔2019〕8号行政处罚决定书中便认为，在财产保险合同中约定"第一受益人"条款属于"给予投保人保险合同约定以外的利益"。

说理基础2：保险人未对"受益人"概念作出明确解释

此类司法裁判中，法院并不像前一类法院那样机械地认为《保险法》中未规定财产保险有"受益人"概念而认为相应条款无效。相反，这类判决承认意思自治原则，认为虽然"受益人"为《保险法》中人身保险规定的内容，但是亦没有法律规定财产保险中不得存在"受益人"的约定，所谓"法无禁止即自由"，因此双方的这种约定是有效的。但是，在保险合同中应当就"受益人"的概念及权利义务，尤其是财产保险中"受益人"和人身保险中"受益人"权利义务是否等同进行充分的解释和说明，否则属于违反《保险法》中的提示和说明义务，不对被保险人产生法律效力。❷

（二）"受益人"享有保险金请求权

说理基础1："受益人"的法律地位等同于共同被保险人

虽然保单中载明的"被保险人"并非"受益人"，但是在司法实践中有部分法院基于保护"受益人"担保物权的考量，认为其具有保险利益，应当作为共同被保险人处理。❸

说理基础2："受益人"因保险合同相关方的意思自治享有独立的诉权

在此类裁判中，法院往往完全遵循当事人之间的意思自治原则，认为"受益人"应当享有独立的诉权，并衍生出两种裁判倾向：

其一，认为"受益人"的诉权并不排斥"被保险人"的诉权。持这种观点的法院认为"受益人"在诉讼地位上等同于原告，具体诉讼中应当被列为共同

---

❶ 例如，在江西省高级人民法院（2016）赣民申588号判决："受益人概念仅存在于人身保险合同中，财产保险合同中关于受益人的约定不符合法律规定，所以同岳租赁公司也不能基于受益人条款获得财产保险的机动车损失险的理赔。故一、二审对受益人条款未予认定并无不当。"至于具体称谓，目前审判实践中有"受益人""第一受益人""单一受益人"等，不同称谓背后固然体现了当事人或"优先"或"排他"等附加诉求。但在本文讨论范围内，这些不同称谓并无实质差异，因此除非原文引述，统一称为"受益人"。

❷ 例如，在商丘市中级人民法院（2019）豫14民终5286号判决："本案系财产保险合同纠纷，虽然保险单中有'第一受益人'的记载，但保险合同并没有对第一受益人的概念进行明确解释，属于约定不明，且人民财险商丘分公司也没有提供证据证明其对第一受益人的概念及法律后果已经尽到提示和明确说明的义务，故第三人主张涉案保险金优先受偿的理由，该院不予支持。"

❸ 四川省高级人民法院（2019）川民申187号判决："杨某富、易某华所有的涉案保险房屋发生火灾事故后，最终影响了被申请人建行德阳分行的债权受偿利益。原审法院认定建行德阳分行在发生保险事故时具有保险利益，享有涉案保险赔偿金请求权，并判决申请人支付保险赔偿金具有事实和法律依据，并无不当。"内蒙古高院（2011）内民三终字第11号亦持类似观点。

原告。❶

其二，认为承认"受益人"的诉权将会排除被保险人的诉权。例如，邯郸市中级人民法院在（2020）冀04民终1526号判决中认为："2.2约定：单次理赔总额超过车损险保额的20%时，保险人必须按照第一受益人的书面同意支付保险赔款。陈某军冀DZ653H号小货车投保车损险保额为11万元，本次赔付在9万元以上，远超车损险保额的20%，现陈某军并未提交第一受益人长安国际信托股份有限公司的书面同意支付保险赔款的证据，故陈某军不具备原告主体资格。"虽然邯郸中院的判决中并没有直接回应"第一受益人"长安国际信托股份有限公司是否具有独立诉权的问题，但是其通过排除被保险人原告主体资格的方式侧面确认了"第一受益人"应当具有独立诉权。

（三）"受益人"不享有保险金请求权，但应对其利益适当保护

这类裁判明确无论在何种情况下"受益人"都不享有保险金的请求权。主要理由为根据保险补偿原则，只有享有保险利益的人才有可能在保险事故发生后受到损害，因此才有权获得保险赔偿金。若合同中约定受益人为第三人，那么第三人的利益并未受到损害却能取得保险金，显然与保险补偿原则相违背。

但是在诉讼的过程中亦不是对"受益人"的权利不做丝毫的保护，要具体问题具体分析，确定"受益人"的利益是否需要被保护以及需要保护到何种程度。一般情况下，法院承认投保人和保险人约定"受益人"条款属于意思自治范畴，同时会在审查保险标的的受损程度以及被保险人向"受益人"的还款情况后进行综合考量。

情形1：被保险人向"受益人"全额还款后，"受益人"在保险合同下的权利自动消灭

"受益人"的约定往往是来源于"受益人"本身对被保险人享有的债权，就本质而言是要求被保险人以购买财产保险的形式降低债权回收的风险。所以一旦被保险人全额还款，此时"受益人"的债权即宣告消灭，自然其在法律上也无继续保护的必要。❷

情形2：保险标的未严重损坏且被保险人按时还款，原则上由被保险人领受保险金

在被保险人没有逾期或者保险标的的受损并不严重、可以修复的情况下，法

---

❶ 济宁市中级人民法院（2019）鲁08民终850号判决："法无禁止即可为，其合同约定并不违反法律强制性规定，应为有效约定。'第一受益人'是基于财产保险合同双方当事人的约定而享有保险金请求权……受益人的权利不是独立于财产保险合同而存在的权利，其应当与被保险人作为共同诉讼参加人参加诉讼。且本案第一受益人仅主张保险金中的一部分1000万元，不是对全部保险金主张权利，其诉讼地位与被保险人相同，在本案中作为共同原告参加诉讼。"

❷ 衡水市中级人民法院（2020）冀11民终1041号判决："截至袁某、李某1、李某2向本院起诉前，涉案冀T×××××号车已解除抵押，中国邮政储蓄银行股份有限公司安平县支行的商业险保单第一受益人地位消灭。"

院认定被保险人可以领取全部保险金，且不需要"受益人"出具相关的授权材料或者放弃声明。❶ 法院往往会认为针对保险标的的维修行为恰恰保障了受益人的债权利益，因此受益人不享有保险金的请求权，这项权利依然归属于被保险人独立行使。

情形 3：保险标的严重损毁且被保险人未结清欠款，原则上由"受益人"受领保险金

与前述情况不同，假如事故导致保险标的的严重毁损并且被保险人尚未结清"受益人"的欠款时，法院倾向于由"受益人"享有保险金的受领权。例如，成都市中级人民法院（2020）川 01 民终 6253 号判决："投保人将融资租赁公司列为第一受益人，系基于融资租赁公司享有对投保人合法债权，目的是为降低奔驰租赁公司在融资租赁活动中的回收融资款项的风险，该行为系各方的合意，不违反法律规定，应属有效，故在此情况下，一审法院认定何某无权请求保险公司向其直接支付保险赔款并无不当。"而在本案二审的过程中，由于原告提交了奔驰租赁公司的《结清证明》，最终法院判决保险金由被保险人（原告）受领。

二、争议源起：立法者的"有意沉默"和"受益人"的真实顾虑

从上文对近年审判实践的考察可知，至少到目前，各级法院对财产保险中"受益人"法律地位的内涵与外延仍无统一的认识。事实上，学界对此至少也有四种观点。❷ 造成这一现象的主要原因是现行《保险法》缺失对财产保险中"受益人"的相关规定。

---

❶ 南阳市中级人民法院在（2020）豫 13 民终 2187 号判决："保险合同约定的第一受益人系购买车辆时的资金提供方大众汽车金融（中国）有限公司，由此可推断该约定的初衷是为了保护受益人对李某享有的债权利益，但李某陈述其已经支付大部分购车款，偿还车辆贷款行为也未曾中断，且车辆维修行为是对债的标的物价值的完善与补充，也进一步保障了受益人的债权利益，且车辆维修费用也由李某支付，该车辆实际所有人、被保险人均为李某，故李某作为被保险人向人财保南阳支公司主张保险金请求权以弥补车辆维修损失并无不当。"

❷ 第一种观点以李娟（《"财产保险合同有受益人概念适用"质疑》，载《浙江金融》2009 年第 8 期）为代表，认为受益人为债权让与的受让人，即在保险合同中指定受益人之后，被保险人对于保险金的请求权作为一种债权，则转让给受益人所享有，即"该债权让与后，投保人作为原债权人便退出了保险合同的债权债务关系，其债权人地位由新的债权人，即银行来继承"。第二种观点以王静（《财产保险合同受益人的法律地位和性质》，中国民商法律网，2015‐06‐24）为代表，认为"受益人"为权利质押的质权人。这种观点认为财产保险中特别约定的受益人实质上是被保险人将其保险金请求权作为标的设定的权利质押。保险金请求权可以作为权利质权的标的，当保险事故发生，债权人可以直接向债务人行使其债权，也可行使其对保险金请求权的质权，优先受领保险金。第三种观点以陈亚、梅贤明（《船舶保险合同中第一受益人条款的效力》，载《人民司法》2014 年第 8 期）为代表，认为"受益人"应为不真正向第三人履行合同中的第三人。这种观点认为由于被保险人对保险金具有处分权，其将保险金给予保险合同之外的第三人，保险事故发生之后，保险人应当向第三人支付保险金，但是其中的"受益人"只享有保险金受领权，不享有履行请求权。最近有一种新的观点认为所谓的"第一受益人"就是指保险法上的受益人，梁鹏教授《财产保险"第一受益人"争议之检视》，载《中国应用法学》2019 年第 4 期）通过从文义、体系、习惯、诚信四个维度审视财产保险中的受益人后，通过目的解释分析认为"银行之目的，乃是将自己作为传统保险法上的受益人"。

(一) 财产保险中"受益人"无价值论

我国《保险法》第 18 条规定:"受益人是指人身保险合同中由被保险人或者投保人指定的享有保险金请求权的人。"据此文义,我国现行《保险法》下"受益人"概念限定在人身保险合同之中。

事实上,并非所有国家的法律都未在财产保险中规定"受益人"概念,如《俄罗斯民法典》第 930 条第 3 款便规定:"为受益人的利益订立的财产保险合同可以不指出受益人的姓名或者名称。"《意大利民法典》第 1891 条第 1 款也规定:"为他人或受益人而缔结保险的……除非根据契约性质由被保险人履行。"那么,为什么我国《保险法》在人身保险中有"受益人"概念而财产保险中却没有呢?

在人身保险中设立"受益人"制度的初衷是显而易见的,即为了解决被保险人死亡而无人领取保险金的问题。诚如江朝国所言:"保险契约保障对象为被保险人,此于财产、人身保险皆然,被保险人即为享有契约利益之人。惟人身保险中有以死亡为保险事故者,死亡保险事故发生后,需另行指定受益人享有此保险契约之利益……"[1] 至于财产保险,通常情况下保险标的毁损时被保险人依然生存,因此不存在无人领取保险金的问题。同时,"若被保险人欲将其保险赔偿金交由他人受领,可透过订立民法上第三人利益契约,或以债权让与之方式为之,殊无于财产保险中承认受益人此一概念之必要"[2]。笔者揣测,我国《保险法》上只于人身保险一节设置"受益人"概念的理由应与此类似。

事实上,如果仅仅是为了解决"被保险人财产发生保险事故之前,被保险人因病或者其他原因已经死亡,或者非自然人被保险人因其他原因消亡,此时由谁受领保险金"的问题,确无在财产保险一节中设置"受益人"概念之必要。因为,根据继承法的原理,法律或契约上之地位,除基于信任关系或具有人身属性外,均得由继承人继承。[3] 在非自然人被保险人情形,如船舶保险中载明船东为被保险人,假设这条船在碰撞沉没之前,作为船东的某航运企业发生了合并,导致该航运企业在事实上已经不具有法人资格,此时船舶沉没之后保险金的索赔权自然应当归属合并后的企业所享有。即在财产保险中因为被保险人死亡而产生的何人领取保险金的问题已经很好地为《继承法》及其他相关法律规范所规制。然而,问题的关键在于投保人/被保险人要求在财产保险合同中添加"受益人"特别约定的真正目的,并非担心被保险人死亡或消亡后领取保险金主体不明确。

---

[1] 江朝国. 保险法逐条释义:第一卷 总则 [M]. 台北:元照出版有限公司,2015:208.
[2] 江朝国. 保险法逐条释义:第二卷 保险契约 [M]. 台北:元照出版有限公司,2015:61.
[3] 史尚宽. 继承法论 [M]. 北京:中国政法大学出版社,2000:159-161.

(二) 财产保险中"受益人"的真实顾虑

在财产保险合同中约定"受益人"大多是基于这样一种商业交易模式：某一主体向金融机构贷款购买某一财产，金融机构为保证贷款安全，要求该主体将该财产作为抵押物，同时要求该主体为该财产购买财产保险，并将金融机构指定为"第一受益人"。此时，作为债权人的金融机构所担心情形和应对方式包括以下内容：

（1）抵押物同时也是保险标的。若保险标的发生全损或推定全损或重大损坏，抵押物也随之消灭或抵押物价值严重下降。此时，为保证贷款安全，有必要通过事先约定的方式，保障作为抵押物替代的保险赔款可控。

（2）抵押物同时也是生产工具（如车辆、船舶等）。若该生产工具发生全损或重大损坏，则借款人的后续还款资金来源将有可能不继。因此，有必要通过意思自治，提前约定"受益人"有权"第一"序位或"排他"领取保险赔款，视同全部或部分地实现债权提前回收。

因此，当商业实践需要超越了立法初始设定目标，某一方利益主体要求在财产保险合同中享有像人身保险合同中受益人的身份及诉讼权利之时，现有的法律规范使我们无法通过那种机械三段论的推理得出相应的结论。[1] 由于不能拒绝审判，法官只能在司法实践中"造法"，也因此出现了前述种种不同裁判结果。

三、类推适用人身保险受益人制度的可行性分析

类推适用作为一种弥补法律漏洞的方式，是在特定案件缺乏法律规定时，法官比照援引与该案件最相类似情形适用的法律规定，将该法律的明文规定适用于没有法律规定、但存在与明文规定相类似的情形。类推适用应当包含三个步骤：漏洞的判断、类似规则的选择、类似性的判断。[2] 我们遵循这三个步骤来推论财产保险中"受益人"法律地位问题能否类推适用人身保险中的规定。

（一）漏洞的判断

类推适用作为一种漏洞填补的方法，其适用的前提必然是要确定漏洞的存在，如王利明教授所言："在法律适用中，存在具体规则的缺失，或者法律规定相互冲突（碰撞式漏洞）。二是不存在法律规定的准用情况。三是已经穷尽了狭义法律解释方法或价值补充的方式仍无法确定法律适用的依据。"[3]

---

[1] 马克思·韦伯认为，形式逻辑与机械三段论的推理若要具有合理性，需要满足三项前提：第一，法律完美无瑕；第二，事实简单明了；第三，逻辑推演正确。

[2] 王利明. 法律解释学 [M]. 北京：中国人民大学出版社，2005：213.

[3] 王利明. 法律解释学 [M]. 北京：中国人民大学出版社，2005：214.

那么，财产保险中的"受益人"究竟是否属于立法漏洞呢？或者说可否采用狭义解释的方法来确定财产保险里"受益人"的权利归属呢？笔者认为是不能的。正如前述我们分析的那样，"银行之目的，乃是将自己作为传统保险法上的受益人"。[1] 也即我们不能将财产保险中的"受益人"等同于"被保险人"。就其本质而言，被保险人的债权人要求约定"受益人"的目的就是要优先于"被保险人"或"其他受益人"受偿（"第一受益人"），甚至有排除"被保险人"或"其他受益人"权利的意味（"单一受益人"）。因此，财产保险中的"受益人"问题本身处于无法可依的局面，属于一种法律漏洞。

（二）类似规则的选择

在类推适用的过程中，我们应当选择与待决案件最相类似的规则。在选择这种类似规则的时候，应当首先考虑是否属于同一法律领域、是否违背了立法者的意愿等因素。

财产保险中所谓的"第一受益人"就是指《保险法》上的受益人，这是因为较之其他形式的保险金取得，以受益人的方式取得保险金具有天然的优势。[2] 所以我们认为在这一初衷下，我们类推适用与其属于同一法律领域的人身保险中的"受益人制度"是较为妥当的，在人身保险中受益人拥有独立的保险金请求权，因而在财产保险合同中我们亦可以尝试类推适用人身保险中的受益人条款，赋予"受益人"以独立的保险金请求权。

（三）类似性的判断

类似性判断应该从两个方面着手：其一是适用情形的类似，其二是立法目的和规范意旨考量。[3] 就财产保险"受益人"问题而言，之所以类推适用人身保险中的规定，首先，系因两者均属于《保险法》的调整范畴，并且两者在法律关系方面具有类似性，人身保险的受益人本质上需要解决的就是何人有权领取保险金的问题，以及受益人和被保险人的保险金优先请求权问题。其次，人身保险和财产保险这两种法律关系本身亦处于同一层次，不存在包含、递进或者其他关系。

综上所述，我们认为类推适用人身保险中相关规定具备基本前提，同时适用的结果至少可以部分解决财产保险中"受益人"法律地位问题。但是，由于人身保险合同当事人和财产保险合同当事人要求特别约定"受益人"条款的目的和侧重仍有所不同，完全照搬显然也是行不通的。

---

[1][2] 梁鹏. 财产保险"第一受益人"争议之检视 [J]. 中国应用法学，2019 (4)：124-143.
[3] 王利明. 法律解释学 [M]. 北京：中国人民大学出版社，2005：214.

四、利益衡量：发现立场并加以验证

法律从本质上而言是不同利益之间妥协的产物，而司法的过程更是进行"第二次利益衡量"的过程。在面对司法逻辑困境时，法官应当综合把握本案的实质，结合社会环境、经济状况、价值观念等，对双方当事人的利害关系作比较衡量，做出本案当事人哪一方应当受保护的判断。梁上上教授将此一过程抽象为先有结论后找法律条文根据，以便使结论正当化或合理化，追求的是让法律条文为结论服务而不是从法律条文中引出结论。正如哈耶克先生所言："法官的工作也不是从数量有限的前提中作出逻辑推演，而是对他经由部分意识到的步骤而达至的假说进行检验。"[1]

讨论财产保险合同中的"受益人"是否应当被赋予独立的诉权，本质上来说是一个非常复杂的价值位阶考量过程，其中涉及保险人、受益人、被保险人、抵押权人、监管机构、社会公众等一系列不同群体的利益。因此，我们首先要确定一个最为基本的价值位阶排序，然后才能进一步衡量各个群体之间或者各个群体内部的利益取舍。

（一）确定不同利益位阶高低的基本原则

在一个变动不安的社会中，法律能够对预期提供的保护始终只是部分而不是全部。所以在法理学的漫长历史中，许多学者都试图在哲学领域构建起一套绝对的价值等级秩序，如深受植物学影响的罗斯科·庞德便建立了利益纲目列表，认为在解决某一具体法律问题的时候，必须先将争议中互相冲突的利益视为同一类型的利益，然后加以比较。然而，正如拉伦茨指出的那样："法益量化研究的困难之处在于缺乏一个普遍的、完整的、包含所有法价值的利益序列，且指标的选取可能具有恣意性。"按照庞德那种利益纲目列表设计一套不同利益之间位阶高低的基本逻辑结构显然是不可能的，这将会陷入"理性建构主义"的误区，因为绝大多数的社会结构和社会制度，包括不同群体所代表的利益，虽说是人之行动的结果，但却绝非人之设计的结果。尤其是涉及不同利益关系的私法，更是行动者在文化进化过程中发现的结果，所以"任何人都不可能发明或者设计出作为整体的私法系统"[2]。换言之，在私法领域中，千年以来所发展的乃是一种认知和发现法律的过程，而法官和律师所力图阐明的乃是长期以来一直支配着人行动及其"正义感"的作为内部规则的私法。

既然我们无法通过"计划"的形式给各种利益位阶进行排位，那么我们需

---

[1] 哈耶克. 法律、立法与自由 [M]. 北京：中国大百科全书出版社，2011：186.
[2] 哈耶克. 法律、立法与自由 [M]. 北京：中国大百科全书出版社，2011：26.

要考量的是法官在审判具体案件时所谓的"造法"依据究竟是什么。这也是我们接下来对涉及"受益人"的不同情形进行分别讨论的时候所贯穿始终的指导原则。

(二) 具体展开：不同情形中涉及"受益人"的利益衡量

我们无法抽象比较"被保险人""保险人""受益人""其他债权人"这些群体的利益究竟何者位阶更高，所以我们必须构建出不同的情境，在具体情况下对这个问题涉及的几方利益进行比较。从本质上而言，我们认为在保单中约定"受益人"在多数情况下是抵押权制度的一种外延，它和抵押关系密不可分。例如，我们发现银行极少会贷款给购房者并设立抵押之后再要求购房者另行购买保险并约定第一受益人为银行。这是因为银行深知除去洪水、地震等大型灾害，一座房屋完全损毁的可能性极低，也即银行无法实现抵押权的风险非常之低。而车辆、船舶之类的动产则不然，一方面其发生事故概率远远高于作为不动产的房屋，另一方面此类动产往往又是生产工具，一旦抵押物出现毁损，债务人的还款来源较大概率将面临枯竭，银行可能会同时面临断供和抵押权难以实现的风险。所以在接下来的分析中，我们将围绕着抵押权制度利益而展开。

1. 被保险人要求保险人向"受益人"支付保险金

首先探讨一种最为常见的模式：某船东向银行贷款用于购买船舶，随即银行要求船东在船舶保险中指定自己为"第一受益人"，后该船因碰撞沉没，船东亦书面要求将该保险金向"第一受益人"银行支付。那么，在保险理赔和诉讼的过程中，涉及的利益情况见表2-1。

表2-1 被保险人要求保险人向"受益人"支付保险金时涉及的利益情况

选择保护对象	结果						
	当事人具体利益			群体利益			制度利益	社会公共利益
	抵押权人的利益	被保险人的利益	保险人的利益	抵押权人群体的利益	被保险人群体的利益	保险人群体的利益	抵押权人制度	公平、正义、其他利益（如法制观念）
保护"第一受益人"	○	×	/	○	×	×	○	○
不保护"第一受益人"	×	○	/	×	○	○	×	×

注：○表示该利益得到了保护；×表示该利益没有得到保护；/表示该利益不做考量。

通过对表2-1分析，我们发现，假如承认财产保险的"受益人"有独立的诉权地位，那么对于抵押权人的利益是一种很好的保护（因为抵押权人便是受益人），同样也符合抵押权设置的优先受偿的初衷以及社会公众的普遍期待。反之，如果认为财产保险中的受益人没有独立诉权，此时抵押权人（受益人）如果想实现自己的权利，就只能采用如下手段进行：在被保险人从保险人处领取到保险金之后，立即向法院申请提起诉讼并申请查封被保险人账户中的保险金，随后再通过漫长的诉讼等待法院的判决或者以此为筹码要求被保险人履行偿债义务。但此种情况下对于抵押权人（受益人）而言将会造成许多不必要的麻烦和风险，如在保险人或者被保险人不通知抵押权人（受益人）的情况下，抵押权人（受益人）根本无从得知保险理赔进展，当其获知保险人赔付之后再申请法院查封被保险人获赔的保险金，被保险人可能早已通过其他手段转移相应的财产，最终使得抵押权人（受益人）血本无归，同时还会造成司法资源的不必要浪费。

2. 受益人和被保险人都要求向自己支付保险金

假如我们对上述案例做一个简单的变型，在发生沉船事故之后船东基于被保险人的身份要求保险人向自己支付保险金，银行基于特别约定条款中的"第一受益人"身份也要求保险人向自己支付保险金，此时涉及的利益情况见表2-2。

表2-2 受益人和被保险人都要求向自己支付保险金时涉及的利益情况

选择保护对象	结果							
	当事人具体利益			群体利益			制度利益	社会公共利益
	抵押权人的利益	被保险人的利益	保险人的利益	抵押权人群体的利益	被保险人群体的利益	保险人群体的利益	抵押权人优先受偿制度	公平、正义、契约自由观念
保护"第一受益人"	○	×	×	○	×	×	○	○
不保护"第一受益人"	×	○	○	×	○	○	×	×

注：○表示该利益得到了保护；×表示该利益没有得到保护；/表示该利益不做考量。

在这种情况下，作为保险人的利益将会因"受益人"的诉权问题受到影响。在"受益人"有独立诉权的情况下，保险人一旦向被保险人赔付，无处受偿的"受益人"必然会起诉保险公司违约并要求其向自己再次赔付；假如保险人向"受益人"赔付，那么被保险人大概率也会依照《保险法》的规定向保险人进行索赔，此时保险人将会面临二次赔付的风险。在这种情形下，赋予"受益人"以诉权将会侵害被保险人、保险人及其群体的利益。

3. 被保险人已全部/大部分向受益人偿还贷款

假如在上述的例子中，作为被保险人的船东已经全部或部分向银行偿还贷款，此时在沉船事故发生之后，被保险人和受益人都希望保险人向自己支付保险金，此时涉及的利益情况见表2-3。

表2-3 被保险人已全部/大部分向受益人偿还贷款时涉及的利益情况

选择保护对象	结果								
	当事人具体利益			群体利益			制度利益	社会公共利益
	抵押权人的利益	被保险人的利益	保险人的利益	抵押权人群体的利益	被保险人群体的利益	保险人群体的利益	抵押权人优先受偿制度	公平、正义、契约自由观念
保护"第一受益人"	○	×	×	○	×	×	○	×
不保护"第一受益人"	×	○	○	×	○	○	×	○

注：○表示该利益得到了保护；×表示该利益没有得到保护；/表示该利益不做考量。

与之前的情形不同，假如此时赋予"受益人"独立诉权并且最终判决"受益人"领取全部保险赔款，显然对于已经全部或者大部分偿还债务的被保险人而言是极大的不公平，此时不仅被保险人的利益受损，社会公共利益亦会因此而受损。❶

五、基于预设立场的规则拟制

（一）应当承认受益人独立诉讼地位

在当前司法实践中，法院往往不愿意突破合同的相对性而赋予"受益人"以独立的诉权，更多倾向于将财产保险中的"受益人"作为无独立请求权的第三人。如陈亚法官所言："船舶保险中的第一受益人属于当事人约定的由债务人向第三人履行中的第三人，只享有保险金受领权，而不享有履行请求权……由于我国司法实践中并不认可合同法第64条中的第三人享有直接请求权，所

---

❶ 假如在受益人获得保险金后拒绝向被保险人支付除去其债务部分剩下的保险金，那么此时受益人将构成不当得利。

以第一受益人不能以原告的身份对保险人或者被保险人提起诉讼。"❶ 我们认为将"受益人"作为第三人并不妥当。如前所述,某些商业交易模式中"受益人"都是合同的参与人而不仅仅是第三人。从前述具体情形的分析来看,财产保险所约定的"受益人"大多为银行、金融机构等抵押权人,之所以在保单中约定受益人条款也是基于抵押权人、被保险人的真实意思表示。❷ 此时的真实意思表示是否包含着以抵押权人自己的名义提起诉讼呢?答案是肯定的,特别约定的受益人条款本身就是"银行意思之传导",作为理性的银行自然不可能将自己获得保险金的希望寄托在被保险人的善意基础之上,所以从某种意义上来说,银行能够拥有不需要依赖任何人而独立享有保险金请求权,恰恰就是这项交易制度的核心。也即从三方当事人的合意来看,银行及其他抵押权人都应当对保险金享有独立的请求权。

假如这种交易模式是作为抵押权制度的补充而存在,那么我们认为本质上这是抵押权制度的一种进化,是一种多方利益进行协商和妥协之后形成的"自发性秩序",而作为裁判者法官而言,他需要通过制定一项能够防止业已发生的冲突再次重演的行为规则来逐渐改进某个特定的行动秩序,因此在进行利益衡量以及作出裁判的过程中应当"采纳那些更有使人们的预期相吻合而不是相冲突的规则"❸。所以,从当事人意思自治尊重、对司法交易秩序的维护和效益的最大化而言,赋予"受益人"以独立的诉权都是十分必要的。

诚然,让财产保险中的"受益人"获得独立的诉权是一项新的裁判规则。虽然新规则的制定旨在保护既有的经过法官利益衡量之后的预期,但是"任何旨在解决一种冲突的新规则,都可以完全被证明为在另一点上引发了新的冲突"❹。因为,任何一项新规则的确立始终会对那种仅凭法律自身力量并不足以完全确定的行动秩序产生影响。

(二)"受益人"权利和"被保险人"权利的协调

1. 程序上的协调

假如财产保险中的"受益人"获得了独立的诉权,那么此时最直观的冲突就是其与被保险人的诉讼地位将会发生冲突。按照《保险法》的相关规定,被保险人是对保险金有请求权的人,那么此时受益人和被保险人均有独立的诉权。假如两者均向法院提起诉讼,那么应该如何明确两者的诉讼地位?陈亚法

---

❶ 陈亚,梅贤明. 船舶保险合同中第一受益人条款的效力 [J]. 人民司法,2014 (8):78-81.

❷ 有学者认为这种情形是投保人无奈的意思表示,见陈亚,梅贤明. 船舶保险合同中第一受益人条款的效力 [J]. 人民司法,2014 (8);"投保人设立第一受益人,大部分是基于贷款的需要,无奈之下向银行出具抵押承诺书并将该银行列为第一受益人。"

❸ 哈耶克. 法律、立法与自由 [M]. 北京:中国大百科全书出版社,2011;185.

❹ 哈耶克. 法律、立法与自由 [M]. 北京:中国大百科全书出版社,2011;163.

官创造性地进行了构想:"如果将来合同法明确了第三人利益合同中第三人履行请求权或者保险法在财产保险中规定了受益人制度……其受益人的法律地位及诉讼地位将会发生巨大的变化。相应地,被保险人的地位及其权利会因此而被削弱,特别是在作为第三人的受益人表示接受合同权利后……第一受益人不仅可以请求保险人直接向其赔付,而且被保险人也只能请求保险人向第一受益人赔付。"❶

事实上,《保险法》第 65 条有关直赔的规定可以给我们提供一些启发。《保险法》第 65 条规定:"责任保险的被保险人给第三者造成损害,被保险人对第三者应负的赔偿责任确定的,根据被保险人的请求,保险人应当直接向该第三者赔偿保险金。被保险人怠于请求的,第三者有权就其应获赔偿部分直接向保险人请求赔偿保险金。"虽然该条规定中的第三者同被保险人及保险人的关系与本文中所探讨的关系有一定的区别,但是我们依然认为其具有一定的借鉴意义。

可以这样构建财产保险的受益人以自己的名义提起对保险公司的诉讼的前提——以被保险人的"不作为"为受益人独立行使诉权的必要条件。假如被保险人积极作为提起保险合同纠纷的,此时应将受益人列为有独立请求权的第三人;而假如被保险人怠于履行请求保险金的义务,则受益人可以以自己的名义提起诉讼,而将被保险人列为有独立请求权的第三人。

2. 实体上的协调

实体权利问题,也即保险金的分配问题。如前所述,通常约定"受益人"的财产保险合同只是抵押制度的附属品,也即其所要保证和担保的就是"受益人"对被保险人的债权本身。因此,在实体权利方面"受益人"应当以自己的债权为限行使索赔权。假设作为保险标的的车辆因事故造成全损,被保险人因购买车辆向"受益人"贷款总额为 40 万元,如果在被保险人起诉时或者受益人起诉时,被保险人已还清其中的 20 万元,那么受益人对保险金的请求权只能以另外 20 万元所对应的保险金份额为限,被保险人还清的 20 万元相对应的保险金份额则依旧归属于被保险人所有。

目前有一种司法裁判倾向:法官主动衡量保险标的的受损程度,假如尚可修复且被保险人无逾期还款记录,则推定"受益人"的权利未受到侵害而将保险金判决归属被保险人所有。我们认为该裁判方法是不妥的。首先,对于保险标的而言,如一车辆在其发生保险事故之后,即便维修完毕可以重新上路行驶,是否一定意味着这辆车修复完毕的价值依然还高于或者等于"受益人"对

---

❶ 陈亚,梅贤明. 船舶保险合同中第一受益人条款的效力 [J]. 人民司法,2014 (8):78-81.

被保险人的债权总额呢？假如车辆受损之后贬值严重而导致"受益人"难以实现其债权的情况下，将保险金交付给被保险人除了损害双方约定的"受益人"的权利外，更为日后的司法诉讼埋下隐患。

因此我们持这样一种观点，即在保险事故发生后，无论保险标的受损程度如何，对于"受益人"的债权份额，法律均应优先考虑并保护。而是否行使索赔权或者优先权，这应当是属于"受益人"自己的权利，应当交由其自行处置。作为专业的金融机构，"受益人"基于收益考量，有可能并不愿意提前收回他们的贷款，此时"受益人"会倾向于给被保险人出具同意保险金赔付给被保险人的声明；假如"受益人"认为保险事故的发生导致债务人还款能力和抵押物价值同时下降，可能导致其债权无法实现，自然更加愿意要求保险人向自己赔付保险金以降低日后无法实现债权的风险。但是归根结底，这是属于"受益人"的权利，法院不应当滥用自由裁量权替"受益人"作出决定。

当然在极特殊的情况下，法院应当主动判明"受益人"的意图，如在保险事故发生之后，"受益人"对于是否向自己赔付保险金这一问题未置可否，此时在被保险人提起保险合同纠纷诉讼的时候，法院应主动将"受益人"追加为本案有独立请求权的第三人，向"受益人"询问是否主张保险金的请求权，如"受益人"仍然未置可否或者其未出庭参加诉讼的，则可认为其以默示的方式放弃了保险金请求权，并判令保险人向被保险人支付保险金。

结语

如果我们用不断进化的角度去看待私法领域，那么法官的工作毫无疑问是这个进化过程的一部分，法官参与这个进化选择过程的方式，就是坚决采纳那些更有可能使人们的预期相吻合而不是相冲突的规则。[1] 新的交易方式的出现必定会创造出一种新的社会运行规则，如同财产保险中约定受益人的方式一样，这种新的社会运行规则是各方利益妥协一致的结果，其目的从商业上而言是为了扩大交易，本质上也是在创造一种不断扩展的秩序，正如哈耶克所说："我们的文明，不管是它的起源还是它的维持，都取决于这样一件事情，它准确的表述，就是在人类合作中不断扩展的秩序。"[2] 而法官正是通过这种方式变成了这个秩序的一部分，即便当法官在履行此一职能而创造新规则的时候，他也不是一种新秩序的创造者，而只是一个努力维系并改善某一既存秩序正常

---

[1] 哈耶克. 法律、立法与自由 [M]. 北京：中国大百科全书出版社，2011：164.
[2] 哈耶克. 致命的自负 [M]. 北京：中国社会科学出版社，2011：101.

运行的"侍者"。[1] 同样，就财产保险合同中大量出现的"受益人"现象而言，作为法官，也应当积极发现并且确认那些业已发展起来的新秩序，而非以建构理性主义的态度将其扼杀。

---

[1] 哈耶克. 法律、立法与自由 [M]. 北京：中国大百科全书出版社，2011：64.

保险标的转让规则之反思与完善

林 一[1]

摘 要 保险标的转让导致保险合同发生合同承受的法律效果,《保险法》第49条以"通知主义"替代"同意主义",引发《合同法》一般原则与保险合同特殊性之间的冲突并产生诸多争议。2018年《保险法司法解释(四)》对此进行解释协调,但存在诸多局限和不足,2021年新修订的《保险法司法解释(四)》对此没有实质性改变。在对保险标的转让时的保险合同各方进行权益配置时,应当尊重社会生活的基本逻辑、《保险法》的体系强制以及民商事法律的基本原理,公平保护各方当事人的权益,具体表现为:统一将"风险负担转移"作为受让人承继保险合同权利义务的条件;以"功能区分主义"协调配置"转让通知"与"危险增加通知"的"空档期"权益;在约定的范围内进行危险程度显著增加的司法认定,以及保险人经请求仍应承担免责条款说明义务。

关键词 保险标的转让 合同承受 及时通知义务 功能区分主义

保险标的因法律行为而发生转让[2]是财产保险中的常见现象,因其同时对保险合同与财产转让合同各方主体的权益产生重大影响,实践中争议不断,最高人民法院于2018年7月31日颁布《关于适用〈中华人民共和国保险法〉若干问题的解释(四)》(以下简称《保险法司法解释(四)》)针对《保险法》第49条进行解释,以规范法律适用。但总览《保险法司法解释(四)》相关规则,既有其进步意义,如以"风险负担"重塑"保险利益"内涵、填补通知后"空档期"内保险责任承担风险空白、细化危险程度显著增加的判断因素以及免除保险人对免责条款后续提示说明义务等,亦存在诸多局限和不足。2020年年底,最高人民法院为《民法典》配套实施而修改《保险法司法解释

---

[1] 林一,大连海事大学法学院副教授,法学博士,主要研究方向:商法、国际商事仲裁。
[2] 保险标的物可能因法律行为发生变动(如买卖),也可能因非法律行为而发生转让(如继承),虽然《保险法》未做区分,但二者对于保险契约的变动理论上应有不同,本文仅以前者为研讨范围。

(四)》,专门针对第 2 条进行了唯一实质性修订,这一修订将产生何种法律效果,尚需研讨。为进一步完善保险标的转让制度,故撰此文,以求补助。

一、《保险法司法解释(四)》对保险标的转让制度的新发展

现行《保险法》第 49 条,虽然对保险标的转让后的保险合同权利义务承继、保险标的转让通知的效力以及危险增加时保险人的合同解除权进行规定,但总体呈现出原则性、概括性的抽象性立法特征,司法实践中经常引发法律适用争议。《保险法司法解释(四)》在以下三个方面对《保险法》第 49 条进行了相对明确具体的解释。

(一)以"风险负担"重塑保险利益内涵

《保险法》第 49 条第 1 款规定,保险标的转让的,保险标的的受让人承继被保险人的权利和义务。该条表明我国《保险法》在保险标的转让与保险合同存续之间的关系问题上接受"从物主义"——保险合同不因保险标的转让而终止,而由保险标的的受让人承继保险合同中被保险人的权利和义务,凸显保险制度在损失救济方面的独特优势。但是,该条并未明确规定,保险标的受让人"于何时或何种条件下"承继被保险人的权利和义务:是在保险标的的转让合同签订时,还是在保险标的的转让合同履行时(交付或变更登记),抑或在保险标的的灭损风险转移时?理论和实践中对此观点不一:第一种认为,只要有债权,受让人虽未占有标的物,也取得保险利益;第二种认为,有债权,且受让人已占有标的物,对标的物才有保险利益;第三种认为,有债权,且占有标的物,并支付价金,对标的物才有保险利益;第四种认为,必须达到取得所有权的程度,才有保险利益。❶

为避免争议,合理认定保险标的转让时的权利行使主体,《保险法司法解释(四)》第 1 条规定:保险标的已交付受让人,但尚未依法办理所有权变更登记,承担保险标的毁损灭失风险的受让人,有权依法主张行使被保险人权利。该条规定适用于登记对保险标的物所有权变动产生影响的情形,如不动产或特殊动产。据此,受让人行使被保险人权利须满足两个条件:①"交付";②"风险负担转移"至受让人,即损失风险的承担主体发生转移。

《保险法司法解释(四)》第 1 条的重要意义在于,第一次通过法律规则的方式确认"保险利益"与"风险负担"之间的本质联系。根据《保险法》第 12 条以及第 48 条的规定,受让人是否承继被保险人地位,是由其是否对保险标的具有保险利益决定的。因此,《保险法司法解释(四)》第 1 条实质表达的

---

❶ 刘宗荣. 保险法 [M]. 4 版. 北京:辰皓国际出版制作有限公司,2016:142 - 148.

是受让人取得保险利益的条件,或者保险利益的内涵。而根据第1条的规定,保险标的转让时,保险利益随危险负担的转让而转让,即使所有权未发生变动,亦不影响保险利益的取得。因此,第1条实质接受了"保险标的转让,并非指所有权转移,而是强调所保之物的危险负担发生转移,即财产保险利益的转移"[1]的观点,表达了以"风险分担"重塑"保险利益"内涵的思想。

《保险法司法解释(四)》这种将以风险负担诠释保险利益的做法,至少在以下方面具有进步意义:

其一,使保险利益内涵简约、具体明确。保险利益作为《保险法》的基本原则之一,虽非与保险制度相伴生,却是保险业规范化发展的制度基石。[2] 保险利益的核心功能和价值在于确定被保险人与保险标的之间的利害关系,因该利害关系可发生一损俱损之经济关联效果,从而防范因保险射幸性而引发的道德风险,进而实现保险的风险分散或损失补偿功能。商业现代化,促使财产利用形式多样化,进而导致保险利益呈现出多元化发展趋势,"经济性保险利益说"使保险利益泛化为一种法律所承认的经济利害关系,体现在财产保险中,保险利益可以基于物权(所有权、抵押权、质权、留置权等)、债权(基于合同或无因管理而产生的权利和利益)等财产性权利和利益(期待利益)而取得。保险利益这种多元化内涵,引发保险金请求权的竞争或冲突。《保险法司法解释(四)》以"风险负担"来诠释保险利益——谁承担标的物毁损灭失的风险,谁就被认为具有保险利益,享有保险金请求权。去繁就简,易于裁判。

其二,与保险制度的价值功能相契合。保险的根本目的是将承保风险所造成的损失在保险共同体内进行分配和分担。保险利益所建立的主体与标的物之间的法律或事实上的联系,其本质也在于确定潜在的风险损失承担主体。保险利益之享有者,非尽为民法上之所有权人,而是风险负担之人。[3] 因此,以保险标的物灭损风险承担与否判断保险利益之有无,或以"风险负担"作为"保险利益"之内涵,是对保险制度本旨的皈依。

此外,《保险法司法解释(四)》第1条实质将标的物的"交付"作为风险负担转移的逻辑前提,既符合"实际控制者"负担风险的经济原理,亦与其他相关法律制度相衔接。如《侵权责任法》第50条以及《商品房买卖合同司法解释》第11条的规定,均体现此种经济义理。但是,《保险法司法解释(四)》第1条的适用范围,决定其未能将保险利益与风险负担之间的本质联系贯彻到底,进而引发对该条的质疑。

---

[1] 樊启荣. 保险法 [M]. 北京:北京大学出版社,2011:64.
[2] 保险利益的概念或观念滥觞于1746年《英国海上保险法》,并由此推动保险业进入全新的规范发展时代。
[3] 江朝国. 保险法基础理论 [M]. 北京:中国政法大学出版社,2002:88.

（二）填补"通知"后空档期内保险责任风险承担的空白

"空档期"是指保险标的转让时，转让通知发出后至保险人收到该通知作出答复前的一段时间，即"通知在途时间＋法定30天"。根据《保险法》第49条规定，因转让导致危险程度显著增加并致保险事故发生的，保险人有权在接到通知时按照合同约定增加保费或解除保险合同；但是在保险人未收到通知进而做出解除或增加保费的意思表示之前，能否认为只要被保险人或受让人已经履行通知义务，即使在此期间发生保险事故，保险人亦需承担责任，理论界观点不一。《保险法司法解释（四）》第5条对此予以肯定：被保险人、受让人依法及时向保险人发出保险标的转让通知后，保险人作出答复前，发生保险事故，被保险人或者受让人按照保险合同承担赔偿保险金的责任的，人民法院应予支持。

《保险法司法解释（四）》第5条的规定，无疑填补了"空档期"内保险责任风险承担的空白，其积极意义在于：

第一，充分保护保险消费者利益。第5条确定性地将空档期内的保险责任承担风险分配给保险人，即在空档期内，只要被保险人或受让人及时履行通知义务，保险人就要承担保险金赔偿责任，无论保险人是否有作出答复的机会。这在某种程度上是以牺牲保险人根据第49条第3款所享有的法定权利为代价，实现被保险人和受让人利益的充分保护。

第二，促使被保险人或受让人积极履行通知义务。第5条的规定以被保险人或受让人履行通知义务强制保险人承担保险责任的做法，可能向被保险人和受让人传递这样的信息：在同等情形下（转让导致危险显著增加并致保险事故发生），积极履行通知义务相对于不履行通知义务，能够获得更有效的保险保障。如果说前面所言第5条的规定可能牺牲保险人的利益以成就被保险人或受让人的利益保护，对保险人不公平，那么促使被保险人和受让人积极履行通知义务，对于保险人而言，则是一项"利好"。因为在发生保险事故时，通知未到达保险人而致其丧失拒绝责任机会的概率大大低于其基于被保险人或受让人的积极通知而主动作出承保与否判断的概率。

尽管如此，第5条这种为保护被保险人或受让人利益而背离"通知"的立法目的——使保险人有机会了解并判断是否承担保险责任——的做法，仍然值得商榷。

（三）细化危险程度显著增加的判断因素

保险所承保的是"风险"及其所造成的消极后果，"危险程度"是衡量风险发生概率的标尺，是保险人决定是否承保以及以何种费率承保的判断依据。当保险标的的危险程度发生变化，基于最大诚信原则的要求和利益平衡的考量,保险法课以投保人或被保险人通知义务,而赋予保险人增加保费、解除合同或不承担保险责任的权利。因此,对于保险合同的双方当事人而言,必须对"危险程度显著增加"的具体情形形成具体统一的判断标准。《保险法》第49条和第52条对此并无明确规定,实践中裁判观点各异,需要通过司法解释予以明确。

《保险法司法解释(四)》第4条表达了这样的司法理念:

第一,危险程度显著增加的判断不是单一性的,而是综合性的。单纯的或单一性的保险标的用途改变,或者使用范围改变,或者被改装等都不足以构成危险程度显著增加,而必须同时考虑该危险程度增加的持续时间,以及是否属于保险人在订立合同时已预见或应当预见的改变或增加等。也就是应符合理论上对危险程度显著增加的构成要件的认识,即重要性、持续性和不可预见性。只有综合考量上述条件才能判断是否属于危险程度显著增加,进而决定通知义务的履行以及不履行的后果。

第二,区分主观危险增加和客观危险增加,以前者为一般,后者为例外。理论上,危险增加有主客观之分。主观危险增加是指因投保人或被保险人行为(包括"积极行为"或"消极行为")引起的危险增加,客观危险增加是指非因投保人或被保险人行为所引起的危险增加。从第4条所列举的5种造成保险标的状态改变的因素看,除第3项"所处环境变化",既可能由投保人或被保险人行为引起(如投保人在为汽车投保火灾险后将工作地点迁至爆竹厂旁),也可能非因投保人或被保险人的行为所致(如投保人在为汽车投保火灾险后,其工作地点旁新设爆竹厂)以外,其余均为主观危险增加。但是,鉴于第4条第3项和第7项规定"其他因素"的存在,不排除客观危险增加,也需要在知悉后进行通知的可能。

《保险法司法解释(四)》第4条对危险程度显著增加判断因素的细化,既来源于对司法实践的总结,也更加有利于司法实践中对该规则的适用。但是该条规定也存在许多未予明确的问题,例如,"显著"的判断标准是什么?主观危险增加与客观危险增加在通知义务及其法律效果方面是否应存在差异性?保险合同中对"危险程度显著增加"的约定是否接受司法审查等,仍有进一步探讨的必要。

二、《保险法司法解释(四)》的反思

(一)未能始终贯彻"风险负担转移即是保险利益转移"的思想

如前所述,《保险法司法解释(四)》第1条的积极意义在于采纳"风险负

担转移说"❶,以风险负担诠释保险利益的内涵。但是根据《保险法司法解释（四）》的起草说明，第 1 条的适用范围是《物权法》上规定的所有权变动需要依法进行登记的物，既包括以登记作为物权变更生效要件的不动产，如建筑物，也包括以登记作为物权变动对抗要件的特殊动产，如船舶、机动车和航空器等。一般动产交付即发生所有权变动的效力，无须进行登记，因此不适用本条规定。❷ 这一说明，使一般动产转让，究竟采用"所有权转移说"还是"风险负担转移说"作为保险利益取得的判断要件，又变得模糊不清。进而导致第 1 条规定在以下方面存在缺陷：

第一，使第 49 条规定的受让人，究竟"于何时何种条件"承继转让人的保险权利和义务，重陷理论诘问。

第二，如果第 1 条旨在对以不动产和特殊动产为保险标的的转让与以一般动产为保险标的的转让确立不同的保险权利义务承继条件，那么缺乏这种区别对待的合理根据。

第三，如果认为一般动产的所有权转移即是风险转移，那么无法解决一般动产在所有权保留买卖中的保险利益确定问题。在所有权保留买卖中，即使保险标的交付，也不发生所有权转移的效果，此时究竟是采取风险负担转移说，还是所有权转移说，成为悬疑。

第四，与《合同法》所确定的风险分配规则不相匹配。风险分配规则是一个复杂的规则。虽然原《合同法》第 133 条以及《民法典》第 604 条确定了买卖合同中风险分配的一般原则，即货物灭损的风险随所有权转移而转移，而所有权转移的标志是交付，因此，"交付"也可以被推定为是风险转移的标志。但是无论第 133 条还是第 604 条，都确定了所有权转移方式和风险转移条件的例外，也就是说在法律另有规定或当事人另有约定的情况下，将发生"交付与所有权"的分离，以及"所有权与风险转移"的分离，进而导致"交付与风险转移"的分离。因此，保险法司法解释理所当然地认为以一般动产为保险标的的转让因交付发生所有权转移而不需要进行解释，显然没有充分认识到《合同法》中风险分配规则的复杂性。

第五，不能满足 CIF 和 FOB 等价格条件下的国际货物贸易的需求。国际货物贸易依惯例由价格术语确定风险转移的条件，既与所有权转移无关，也与交付无关。因此，在第 1 条规定仅适用于以登记为公示手段的保险标的的转让的

---

❶ 最高人民法院民事审判第二庭. 最高人民法院关于保险法司法解释（四）理解与适用[M]. 北京：人民法院出版社，2018：36.

❷ 最高人民法院民事审判第二庭. 最高人民法院关于保险法司法解释（四）理解与适用[M]. 北京：人民法院出版社，2018：22.

情形下，既不能适用第 1 条所确定的"风险负担转移说"对国际货物贸易中的货物保险的保险利益转移进行判断，也不能适用于一般动产以"交付即发生所有权变动"判断保险利益移转的方法，根本无法满足国际货物贸易中货物保险的需求。

此外，第 1 条的规定，仅仅针对有体物中的特殊类型，尚未考虑保险标的中的有体物以外的财产及利益，如债券保险、履约保险、信用保险、海外投资保险、责任保险等，它们与一般动产相比，可能根本不涉及交付或所有权转移及相互关系的问题。

因此，《保险法司法解释（四）》第 1 条的规定，虽然接受了保险标的转让是风险负担转移即保险利益转移的观点，却未能贯彻始终，在规则表达上将其适用局限在以登记为公示要件的不动产和特殊动产上，导致更为普遍的以一般动产及其他财产利益为保险标的的转让规则仍然模糊不清。此一疏漏，亟待弥补。

（二）未对"及时通知"义务的履行方式及违反后果进行合理配置

《保险法》第 49 条明确规定被保险人或受让人在保险标的转让后应当履行"及时通知"义务，但对于未履行通知义务以及履行义务后未至保险人作出答复前（空档期）发生保险事故时保险合同各方的权利义务未有明确规定。《保险法司法解释（四）》虽然弥补了空档期的权益承担问题，但仍然存在以下问题：

1. 未区分"通知义务"的功能导致规范失当

投保人或被保险人的通知义务❶在《保险法》中具有不同的功能和价值，因而具有不同的法律和效力。《保险法司法解释（四）》第 5 条在对空档期权利义务进行配置时未能有效区分而适用统一规则，导致规范失当。

《保险法》第 49 条第 2 款规定的"及时通知义务"与第 3 款、第 4 款规定的"通知义务"具有不同的功能和目的。或者从广义上说，第 2 款规定的"及时通知义务"具有两重功能。其一是保险合同概括性转让时，被保险人或受让人应负担的对保险人的通知义务；其二是保险合同责任期间保险标的物危险显著增加时，被保险人应当负担的通知义务。前者本质上是依据合同承受的一般原理负担的义务，后者则是依据《保险法》第 52 条负担的义务。

保险合同是双务合同，保险人与被保险人互负债权债务。因此保险合同当事人因保险标的物转让而发生变更，实质发生了债权债务的同时变更，谓之概括性转让或合同承受。根据《合同法》，合同承受须经债权人同意；《民法典》

---

❶ 《保险法》中涉及投保人或被保险人通知义务的条款有第 21 条、第 41 条、第 49 条、第 52 条、第 56 条。

第 551 条甚至进一步规定，债务人或第三人有权催告同意，不表示视为拒绝，强化债权人的同意权。也就是说，根据《合同法》《民法典》的规定，被保险人将其保险合同权利义务转让给受让人时，保险人享有同意权；且这种同意必须由保险人明确表达，否则不对保险人发生效力。但是《保险法》在 2009 年修改时，借鉴 2008 年《德国保险契约法》的规定，❶ 改采"从物主义"，保险合同转让不须取得保险人的同意，仅需通知保险人即可发生。应当认为这是《保险法》相对于民法作出的特别规定，也因此引发了保险标的物转让的通知发出时间与保险人接收并作出回复时间不一致的空档期权利义务配置问题。

虽然《保险法》第 49 条借鉴 2008 年《德国保险契约法》的规定，将"保险人同意"改为"通知保险人"，便利受让人承继保险权利，有利于受让人权益实现。但是该条并没有同时借鉴《德国保险法》为保护善意保险人利益作出的法律安排——根据 2008 年《德国保险契约法》第 95 条第 3 款规定，"只有当保险人知悉让与之事实时，受让人才可以对其主张权利"。❷ 也就是说，保险标的物转让的通知不是从发出时对保险人发生效力，而是从保险人收到通知知悉或推定知悉时。而《保险法司法解释（四）》第 5 条关于空档期的规定，直接要求保险人对被保险人或受让人承担保险责任，即使保险人根本没有收到转让通知，彻底打破保险合同双方当事人的权利义务平衡。同时也掩盖了另外一个重要的问题，即空档期内，谁有权利向保险人主张保险责任？受让人抑或被保险人？而在这个前提性问题没有解决的情况下，配置空档期内的权利义务明显缺乏理论基础，由此导致权利义务配置失衡。

2. 未合理配置空档期内的保险合同各方权利和义务

《保险法司法解释（四）》第 5 条规定，只要被保险人或者受让人依法及时"发出"通知，那么空档期内的保险责任承担风险就由保险人承担，这明显背离了"通知"义务的另一个功能，即作为诚信义务组成部分，具有"告知"的法律效果。尽管起草者认为：继续性合同的解除原则上无溯及既往效力，因此即使保险人在收到通知后解除合同，也不影响其应当在解除前承担合同义务的效果。同时，保险人拒绝承担"空档期"保险责任，缺乏明确的法律依据，并且不符合被保险人的合理期待，即当被保险人已经履行通知义务时对保险标

---

❶ 《德国保险契约法》第 95～96 条规定，投保人转让保险标的，投保人对于其所有权存续期间内因保险合同所生之权利义务，也一同转移给受让人；对于保险标的的转让，应立即通知保险人，否则不得对保险人主张权利，保险人有权提前一个月通知受让人终止合同，但保险人于知悉转让后一个月未行使终止权的，该终止权消灭。见最高人民法院民事审判第二庭. 最高人民法院关于保险法司法解释（四）理解与适用 [M]. 北京：人民法院出版社，2018；30.

❷ 刘宗荣. 保险契约法 [M]. 4 版. 台北：辰皓国际出版制作有限公司，2016；426.

的享有保险保障仍具有合理期待。❶ 但是，这样的考量至少在以下方面失之偏颇。

第一，保险合同并非一概为继续性合同。短期财产险并不具有继续性合同的特点，因此以继续性合同的解除不具有溯及既往的效力为由要求保险人承担空档期责任并不具有当然的合理性。

第二，即使属于继续性合同的保险合同，因继续性合同解除的不溯及既往并非不可撼动，且作为事实的"不可能恢复原状"与作为法律评价的"不必清算已经履行的部分"是不同的，对于事实上不可能恢复原状的情形，也可以通过价值清算来处理。❷ 因此，以不溯及既往要求保险人承担空档期责任，而不同时考虑通过"价值清算"保障法律赋予保险人知情权和解除权，对保险合同当事各方的权益配置显然失当。

第三，以《保险法》第49条第3款规定为由，认为法律并未提供明确的允许拒绝承担的依据，实际上是以第49条第3款具有当然妥当性为前提得出的结论。但事实上，正是因为第49条第3款的规定语焉不详，歧义丛生，才产生"解释"的必要。而司法解释的功能某种程度上正在于矫正"法律"规定的不妥当。《保险法司法解释（四）》对该条的解释只能说明确了第49条第3款的法律效果，并不能因此证明其具有妥适性。

第四，被保险人的合理期待恰恰是基于《保险法》的规定，如果《保险法》做相反的规定，被保险人就丧失了合理期待的基础。因为被保险人并非对保险合同产生合理期待，而是对《保险法》的规定产生了合理期待。这种合理期待，不应作为将责任风险配置给保险人的理由。

第五，《保险法》第49条规定被保险人或受让人应当将转让事实"通知"保险人，目的在于使保险人"有机会了解"保险标的因被保险人改变可能发生的风险状况的变化——主体的改变是影响风险程度变化的重要因素，并对此进行业务判断，以平衡保险人与被保险人之间的利益关系。而保险人"有机会了解"是建立在其"知悉并做合理调查"的基础上。在采用通知"发出主义"确定空档期保险责任承担风险时，实质上剥夺了保险人的"了解机会"，加重了保险人的责任，打破了"通知义务"配置原本的利益平衡，有失妥当。

3. 未对"及时通知义务"的内容和形式进行明确规定

在转让导致危险显著增加的情形，以及将空档期风险责任归于保险人的前提下，"及时通知"义务的履行变得非常重要。《保险法司法解释（四）》曾试

---

❶ 最高人民法院民事审判第二庭. 最高人民法院关于保险法司法解释（四）理解与适用 [M]. 北京：人民法院出版社，2018：102-103.
❷ 王文军. 论继续性合同的解除 [J]. 法商研究，2019（2）：159-169.

图对"及时"解释，并设计了"10日、15日或者30日"的期限，"但终因我国各地情况不同，难以统一规定，争议太大，故未做规定"。故而要求法院根据案件具体情况综合判断。[1] 尽管何谓"及时"难以统一尺度，但是对于"通知"应以何种形式发出，以及通知的内容究竟为何，司法解释应有所作为。因为如果"通知"可以电话形式作出，但是当事人却选择以书面形式邮寄，则可能增加保险人空档期的责任风险；如果"通知"只是通知保险人保险标的转让，却不告知保险人标的转让的具体情形特别是是否存在危险显著增加的可能，将导致保险人误判，加重保险人的责任。因此从权利义务平衡的角度，司法解释应对"及时通知义务"履行的内容和形式进行明确规定。

此外，根据《保险法》第49条第4款的文义，一般性转让时，不履行通知义务似乎并无任何法律后果，如此将极大减损第49条第2款规定的通知义务的法律价值，使其沦为一纸空文。而《保险法司法解释（四）》第5条仅仅针对空档期权利义务配置进行了规定，对于一般性转让，即转让未导致危险程度显著增加的，被保险人或受让人未履行通知义务，该如何确定各方权利义务，尚未有明确规定，亦须填补。

(三) 未能有效释明"危险程度显著增加"的相关问题

《保险法司法解释（四）》第4条对"危险程度显著增加"的判断因素进行细化，但仍然存在以下问题。

1. 未明确危险程度显著增加的"法定"与"约定"的关系

《保险法司法解释（四）》第4条规定了"司法认定"为危险增加的条件，但是并未明确规定司法认定（法定）与保险合同约定的危险增加之间的关系。也就是说，如果保险合同明确约定了危险增加的情形，但是司法认定不构成危险增加；又或者，保险合同未明确约定危险增加的情形，但是司法认定构成危险增加。这两种情形，应以何者作为判断危险增加的依据，司法解释未予释明。

2. 未对危险增加的归责原因及法律效果进行区分处理

如前所述，引起危险增加的原因可能由义务人的主观行为引起，也可能因客观事实引起并且义务人无法消除。二者在危险增加的主观能动性方面或者过错程度方面存在的差异，决定其对通知义务的履行及其法律效果应有不同影响。我国台湾地区"保险法"根据危险增加是否可归责于投保人，将之分为主观危险增加与客观危险增加，同时将投保人或被保险人是否履行危险增加的通

---

[1] 最高人民法院民事审判第二庭. 最高人民法院关于保险法司法解释（四）理解与适用 [M]. 北京：人民法院出版社，2018：101.

知义务对保险人责任做不同规定。《德国保险契约法》也对未经保险人同意的危险增加，分为危险增加与投保人的意思有关，以及危险增加与投保人的意思无关两种。可见危险增加与投保人或被保险人主观过错的关系将直接影响保险人的责任情况。但是，《保险法司法解释（四）》并没有区分这种影响并进而对基于通知义务履行而产生的保险责任风险进行合理分配，亦有不足。

（四）未对保险人是否向受让人负担免责条款说明义务进行明确规定

准确地说，这一缺陷或不足是 2020 年年底新修订的《保险法司法解释（四）》造成的。2018 年《保险法司法解释（四）》明确地表达了免除保险人对受让人负担说明义务的意旨。根据该解释第 2 条的规定，"保险标的受让人以保险标的转让后保险人未向其提示或者说明为由，主张免除保险人责任的条款不生效的，人民法院不予支持"。这一规定的主要理由是，保险标的转让导致的是保险合同权利义务的概括性转让❶，而不是保险合同的更新。因此在不实质性改变合同权利义务内容的情况下，保险人所有对抗原债权人的抗辩理由都可以对抗新债权人。司法解释的起草者还进一步从明确说明义务存在的理论基础的丧失、保险人基于合同转让而产生的抗辩权以及实践中保险人承担义务不具有现实可能性等角度论证该条规定的合理性。❷ 但是，如果考虑到受让人作为保险合同的承继者、保险责任风险的承担者以及保险服务的消费者，应享有作为金融消费者的知情权，而"受让人可以要求出让人进行提示和明确说明，在考虑充分的基础上再达成受让协议"❸ 的观点，根本不能满足受让人对于免责条款的知情权，因为就连转让人自己都不一定能够确切明白免责条款的具体含义。那么，2018 年《保险法司法解释（四）》第 2 条的规定在实践中极有可能损害受让人的合理期待。

或许正是考虑到这一点，2020 年年底最高人民法院在配套《民法典》实施修订《保险法》时，特别针对第 2 条进行了修改，这也是该司法解释 2 条修改意见中唯一一条具有实质意义的修改。根据该修订条款的规定，"保险标的受让人以保险标的转让后保险人未向其提示或明确说明为由，主张免除保险人责任的条款不成为合同内容的，人民法院不予支持"。也就是说，尽管保险人未向受让人履行提示或明确说明义务，但该免责条款仍然构成保险合同的内容。那么，该免责条款作为合同的内容究竟是发生效力还是不发生效力呢？因

---

❶ 最高人民法院民事审判第二庭. 最高人民法院关于保险法司法解释（四）理解与适用 [M]. 北京：人民法院出版社，2018：51.

❷ 最高人民法院民事审判第二庭. 最高人民法院关于保险法司法解释（四）理解与适用 [M]. 北京：人民法院出版社，2018：55.

❸ 最高人民法院民事审判第二庭. 最高人民法院关于保险法司法解释（四）理解与适用 [M]. 北京：人民法院出版社，2018：54.

为根据《保险法》第 17 条的规定，保险人要对"合同的内容"负担说明义务，并对其中的免责条款负担提示和明确说明的义务。既然免责条款仍然"成为合同内容"，是否意味着保险人仍然要负担说明义务，保险人是否有权援引第 17 条，将其提示和明确说明义务锁定在合同订立之时？如果保险人未履行说明义务，该免责条款是否发生效力？修订后的《保险法司法解释（四）》似乎将问题又推回了原点。

三、保险标的转让制度的完善与创新

《保险法司法解释（四）》存在前述不足，既有解释者自身的疏漏偏颇，亦可部分归因于保险立法中对某些概念或制度规则配置的失当，而更主要的原因是理论上对《保险法》中的某些概念界定或制度价值取向的认识不清。因此，有必要从各个层面进行系统性调整和完善。

（一）统一将"风险负担转移"作为受让人承继保险合同权利义务的条件

"风险负担"是保险制度存在的价值。保险的功能和目标是补偿风险造成的损失。因此，保险制度并不特别关注保险标的物的所有权或其他物权性权利归属；那些在物权法上具有权利设定或变动意义的方式或手段，如果不直接产生风险损失负担的法律效果，那么对于保险制度而言是没有意义的。须知"受损之利益"与"事故之载体"并非同义而语。典型体现在作为保险标的物的有体物受损与被保险人利益遭受损失不同步的情形。[1] 例如，在设有抵押权的不动产上投保火灾险，其所有人以该不动产的全部价值投保，其抵押权人在该不动产设抵金额范围内进行投保。假如该不动产因火灾受损，则标的物的损失虽然表现为所有权人利益的损失，但实际遭受损失的可能是抵押权人。因此，《担保法》规定抵押权人有权就该抵押物的保险金、赔偿金或补偿金优先受偿。但若受损标的物的剩余价值仍然能够满足抵押权人的利益，则抵押权人并无利益之损失。也就是说，在抵押权人设立的保险中，即使保险标的物发生了保险事故，也并不必然带来保险人对抵押权人利益的补偿。因此，保险制度要解决的不是事故发生载体本身是否遭受损失，而是特定人对特定对象（事故之载体）所具有的利益关系——保险利益是否遭受损失。因此，理论上，保险的客体即保险标的应为保险利益。"保险制度所欲处理之对象为保险利益，填补保险利益受到侵害所造成之损害，若保险利益并未因此受到侵害而产生损害，自然无补偿之需要性"，[2] 亦无保险功能发挥目的实现之可能性。但是我国《保

---

[1] 李新天. 论保险标的与保险利益——从物之保险到保险利益之保险 [J]. 法商研究, 2005（3）: 37-42.
[2] 江朝国. 保险法逐条释义：第三卷 [M]. 台北: 元照出版社有限公司, 2015: 350.

险法》在立法上已经接受将保险标的与保险利益分而治之，并在此基础上认为，财产保险中对保险标的具有保险利益的人享有保险金请求权。故应将保险标的转移时保险合同权利义务的移转时间确定为保险利益发生转移的时间，也就是风险负担发生转移的时间。

这一点无论对有形财产还是无形财产，不动产、特殊动产还是一般动产都是一致的。《保险法司法解释（四）》第1条的规定，对于不动产而言，未经登记实质表明受让人未取得所有权，但是只要其承受标的物灭损风险，就可以认为其具有保险利益，并行使被保险人的权利；对于特殊动产，未经登记，并不影响其所有权取得，事实上保险标的因交付已经发生所有权转移，但此时判断是否享有保险利益的标准，并不是所有权转移，而是风险转移，即只有其承担标的物灭损风险，才被认为具有保险利益，并行使被保险人的权利。基于同样的理由，对于一般动产而言，无论其取得动产的所有权（如特殊动产）还是未取得所有权（如不动产），都不影响其基于特别约定或法律规定对保险标的物的风险负担进行分配，而受让人是否享有被保险人的权利，并不依据其是否交付，而是依据保险标的的转让人与受让人对保险标的的风险负担做了何种约定或者法律做了何种安排。受让人依据这种安排取得被保险人的地位和权利。

对于保险标的为其他财产的保险而言，也遵循同样的规则。例如，在债券保险中，保险人负担当债券发行人无法偿还合约中约定的债券时，代为偿还本金和利息的责任。此时若非公开发行公司的债券持有人转让其债券，根据《公司法》和其他相关法律法规的规定，除通过背书（记名）或交付（不记名）的方式转让外，还应当按照债券发行公告中确定的通过交易所综合协议交易方式进行转让，并获得交易所的确认后，在债券登记结算机关进行结算。在这一过程中，债券所有权的变动较为复杂。根据《公司法》第160条的规定，无记名公司债券的转让，由债券持有人将该债券交付给受让人后即发生转让的效力。而记名公司债券，则由债券持有人以背书方式或者法律、行政法规规定的其他方式转让；转让后由公司将受让人的姓名或者名称及住所记载于公司债券存根簿。但是无论债券所有权是否发生变动，都不影响在债券转让过程中，转让人与受让人在债券转让协议中对风险负担进行安排。而如果有这样的安排，则在涉及债券保险的理赔时，受让人即可因具有保险利益而享有被保险人的权利。

因此，就保险标的转让中的受让人取得被保险人地位的时间或条件而言，宜采取第一种观点，即"只要有债权，受让人虽未占有标的物，也取得保险利益"，但须附加"风险已经发生转移"的前提条件，从而确立保险合同随保险标的物的"风险负担转移"而转移的一般原则，具体表述为：根据法律规定或合同约定承担保险标的毁损灭失风险的受让人，依照《保险法》第48条、第

49条的规定主张行使被保险人权利的，人民法院应予支持。

（二）"及时通知义务"的区分主义与空档期内权责配置

如前所述，《保险法》第49条的"通知义务"具有不同功能，应该区别对待。在对权利义务进行配置时，既要承认并尊重《保险法》相对于一般民法的特殊性，也要尊重民法基本原理对《保险法》的适用，并在《保险法》内部遵循体系强制，平衡保护保险合同双方当事人的权益。

1. 发生保险合同承受功能的"通知义务"的权利义务配置：基于《保险法》的体系强制

现行《保险法》已经确立了保险标的转让时保险合同承受的"通知规则"，那么就应当根据民法关于通知义务的一般规则，即"不通知"不对保险人发生效力。无论该转让是一般性转让还是特殊转让（导致危险显著增加的转让）。值得注意的是，"不通知"不对保险人发生效力，不是指保险人不承担赔偿责任，而是指保险人不对受让人承担责任，或者说受让人无权向保险人主张保险合同项下的权利。据此，《保险法》第49条第4款或者司法解释规则应表述为："被保险人或者受让人未履行本条第二款规定的通知义务的，保险人不对受让人承担保险赔偿责任。"但是这一规定可能导致保险人在实质上不向任何人承担保险责任的法律后果。因为根据司法解释第1条以及《保险法》第48条的规定，被保险人在保险事故发生时已经失去保险利益，无权向保险人主张保险金赔偿请求权。因此，这似乎有悖于公平原则。但是保险合同本来就是一个最大诚信合同，要求保险合同当事人甚至关系人严格遵守《保险法》的规定和保险合同的约定。《保险法》第48条规定的一个必然的法律后果，就是承认被保险人在特定情形下丧失保险金请求权，却不影响保险合同的有效成立，也就是保险人仍然有权依据合同享有或保有保险费利益。违反"通知义务"的这种法律后果安排，既符合民法的基本原理、一般规则和《保险法》的体系强制，也同时强化了被保险人或受让人的通知义务，使通知义务真正具有"不真正义务"的法律效力，实现立法目的。

在受让人已经发出通知但未到达保险人时发生保险事故的，保险人应对该期间发生的保险事故承担保险责任，但有权向受让人请求因保险合同承受而给保险人理赔造成的损失。同时强调"及时"通知义务并对"及时履行"的方式进行原则性规定——能够采取的最快捷的方式，如能够采取电话通知的，就不要用邮寄，并优先适用保险合同的约定。

在保险人收到通知但是未通知终止合同时发生保险事故的，保险人应当对受让人承担保险责任；保险人决定终止的，应在收到通知后一个月内作出，并向受让人返还保险费。

2. 发生最大诚信功能的通知义务的权利义务的安排：对《保险法》第52条的反思

《保险法》第49条第3款规定的转让导致危险增加的通知义务，与第52条的适用范围重合，可以一并适用第52条。因为，《保险法》第52条规定："在合同有效期内，保险标的的危险程度显著增加的，被保险人应当按照合同约定及时通知保险人。"该条并没有对导致保险标的物危险显著增加的原因进行区分适用，因此被保险人向受让人转让保险标的物导致危险显著增加，只要发生在保险合同有效期内，就具备《保险法》第52条的适用条件，应当适用第52条的规定。

《保险法》第52条的"通知义务"是《保险法》上最大诚信义务的体现。保险合同是最大善意契约❶或称最大诚信合同，不仅体现在合同订立阶段，也体现在合同履行阶段。在合同订立阶段，投保人或被保险人负担如实告知义务，在合同履行阶段，投保人要负担保证义务（消极义务）和危险显著时的通知义务（积极义务）。该种义务既是法定义务并构成保险合同的特别约款，需要投保人或被保险人严格遵守。尤其危险显著增加时的通知义务，实质是合同履行阶段的"如实告知义务"。保险合同是射幸合同，保险合同订立的基本前提是保险人对所承保的风险具有可预期性。因此，《保险法》要求投保人或被保险人在保险合同订立时将保险标的相关的重要事实如实告知保险人，以形成可预期性的基础。同时由于保险标的物在整个保险责任存续期间均在被保险人的控制之下，因此如果发生了对保险人的风险可预期性产生重大影响的事实，《保险法》要求被保险人"及时通知"保险人，以协助对风险的可预期性进行调整，进而决定是否继续承保以及继续以原承保条件承保。如果在这个意义上理解"通知义务"，那么显然只有保险人"知悉"危险显著增加的事实，才有可能对是否继续履行合同作出判断。由此就引发了第52条"空档期"的权利义务配置问题，遗憾的是《保险法司法解释（四）》并没有对第52条的空档期问题进行解释。

《保险法司法解释（四）》起草者在作出第5条的安排时，一个基于实践的理由是，从保险精算的角度讲，在"空档期"发生保险事故为小概率事件，故在保险标的仍符合承保条件的情况下，由保险人承担"空档期"保险责任，并不会明显增加保险人的经营成本。❷ 这个观点是建立在"因转让导致危险程度显著增加"造成的空档期的基础上的，如果从第52条的角度看，显然不会是

---

❶ 刘宗荣. 保险法 [M]. 台北：三民书局，1995：65.
❷ 最高人民法院民事审判第二庭. 最高人民法院关于保险法司法解释（四）理解与适用 [M]. 北京：人民法院出版社，2018：104.

一个"小概率事件"。因此,司法解释起草者们的另外一个观点或许值得赞同,即以"是否具备承保条件"加以区分❶,配置第 52 条的空档期问题:在合同有效期内,保险标的物因危险程度显著增加,被保险人应依法及时向保险人发出通知,保险人收到该通知前发生保险事故的,如果保险人知道该增加的危险将会拒绝与投保人签订合同的,保险人不承担赔偿保险金的责任,但应当退还保费;如果保险人知道该增加的危险将会以更高保险费订立或续签保险合同的,保险人应当承担保险金赔偿责任,但有权增加保费。但是,如果危险程度显著增加是由于被保险人的原因造成的,保险人有权拒绝承担保险金赔偿责任。此外,应同时对"及时履行"的方式进行原则性规定——以能够采取的最快捷的方式履行,并优先适用保险合同的约定。

(三)危险程度显著增加的司法认定应在约定的范围内进行

"危险程度显著增加"的认定在保险实践中是一个非常专业且复杂的问题,而违反危险程度显著增加的通知义务的后果又异常严重。《保险法司法解释(四)》第 4 条试图提供一个明确的法定判断条件的做法并不成功,因为对危险增加程度的"显著性"仍然需要由法院进行司法裁量。实践中一些保险公司在保险合同中明确列举了被保险人需要负担通知义务的危险程度显著增加情形。那么,究竟是否需要一个法定判断条件,如何处理法律规定与合同约定之间的关系?

从《德国保险契约法》看,关于危险增加的事实及类型,界定为应系合同当事人所具体约定的危险(保险人允许),采用约定列举主义,以保险单上所限定列举之危险增加,被保险人才有通知义务。而我国台湾地区"保险法"第 59.1 条规定,"要保人对于保险契约内所载增加危险之情形应通知者,应于知悉后通知保险人",又以第 61 条、第 62 条危险通知之例外进行约束,实质是在承认约定优先的基础上进行法定限制。因此与其通过制定规则明确积极的判断条件,不如采用消极的处理方法。

保险人所具有的专业性、经验以及保险合同条款的主动性,决定其有能自我控制风险的能力,并有将该风险转嫁给被保险人的倾向,法律应当尊重保险人的能力并防范其风险转嫁行为。虽然从防止保险人扩大危险增加的情形和通知义务范围,进而减免推卸自己责任的角度,承认司法认定优于约定并无不当。但从另一个角度看,遵从约定的好处在于该通知义务被清晰地界定在合同中,被保险人或受让人能够明确知道自己该对哪些危险增加承担通知义务,而

---

❶ 最高人民法院民事审判第二庭. 最高人民法院关于保险法司法解释(四)理解与适用 [M]. 北京:人民法院出版社, 2018: 104.

"司法认定"则使被保险人或受让人处于通知义务履行与否的不确定状态，尤其在司法解释对显著性"程度"缺乏判断标准时，更是如此。因此，被保险人或受让人从安全角度考虑，可能倾向于承担更多的通知义务。这与支持"法定优于约定"的理由——减轻义务人负担——正好相悖。

一个妥切的方法或许是，将危险增加的司法认定建立在保险合同约定的基础上，也就是说，原则上，危险程度显著增加及其通知义务的具体情形由保险合同进行约定；超出约定部分的危险增加，被保险人或受让人不负担通知义务；但在合同约定的范围内，如果被保险人未履行通知义务导致保险人拒绝承担保险责任，则要进行司法认定，由法院判断保险人是否通过约定不正当地增加了被保险人的义务，免除了自身的责任。该举证责任由被保险人或受让人承担。如此，也可以有效避免诉累。

此外，保险合同作为最大诚信合同，也应将被保险人自身行为对危险程度显著增加的影响纳入法律效果配置的考量范围。如果保险标的物危险程度显著增加是由于被保险人的行为所致——主观危险增加，应在行为发生时就通知保险人；而客观危险增加时，则应在知悉时履行通知义务。主观危险增加时，应由被保险人承担保险责任的风险；客观危险增加，则应在被保险人和保险人之间分配风险，以达到平衡双方权益的效果。

（四）保险人经请求仍应承担免责条款说明义务

2021年1月1日修订生效的《保险法司法解释（四）》第2条，实质回避了保险人对免责条款明确说明义务的履行是否对受让人发生效力的问题，大大减损了这个条文所具有的解释价值。但这也从一个侧面反映出修订前第2条的规定有失妥当，需要通盘考虑，重新配置。

免责条款是保险合同的重要内容，对于保险合同各方主体影响甚巨。在保险标的物转让时，保险合同权利义务一并概括性转让，其中当然包括免责条款的内容；但是如果受让人对于保险合同免责条款缺乏足够认知，司法解释又不允许受让人以保险人未对其履行提示和明确说明义务主张该条款不生效力，那么就在根本上背离了《保险法》第49条改革的目的——以"通知保险人"取代"保险人同意"，维护受让人权益。但是如果承认受让人有因此主张免责条款对其不生效力的权利，则违反基本的生活逻辑，因为保险人根本不知道保险合同权利义务发生转让，无从确定受让人，更无从对受让人履行提示和明确说明义务——"履行义务无门"。而这一切归结于"转让通知"对保险人发生效力的时间点的设计。

如前所述，"转让通知"必须在到达保险人时方能对保险人发生效力。此时受让人已经确定，有权向保险人要求其履行免责条款的相应说明义务。保险人在履行该义务后，方能在保险事故发生时，主张免除责任。但是在通知到达之前，受让人只能承继被保险人的权利和义务，包括被保险人遭遇的此类抗辩。也就是说，在通知已经发出，但是尚未到达时，保险人承担保险事故发生的风险，受让人承担保险人以免责条款抗辩的风险。

相应地，保险人在受让人向其提出说明请求时，不能以保险合同在订立时已经向转让方履行而拒绝。因为说明义务的本质是最大诚信，当保险合同的主体发生变更，新的主体对于保险合同的内容尤其是关系其重大利益的内容享有知情权。保险人应当满足合同相对方的基本权利诉求，以维系双方的信任关系。

结语

保险标的物转让时的保险合同处理问题涉及民法之合同编的一般规则与《保险法》之价值理念相互间的冲突以及《保险法》本身的制度自洽，需要妥善处理；应当尊重社会生活的基本逻辑、《保险法》的体系强制以及民商事法律的基本原理，公平保护各方当事人的权益，否则失衡的不仅是保险合同当事各方的权益配置，更是保险市场甚至整个金融市场秩序。

论互联网保险说明义务

——基于司法实践案例的争议

林雨珠[1]

摘 要 互联网保险在营销模式创新触发新的保险增长极的同时，也易引发实践争议，尤以保险人的说明义务为甚，存在履行方式难以善尽、在突破时空限制履行说明义务时投保人和被保险人身份难以识别、网络服务平台等履行说明义务的主体存疑等问题。加之法官群体在司法实践中对被保险人的过度倾斜保护等一系列因素而使互联网保险囿于困境。因互联网保险的便捷性、虚拟性等特性，说明义务有别于传统保险而面临着制度的构建。为规范行业发展、回应实践需要，理应加强对保险人说明义务的回溯管理、适时出台网络保险的法律法规、构建完善的监管机制及在司法实践中要求法官加强对实质内容的审查，防止对被保险人的过度倾斜，从而保障互联网保险的健康发展，维护保险合同双方的利益，减少诉讼争议。

关键词 互联网保险 说明义务 回溯管理 过度倾斜

一、问题之提出

基于大数据以及区块链的发展，传统保险的发展找到了新的突破点——互联网保险，其独特的便捷性、即时性、跨区域性，极大方便了保险从投保到理赔的全过程。根据相关资料测算，截至 2019 年，互联网保险的总保费达至 2696.32 亿元，相较于 2014 年增长至少 2 倍（见图 2-1），同时在总保费（传统保险＋互联网保险）的占比中也有所增长。截至 2019 年 6 月底，保险行业已成立众安、康泰、易安和安心 4 家专业互联网保险公司，超过 100 家保险公司开展互联网保险业务。[2] 作为一种新兴事物，互联网保险有别于传统保险的

---

[1] 林雨珠，中南财经政法大学 2019 级经济法学硕士研究生。
[2] 参见《中国银保监会对政协十三届全国委员会第二次会议第 4137 号（财税金融类 346 号）提案的答复》（银保监函〔2019〕239 号）。

营销模式，在推进保险行为便捷化与智能化，催生保险商业模式新变革的同时隐藏着极大风险，[1]如保险双方主体的先合同义务的不适当履行，保险产品的虚假宣传与欺诈，投保人与被保险人的资金支付安全以及信息泄露等问题时常发生。

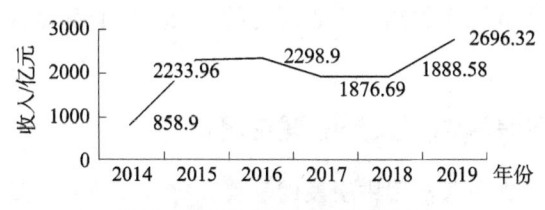

图 2-1 互联网年总保费收入

笔者通过在某裁判网上输入"互联网保险"的关键词，搜索到 57 条记录，搜索"网络保险"总计有 33 条记录，而后对于 90 个案例进行分析，发现涉及说明义务的案例有 35 个，占比高达 38.9%。若只论及真正实质意义上的互联网保险纠纷，90 个案例中大约只有 73 个（其中也包含了行政监管案件），在这种情况之下说明义务案例高达一半。通过对这些案件对比研究，发现在司法实践中互联网保险的说明义务有以下特点：①同案不同判。最典型的就是被保险人酒驾或者是无证驾驶发生保险事故后以保险人未履行说明义务为由要求偿还保险金。具体可以参见（2018）川 13 民终 3649 号[2]和（2016）粤 1802 民初 863 号案例[3]。②保险人被赋予较重的说明义务。法院对于被保险人予以倾斜保护，出现被保险人以保险人未履行说明义务进行恶意诉讼的趋势。在有关说明义务的案例中，保险人胜诉的案例只有 9 个。即使保险人证明自己履行了提示＋明确说明义务，被保险人也可以以电子签名以及投保人身份不确定等理由进行反驳。③说明义务的履行方式成了较大的争议点。无论是线上投保还是线上与线下相结合的方式，如何进行"网上投保"都成为争议的焦点之一。如（2017）湘 0221 民初 1041 号案例中"链接"履行方式的效力问题。[4]④法官具有过分注重程序的倾向，一定程度上忽视了对实质内容的探讨。[5]⑤缺乏专门的互联网保险法律法规进行规范。在司法实践中关于说明义务一直争议较大，

---

[1] 何德旭，董捷. 中国的互联网保险：模式、影响、风险与监管[J]. 上海金融，2015（11）：66.
[2] 参见南充市中级人民法院（2018）川 13 民终 3649 号，中国人民财产保险股份有限公司阆中支公司、涂某保险纠纷二审民事判决书.
[3] 参见清远市清城区人民法院（2016）粤 1802 民初 863 号，苏某金、莫某燕、柳某娟、柳某芳、柳某仪等与平安养老保险股份有限公司清远中心支公司人寿保险合同纠纷一审民事判决书.
[4] 株洲县人民法院（2017）湘 0221 民初 1041 号，原告龙某某、唐某某、谭某某、龙某程与被告平安养老保险股份有限公司湖南分公司意外伤后保险合同纠纷一审民事判决书.
[5] 钱思雯. 保险人说明义务之解构与体系化回归[J]. 保险研究，2017（9）：112.

基于互联网独有的虚拟性以及时空的限制，保险人是否已履行说明义务的边界更加模糊。而说明义务作为我国《保险法》上的创新点之一，不仅能够弥补被保险人的信息劣势，促进双方在正确"理解"的情况下订立合同且关系到发生保险事故时的理赔，涉及保险合同当事人的切身利益，在互联网发展如火如荼的形势下应该给予其更多关注，反思现有的说明义务制度是否适用于新兴的互联网保险。

二、互联网保险说明义务的理论基础

对于说明义务在司法实践中引发的争议，有部分学者回归说明义务制度本身，认为此制度本身存在问题而无法适用，如马宁教授则认为应废除实质性的说明义务，代之以一般的信息提供义务。❶ 有些学者认为说明义务具有必要性。如尚连杰教授提出动态体系论，认为从"信息需求、信息可能性、期待可能性、信赖紧密性"四要素分析，❷ 保险人确有说明义务的必要性。对此，本文认为《保险法》作为民法的特殊法具有其自身的特殊性，被保险人对保险合同中的不利条款没有积极主动阅读的义务，❸ 保险人制定的格式条款不仅具有私法的特性也具有公法上规范的特点，是一种"准法规或准制度说"。❹ 基于保险人与被保险人专业程度、信息掌握程度的不同，为保护相对弱势方的合同利益，保险人理应承担明确说明的法定义务。此外在订立保险合同时不能完全参照民法的合同自由进行规范，说明义务有其自身的理论基础，即最大诚信原则以及契约自由原则。

（一）最大诚信原则

最大诚信原则作为说明义务的基础理论，其发展是一个渐进的过程，是被保险人权利被逐渐重视、保险人社会责任逐渐提高的过程，是保险合同阅读义务成为被保险人职责而不是义务的过程。学界通说认为此原则可以追溯至英国的 Carter v. Boehm 判例，在该案中主要是针对投保人是否诚信展开论辩，至 20 世纪期间经过一系列判例发展，英国虽不否认保险人的诚实，但是至 20 世纪被保险人的披露义务逐渐被苛刻化，因此此项制度最开始在英国主要是一项针对被保险人的义务。后经传至美国、澳大利亚等国，对被保险人的义务才有所缓和，如美国的恶信侵权责任制度。❺ 从苛刻被保险人的披露义务到过度加

---

❶ 马宁. 保险人明确说明义务批判 [J]. 法学研究, 2015 (3)：102.
❷ 尚连杰. 缔约过程中说明义务的动态体系论 [J]. 法学研究, 2016 (3)：113-114.
❸ 樊启荣, 钱洪亮. 被保险人保险合同阅读义务之批判 [J]. 私法, 2019 (2)：377.
❹ 樊启荣. 保险法诸问题与新展望 [M]. 北京：北京大学出版社, 2017：76.
❺ 韩永强. 保险合同法"最大诚信原则"古今考 [J]. 华东政法大学学报, 2013 (6)：42-44.

重保险人的说明义务,对于这一现象,后文再进行详细讨论。虽然目前我国法律并没有明确规定最大诚信原则,其作为《保险法》的基本原则已成通说,但亦有学者认为最大诚信原则不足以成为说明义务的理论基础。

本文认为对于互联网保险而言,其独有的特性会使得保险交易存在更多的风险,更应该坚持最大诚信原则。首先,被保险人产生了更大的信息需求。基于互联网技术性保险人开发了更多的场景型保险,伴随着层出不穷的欺诈现象,而被保险人"知识有限"很难对保险产品进行删选。其次,有别于传统保险,保险人销售保险主要利用搜索引擎和数据电文的承载方式,保险人向外界传达的信息已删选,要求保险人要具有较高的社会责任感及诚信经营。最后,基于互联网的虚拟性,其突破时空的限制在便捷保险交易的同时也进一步减少保险双方掌握的信息优势,因此需要正确把握保险双方的先合同义务。

(二)契约自由原则

马宁教授将保险合同法体系化解释为意思自治、给付均衡、合理期待三个核心原则的组合。❶ 为实现实质性公平,合同交易必须要在双方正确"理解"的基础上订立维护合同自由。对于新古典经济学而言,完全的竞争市场是不存在的。对保险合同双方而言,投保人基于自己掌握的有关被保险人的信息可能会存在逆向选择。而对于保险人而言,基于保险合同的专业性、附和性等特征,其在保险合同交易上处于一定的主动地位,可能存在欺诈的可能性。如潘红艳教授所言:投保人购买保险的行为具有偶然性、个体性、非专业性的特征;保险人出售保险的行为具有经营性、团体性及专业性的特征。❷ 对于保险人而言,其必须要对一些影响实质公平的"重要信息"予以说明,以进一步维护投保人与被保险人的知情权与选择权,矫正信息偏差,保障被保险人正确地选择保险产品。

三、互联网保险说明义务的司法困境

我国现今《保险法》并没有专门的"互联网保险"的法律规定,只有《保险法司法解释(二)》的第 12 条认可了保险人可以通过网络形式履行说明义务,但对互联网保险说明义务的其他内容以及具体的履行方式等未有所规定,在缺乏相关理论及法律支撑时易造成司法实践的混乱。通过整理文献及分析案例,笔者发现在实践中,说明义务存在极度扩大化的可能,保险人一方面承担了过重的信息提供义务,另一方面也难以在理赔时提供证据证明其已合理地

---

❶ 马宁. 保险人明确说明义务批判[J]. 法学研究,2015(3):102.
❷ 潘红艳. 论保险人的免责条款明确说明义务——以对保险行业的实践考察为基础[J]. 当代法学,2013(2):91.

履行义务。争议主要集中体现在以下几个方面：互联网保险的说明义务的主体，说明内容以及履行方式。因此，本文将结合司法实践以及学界的研究成果对这三个方面展开讨论。

（一）互联网保险说明义务主体存疑

在传统保险通过线下开展一对一的从投保到理赔的业务流程的情况下，保险中介较少介入保险活动中，因此有关传统保险的说明义务主体的争议相对较少。而在互联网保险的业务开展中，基于数字化的发展及科技创新与流量的推动，资源整合以及效益规模的需求出现了许多"网络保险服务平台"，总的来说主要有三类：美团、淘宝等只为保险产品提供平台的中介，兼营平台，为消费者提供购买保险的服务中介平台，帮助保险公司售卖保险产品以及保险公司自创的专业网络服务平台，他们应当履行何种说明义务？另外，从保险公司自身的角度而言，实践中出现了许多保险公司的工作人员代为投保的情况，此种行为的性质应当如何判定？

保险中介进入了3.0时代，在分析互联网保险中介服务模式变革与特点的基础上，应建立环节信息不对称现象的特殊法律义务。[1] 由于法律的缺位和性质不清，保险市场处于较为混乱的局面，笔者以为：①对于只提供平台作为销售保险产品辅助工具的第三方中介原则上不需要承担说明义务。如在（2019）鲁15民终3232号案例中，太平洋财险公司利用自己的优势地位随意将商业保险中介平台作为投保人，即使由于保险人说明义务的不适当履行牵连至平台，其也不需要承担说明义务相对应的责任，否则会苛责其过重的义务，不利于技术支持与引流服务。[2] 但是其作为售卖平台，是否需要承担《消费者权益保护法》中的平台责任需要我们进一步思考。②对于兼营保险售卖的平台，理应承担说明义务。其性质相当于传统保险中介，是保险人的履行辅助人。③对于专业的互联网保险公司，相对于传统的网络保险增加了许多不确定因素，保险人与被保险人之间的"信息不对称"更为突出，需要进一步强化"明确说明义务"的履行。如平安保险公司自行开发了"平安金管家"的软件应用，可以在网上完成投保至理赔的全流程，相对于传统保险而言，其利用搜索引擎，具有更高的价值导向性，隐藏了更大的风险。

另一个问题为实践中出现了许多代投保的现象，虽传统保险中亦存在，但是伴随网络保险的发展，此举存在扩大的趋势。被保险人可能对网络并不熟练或因其烦琐而产生有代理人代保的想法，而保险代理人对业务流程较为熟练，

---

[1] 李敏.互联网保险中介法律义务探析[J].江西师范大学学报（哲学社会科学版），2019（3）：93.
[2] 参见聊城市中级人民法院（2019）鲁15民终3232号中国太平洋财产保险股份有限公司宁波分公司、冠县冠东物流有限公司债权人代位权纠纷二审民事判决书。

在被保险人资料齐全的情况下，相对于被保险人自己投保的时间将大大缩短，因此保险代理人基于交易的迅速有代为投保的倾向。但在代为投保下，保险人履行说明义务很难论证，从而易引发实践争议。作为互联网保险衍生产品"激活卡"更是如此，关于其性质，说明义务在售卖阶段还是激活阶段履行，如何履行等都存在争议。

（二）互联网保险说明义务的履行方式难以善尽

基于契约的不完全性，认定保险人履行说明义务较为困难。[1] 传统保险是纸质化销售的承载模式，而在互联网保险销售模式下是数据电文的承载模式，对于保险人的说明义务主要以链接的模式呈现，保险人是否真正履行说明义务的便捷更加模糊，法律的缺失也致实践中发生极大的争议。

在"互联网+"的模式下，我国相关的法律法规逐渐对于数据电文承载模式以及链接的效力予以肯定，但是并不等于间接承认保险人已对链接中的免责条款履行了说明义务。我国的《保险法司法解释（二）》第 12 条已认可以网页、音频、视频等形式履行的效力，但是对具体的履行方式并没有做过多解释。实践中若仅以链接显示，并无其他过多说明措施，保险人往往承担不利后果。如在新余市中级人民法院（2016）赣 05 民终 458 号[2]以及上海市浦东新区人民法院（2016）沪 0115 民初 31981 号[3]中认为保险公司虽然在链接中设置了免责条款且足以引起投保人注意，但是阅读此链接内容并非投保程序的必要步骤，一般情况下投保人只需要勾选"我已阅读"即可进入下一步骤，因此判定保险公司并没有完全履行明确说明义务，当发生免责条款中规定的事项时仍需要承担责任。

本文支持上述两个法院的做法，认为对于被保险人而言，其并没有积极主动阅读的义务。一是投保人和被保险人的"有限理性和认知局限"很难将阅读机会转化成阅读行为，不能以阅读义务约束投保人并加以惩罚。[4] 二是互联网突破了时间和空间的限制，即使投保人阅读此条款，可能并不能真正理解合同本身的意思，并不能与保险人达成真正的合意，实现契约自由。三是保险人的明确说明义务具有主动性、法定性[5]，其并不基于被保险人的请求而产生。在互联网保险中，倘若投保人只有点击阅读链接才能得到阅读免责条款的机会，

---

[1] 谭媛媛,孙蓉.互联网保险契约不完全性的利益冲突及其防范机制 [J]. 保险研究,2018（1）：119.
[2] 参见新余市中级人民法院（2016）赣 05 民终 458 号,李某生、李某等与中国平安财产保险股份有限公司新余中心支公司人身保险合同纠纷二审民事判决书.
[3] 参见新余市中级人民法院（2016）赣 05 民终 458 号,陈某枝与史带财产保险股份有限公司人身保险合同纠纷一审民事判决书.
[4] 樊启荣,钱洪亮. 被保险人保险合同阅读义务之批判 [J]. 私法,2019（2）：382.
[5] 樊启荣. 保险法 [M]. 北京：北京大学出版社,2011：67-70.

实际上类似于只有向保险人发送请求才能获得免责条款的内容,此举实际上违背了明确说明义务本身的特性,明确说明义务相对于投保人而言并不是一项请求权,此应为保险人主动履行的义务,而不是基于投保人请求才被动产生。

(三) 投保人、被保险人的身份认定困难

在传统保单下,保险代理人和投保人一对一交流,在订立保险合同时,投保人的身份确定,主体问题的争议点集中于"投保人是否具有保险利益",而在互联网保险中,保险合同订立模式发生转变,互联网的虚拟性要求对投保人的身份予以识别。而在互联网模式下认定投保人、被保险人的身份较难,主要有两方面的原因:一是操作流程不规范;二是保险人忽视对证据的保存。

有别于传统保险,互联网保险合同通过"线上"订立,投保人多数情况下自己完成投保的全流程,保险代理人在"电子软件的背后"进行指导,虽有视频面见投保人之可能但因交易迅速性的倾向而未采取,事后判断是否为当事人本人则缺乏依据。另外,证明投保人身份难的另一重要原因即保险公司忽视对投保过程中的保存。为了更大程度保护自身的利益,在投保过程中,保险公司为证明投保人的身份,采取了身份证验证、电子签名(包括在免责条款界面要求投保人签名)、电话访问等形式,而事后投保人往往以"电子签名"并不是本人亲自操作,认定保险人实际上并未向其履行说明义务理应对于免责事由的发生支付赔偿金。而保险人也并不能提供当时的"电子签名"而承担不利后果。如南充市中级人民法院(2018)川13民终3649号案例中,由于保险公司未提交投保人的电子签名、系统操作流程展示等证据,❶因此认定保险公司实际上并没有尽到明确说明的义务。同时上述各种形式之间并不能成为相互映照的关系,很大程度上会导致证据链条的断裂。

(四) 法官群体对被保险人的过度倾斜保护

在司法实践中,法官群体存在对被保险人的倾斜保护基本上成为学界的共识,无论是传统保险还是互联网保险,法院对于保险人的说明义务过高的要求,存在"保险人永远无可能尽说明义务"的倾向。基于格式条款的技术性以及被保险人的弱势地位,法官在司法实践中"奉被保险人为中心",这种做法并不利于保险的长远发展。

法官群体的倾向与我国保险的发展趋势密切相关。首先,从理论基础的角度而言,基于诚信原则以及契约自由原则,在《保险法》上逐渐出现"疑义利益解释规则""附和合同理论""允诺禁止反悔"以及"合理期待解释规则"等

---

❶ 参见南充市中级人民法院(2018)川13民终3649号、中国人民财产保险股份有限公司阆中支公司、涂某保险纠纷二审民事判决书。

倾向于保护被保险人的法律分析工具。❶ 而法官在司法实践中有过度使用这些规则的嫌疑。其次，从法律法规的角度，我国《保险法》从 1995 年发展至今，对说明义务的履行方式愈发严苛，以至可能出现"直接否定条款效力"的偏好。❷ 最后，从制度的设计上，免责条款本身具有宽泛性、模糊性。❸ 保险人是否履行说明义务在于是否对于免责条款进行"提示＋明确说明"，但是我国现行的法律法规及司法解释对于免责条款的分类、范围、内容以及履行方式等不够清晰，且对于履行的后果达至投保人"理解"的程度亦较为严苛，保险人并没有一个统一规范的"正确标准"加以衡量，在实践中，法官对于保险人是否履行说明义务具有极大的自主性。

四、互联网保险说明义务的完善

（一）适时出台法律法规和司法解释——构建完善的监管机制

萨维尼尝谓：法律自制定公布之日起，即渐与时代脱节。针对传统保险中的说明义务的事件争议，我国出台了相应的法律法规和《保险法司法解释（二）》加以规制，而新兴的互联网保险相对于传统保险在保险主体、销售模式以及险种方面都有所创新，且带来了一定的金融风险和安全风险，应当适时出台法律法规和司法解释对互联网保险予以规制。

现行关于"互联网保险""网络保险"的法律法规逾 80% 都是与监管和专项整治相关，防范互联网保险带来的金融风险。但是，从监管的角度而言仍有须完善之处。一是效力层级较低，多为部门规章和地方性法规，并没有上升到法律的层级；二是监管机制体系主要以保监会在 2015 年发布的〔2015〕69 号文为主，但是此暂行办法的实行期限仅为 3 年，到 2019 年已经不再适用。三是现行对于互联网保险的监管办法主要为防范金融风险，多为互联网保险公司的经营条件，对于保险双方在投保中的行为以及保险合同内容缺乏有效的监管。

针对司法实践中出现的互联网保险说明义务的有关争议，亦应构建完善的监管体系。一是对"网络保险服务平台"的准入和退出进行监管，从源头进行把控，除了降低通过设立网络保险公司实现"非法集资"等目的的金融风险以外，还可以对各类型的网络保险公司进行职责划分，包括对需履行明确说明义务的主体进行层次性划分。本文建议对于纯提供平台支撑的辅助第三方，出于

---

❶ 樊启荣. 保险法诸问题与新展望[M]. 北京：北京大学出版社，2017：111.
❷ 曹兴全，罗璨. 保险不利解释原则适用的二维视域——弱者保护与技术维护之衡平[J]. 现代法学，2013(4)：79.
❸ 钱思雯. 保险人说明义务之解构与体系化回归[J]. 保险研究，2017(9)：112.

引流的目的,并不能加以说明义务,对于兼营平台及专营的平台,基于互联网的虚拟性,则需进一步强化说明义务。二是对于在运行中的能力也要适时监管以维护危险共同体的利益,❶ 在发生不利情形时及时进行破产清算或重整。三是对网络保险合同进行审查与监管,包括保险销售页面以及交易记录,加强回溯管理的监管,以便发生争议时有据可依。

(二) 规范说明义务的履行方式——加强"回溯管理"

反思实践中出现说明义务的诸多争议,很大程度起因于保险双方的"自利性",法律的不规范以及司法中的"机械操作",被保险人可能利用保险人说明义务的"缺漏"获取不正当利益,司法实践中法官也是天平倾向于被保险人一方,这对兴起的互联网行业的发展存在一定的掣肘,因此有必要对说明义务的履行方式改进、完善,维护危险共同体的利益。

首先,应规范操作流程。基于被保险人并没有积极主动阅读的义务,可利用互联网本身的特性,要求投保人"被动阅读",确保投保人阅读免责条款是投保的必要步骤,只有在阅读免责条款后才可以继续购买保险产品。如在投保人进行投保时,将链接的内容强制性弹出并规定停留页面的时间,在音频的证明力较弱的情况下选择对投保人投保进行实时录像。另外,可以利用互联网优势实现制定音频用以解释免责条款作为强制性阅读的补充。❷ 建议由中国银保监会出台网上保险保险人说明义务履行方式的行业规范,减少实践争议。

其次,保险公司应注重对销售保险过程中证据的保存。早在2017年6月份,保监会就印发"保监发〔2017〕54号文"关于《保险销售行为可回溯管理暂行办法》的通知,其中第7条要求保险销售从业人员对于说明义务进行同步录音录像,实现在发生争议时能够回溯至销售行为,重新查询重要信息,并可以在司法实践中确定相关主体的责任。此通知充分迎合了互联网保险的发展,具有一定的前瞻性。但是近两年关于说明义务的争议仍然频发,通知内容没有真正得以落实,主要由于保险合同双方"意识不足"。对于被保险人而言,其在投保时并不会过多关注免责条款,更多注重于保险的金额、费率、可保范围等,直至事故发生寻求救济途径时才可能会关注"免责条款"。从这种角度而言,被保险人可能利用保险人的说明义务对保险人形成"反制"。而对于保险人而言,保险代理人在销售保险时基于"交易便捷性""佣金"等目的具有隐瞒"保险合同对投保人不利信息"的倾向,可能有意不会提及免责条款。同时互联网保险作为新兴行业,目前更多注重于"客户引流"以及"客户体验

---

❶ 钟润涛,胥爱欢. 美、英、日三国互联网保险发展比较及对我国的启示 [J]. 南方金融,2016 (9): 79.
❷ 何丽新,池骋. 互联网保险对于传统保险法律规则的冲击与重塑——以类型化分析为视角 [J]. 兰州学刊,2016 (8): 174.

感"，若在投保的过程中设置烦琐的投保手续，极可能招致用户的"反感"，面临损失客户的风险。但是不能以一时的"发展"而损害行业秩序，建议加强保险公司的可回溯管理，并加强监管，同时应提高人们对免责条款的重视意识。

（三）加强法官在司法实践中的审查

法官群体先入为主的驳斥心态以及扶弱心理[1]，过分倾向被保险人可能会导致保险人"永远"未能善尽明确说明义务之可能，一定程度上抑制互联网新兴保险产业的发展。数据显示，在2018年之前，网络保险公司没有净利润的产生。另外，保险人可能将承担的"其认为的不合理保险金"分摊至危险共同体中，而致使危险共同体其他成员的权益受损。因此，应提高法官群体自身素质，加强法官对说明义务司法实践中的审查以回应现实的需求。

应将形式审查转化为实质性审查。不能提到说明义务就有直接否决保险人的倾向，从而使得说明义务成为被保险人恶意诉讼的工具，法官在诉讼中要有"利益均衡"的理念，进行实质性审查，不应对保险人苛责"达不到的过高标准的说明义务"。另基于格式条款的技术性、免责条款的侵害性以及被保险人的弱势地位，司法实践中确有适用"合理期待原则"的可能，但是也不能予以过强保护，应充分考虑到被保险人的"合理"期待和成因。

结语

现今已有少数学者主张废除说明义务制度抑或否认最大诚实信用以及契约自由作为说明义务理论基础的合理性，本文以为在互联网保险的推动下，由于互联网的虚拟性存在巨大的潜在风险，说明义务确有其存在的必要，且互联网独有的便捷性、技术性等特性利于构建较为统一的说明义务的行业规范。本文针对实践中争议较多的说明义务予以探讨，认为当前主要任务在于加强对保险人的可回溯管理，防止法官过度倾斜保护被保险人，构建对互联网保险的监管体系，以构建优良的互联网保险环境。但本文的观点总体来说比较稚嫩，犹待进一步完善，此外互联网保险作为新兴产业，其行业规制、保险险种创新、合同订立以及保险当事人之间的关系仍需我们进一步探讨。

---

[1] 于永宁. 保险人说明义务的司法审查——以《保险法司法解释二》为中心[J]. 法学论坛, 2015 (6): 125.

财产保全保证保险解除制度的探索与实践

邢嘉栋[1]

摘　要　对于诉讼财产保全保险的产品应采用责任保险还是保证保险模式，理论界一直存在争议，而实践中两种业务模式是并存的。如今，诉讼财产保全保险已在全国范围内普及，并已经被法院、诉讼当事人与保险公司等各方诉讼主体所普遍接受，从而成为目前诉讼保全申请人最主要的担保方式。然而，在保全申请人可以采用诉讼财产保全保险，以较低的成本支出来换取保全被申请人的财产时，被保全方则缺乏与之相对应的抗衡工具。从诉讼双方的权利义务平衡角度来看，解除财产保全保证保险为保全被申请人提供了同类的对抗工具，且不影响结案后胜诉方债权的实现，还可以抑制保全申请人对于诉讼保全手段的滥用，从而达到了平衡双方权利义务的效果。从市场角度来看，该险种提供了一个创新的反担保手段，有利于盘活被申请保全方的资产以发挥其应有的社会价值，也有利于保险公司扩大市场份额。从保险监管角度来看，鉴于解除财产保全保证保险比财产保全保险的风险更大，建议进一步进行研究并加强监管。

关键词　诉讼财产保全保险　解除财产保全保险　保单保函监管

一、背景

诉讼财产保全保险在理论与实务界有着是责任保险还是保证保险之争，但全国各级法院已经普遍认同并接受了该保险作为保全申请人的担保。保全申请人可以较低的成本来保全被申请人的资产，且非常方便快捷，市场化程度已经非常高，各家财险公司几乎都有类似产品。但从平衡双方权利义务来看，被保全人则缺乏与之相对应的抗衡工具，而被保全方解除保全的保险产品需求较为

---

[1] 邢嘉栋，苏宁易购集团股份有限公司法务中心副总监，原南京市鼓楼区人民法院民二庭长，中国保险法学研究会理事。

强烈，可能会是一个规模巨大的市场。

在 2019 年保险法学研究会的年会上，笔者提出了采用解除财产保全保险作为反担保方式来解除已经被保全资产的设想。一年来，我们在多个被保全案件中进行了尝试，推动各地多家保险公司尤其是紫金财产保险公司进行相关产品的研发，同时也与包括南京江宁经济技术开发区法院在内的四省六家法院进行了沟通。在各方共同的不懈努力之下，终于在 2020 年 11 月 5 日实现了解除财产保全保证保险的突破。

（一）市场需求

以前只有为保全申请人提供的诉讼财产保全保险，而在被保全方申请解除财产保全需要提供反担保时，尤其当被冻结的是资金时，根据法律规定反担保需要提供同类易执行的反担保，而符合条件的银行保函、银行存单成本非常高；担保公司、其他公司或房产担保则通常不会为保全申请人所接受，法院在申请人不同意的情况下，通常也不会接受此类作为解除保全的反担保来解除保全。故被保全方急需与诉讼财产保全保险相对应的，解除财产保全的保险产品作为应对工具。

在司法实务中，诉讼财产保全保险被滥用已经成为不争的事实，甚至是保全申请人作为胁迫对方就范的手段。首先，鉴于诉讼中保全申请人与被申请人缺乏同类型担保工具，保全申请人只要以千分之几甚至万分之几的费率，就能保全被申请人的大量资产。许多资金并不雄厚的企业因资金或账户被保全问题而陷入困境，甚至导致资金链断裂而破产。其次，因诉讼通常会有较长周期，即便最终被申请人胜诉，保全期间因冻结而产生的各类损失与影响已经难以挽回。最后，因保全错误为"一般过错责任"，如无法证明保全申请人存在故意与重大过失，被申请人通常也难以向对方追偿因被保全而产生的损失，从而导致现实中诉讼保全这种权利被滥用。

在诉讼财产保全保险产品迅速发展并得到广泛应对的同时，被保全方对于同类保险产品的需求也非常强烈。如以一家上市公司为例，在这个大数据时代，随着最高院裁判文书网、企查查、天眼查、企信宝等信息渠道公开透明化，保全而产生的负面影响，不仅影响到被申请人被冻结资金的正常使用，且被申请人公司在银行的授信、各地享受的政府补贴、参与各地招投标、正常纳税，甚至下属子公司的工资按时发放等公司日常的经营活动也会受到严重影响。因此，对于此类产品的需求，各类涉诉被保全主体，尤其是大型央企、国企、上市公司，或征信记录良好的企业更为强烈。

（二）保险公司的探索

2020 年 8 月 10 日，紫金财产保险股份有限公司开发了解除财产保证保险产品，并通过了中国银保监会备案。该创新保险的主要保险责任：在保险期间内，投保人申请并经法院同意解除财产保全，案件审结后作为财产被保全方的被保险人无财产可执行或财产不足清偿债务的，致使被保险人遭受的直接经济损失，保险人按照保险合同的约定负责赔偿。紫金财产保险股份有限公司与苏宁易购集团股份有限公司签订了第一单合同，出具了全国第一份解除财产保全保证保险保单，并最终获得了南京江宁经济技术开发区法院支持。

（三）司法实践

2015年11月16日，广东高院提出了关于被申请人提供保单保函请求解除保全的，法院可以审查接受的指导意见。《广东省高级人民法院关于规范保险公司为司法保全提供担保的若干意见（试行）》（粤高法发〔2015〕10号）第5条规定："被申请人提供保险公司的保单保函请求解除司法保全的，法院经审查符合条件，可以裁定解除保全。"

南京江宁经济技术开发区法院则首创全国法院系统第一例解除保全裁定。该法院在积极研究探索解除财产保全保证保险，并与中国银保监会进行沟通确认条款效力的基础上，接受了保全被申请人以保单保函为担保解除对被保全资金查封的申请，并据此于2020年11月5日作出了法院系统的第一份解除财产保全裁定，完成了解除财产保全保证保险在司法实务中的破冰之举。

二、从交易结构看解除财产保全保险的法律性质与作用

鉴于财产保全申请人的诉讼财产保全保险存在责任保险与保证保险这两种模式之争，在讨论解除财产保全保险之前，笔者先对此做一个简要论述。

（一）简述保全申请方的诉讼财产保全保险

诉讼财产保全保险最早出现于2012年，当时采用的是责任保险的模式。中国保监会云南监管局给予诚泰财产保险股份有限公司云南分公司申报的"财产保全责任保险"创新试点项目两年保护期，标志着诉讼财产保全保险第一次进入保险市场。2015年，中国平安财产保险股份有限公司开始在全国范围内推广诉讼财产保全保险[1]，迅速引起保险市场关注，各大保险公司纷纷跟随推出类似的诉讼财产保全保险产品，模式上仍以责任保险为主（诉讼财产保全责任保险）。2016年以后，采用保证保险模式的诉讼财产保全保险开始在保险市场上出现（诉讼财产保全保证保险），保监会先后批复同意长安责任保险股份有限公司、中国平安财产保险股份有限公司等7家保险公司申报的保证保险模

---

[1] 吕丹丹，陈禹彦. 诉讼财产保全责任保险中的法律问题［N］. 中国保险报，2016-03-24（4）.

式的诉讼财产保全保险条款。[1] 目前,如平安、中华联合、阳光、亚太等财险公司同时存在责任保险和保证保险两种业务模式,而人保、太平洋、国寿财、紫金、太平等财险公司则只有责任保险模式的业务。

责任保险模式下的诉讼财产保全保险,以诉讼财产保全申请人因申请错误而产生的赔偿责任作为保险标的;而保证保险模式下的诉讼财产保全保险,则以诉讼财产保全被申请人因申请人申请错误而遭受的损失作为保险标的,两种模式之主要差别在于法律合同关系的设计不同。首先,保险合同的当事人有区别。诉责险的投保人和被保险人均为诉讼财产保全申请人;而保证保险的投保人为诉讼财产保全申请人,被保险人为诉讼财产保全被申请人。其次,保险责任有差异,诉责险为因申请错误造成保全被申请人或利害关系人遭受经济损失,保险公司赔偿应由被保险人(保全申请人)承担的赔偿责任;保证保险是因申请错误致使被保险人(保全被申请人)遭受损失,保险公司向被保险人赔偿投保人依法应承担的损失。

虽然诉责险与保证保险在合同当事人、保险责任上有着一定区别,但在保险期间、赔偿处理、当事人权利义务等主要条款上,两种保险均较为一致。尤其是,与一般保险产品相比,此类保险存在一些较为特殊的设计:一是在保险期间上,约定保险责任至保全损害之债诉讼时效届满或生效法律文件执行完毕时终止,即保险期间与诉讼保全程序一致,如诉讼保全程序持续多年,保险责任也将一直延续;二是出现被保险人未及时告知基础债权债务纠纷的重大进展、未积极行使诉讼权利等情形时,保险公司应先行向诉讼保全的被申请人赔付,之后再向被保险人实施追偿;三是约定非经人民法院同意,投保人不得退保,即投保人解除保险合同须以人民法院同意为前提;四是保险公司在出具保险单的同时,还须向诉讼财产保全的申请法院出具一份保单保函。[2]

保证保险承保的是信用风险,而责任保险承保的是责任风险。从民事诉讼法相关规定看,法院要求诉讼财产保全申请人提供担保的依据是其信用不足或欠缺,诉讼财产保全保险的首要功能是增信。采用责任保险模式的诉讼财产保全保险是借责任保险之名,行保证保险之实。[3] 如最高人民法院在 2016 年 11 月颁布的《关于人民法院办理财产保全案件若干问题的规定》中明确:"签订财产保全责任险合同的方式为财产保全提供担保。"可见,对于诉讼财产保

---

[1] 乔石. 论诉讼财产保全保险的模式选择 [J]. 湖北社会科学, 2017 (10): 138-146.

[2] 乔石. 论诉讼财产保全保险的模式选择 [J]. 湖北社会科学, 2017 (10): 138-146. 特别说明,因目前笔者看到的条款与此文作者有所不同,文字相应地进行了一些调整,大致意思相同。

[3] 方乐华. 保险法视角下的诉讼财产保全保险 [G] //中国保险法学研究会 2016 年年会暨中国保险法的国际化发展研讨会论文集, 2017: 373.

保险而言，不论采用的是哪种模式，法院最终只关心保单保函是否能够达到担保的目的，只接受保单保函作为担保，对于险种名称或保险条款并不会过多关注。

（二）解除财产保全保险与诉讼财产保全保险的相同点

从司法实务角度来审视，存在即合理，解除财产保全保险能够推出并得到法院、诉讼当事人与保险公司在内的各方主体共同认可，证明了该险种的市场需求。归根溯源，保险是一种对于风险的保障工具，无论解除财产保全保险，还是诉讼财产保全保险，均来源于司法程序中相关当事人面临的风险。关于其性质或模式的讨论，应立足于保险合同所保障的法律关系本身，而并非解除财产保全保险须同财产保全保险保持同种性质或模式。因此，对于财产保全保险应采取责任险还是保证险形式，笔者不做过多探讨。单就解除财产保全保险而言，其作用在于分散被保险人财产被冻结导致经济损失的风险，实质上是通过保险产品发挥解除诉讼保全反担保的功能，故采取保证保险的形式更符合当前司法实践。

当然，解除财产保全保险与财产保全保险均服务于诉讼程序，对于两者的比较能够更好地理解此类保险产品特征。解除财产保全保证保险与保全申请人的诉讼财产保全保险的作用、形式、条款等方面存在较多共同之处。

1. 保单保函

不论采用什么模式的财产保全保险，不论是财产保全保险还是解除财产保全保险，向法院出具的保单保函，其实质就是提供担保或反担保。因此，法院最关注是否能够出具"见索即付"的保单保函，这决定法院是否接受作为担保或反担保的前提条件。只有在"见索即付"的情况下，保单保函才能够无条件地予以支付，从而起到担保作用。当然，也有法官会审查保险条款，如果有一定的责任免除条款，也有被法院拒收的风险，但实务中较为罕见。

2. 投保人与被保险人义务

在两种模式下的诉讼财产保全保险条款，与解除财产保全保证保险条款中的投保人与被保险人义务，包括按约交保费、重大情况告知、积极行使诉讼权利与履行诉讼义务等基本相同。

3. 不得退保

两种模式下诉讼财产保全保险的保险条款与解除财产保全保证保险条款中，均规定了不得退保。如紫金财险的《诉讼财产保全责任保险条款》第20条规定："除法院驳回申请人诉讼财产保全申请和另有约定外，本合同投保人不得退保。"其他财险公司的同类条款也有类似规定，不一一列举。紫金财险的《解除财产保全保证保险条款》第21条规定："保险责任开始后，投保人不得解除合同。"

(三) 解除财产保全保险与财产保全保险的差异

相比较而言，两者之间存在如下法律上的不同之处。

1. 保险责任

申请人财产保全保险的赔偿责任较轻。两种模式下的财产保全保险的保险责任范围，不论其表述如何，通常只针对财产保全申请错误致使被申请人遭受损失，如紫金财险的《诉讼财产保全责任保险条款》第3条规定："在保险期间内，被保险人向法院提出诉讼财产保全申请，如被保险人诉讼财产保全申请错误致使被申请人遭受损失的，经法院判决应该由被保险人承担损害赔偿责任的，保险人按照保险合同的约定负责赔偿。"实务中多为保全资金的利息损失，且适用一般侵权责任，即申请错误要达到故意或重大过失程度才会承担赔偿责任。其他形式的损失则难以举证与计算，追偿就更困难。

被保全方的解除财产保全保证保险则风险较大。保险责任范围为败诉方的所有生效判决确定之债务承担赔偿责任。如紫金财险的《解除财产保全保证保险条款》第3条规定："在保险期间内，投保人申请并经法院同意解除财产保全，案件审结后投保人无财产可执行或财产不足清偿债务的，致使被保险人遭受的直接经济损失，保险人按照保险合同的约定负责赔偿。"实务中，被告方本身败诉风险要大于原告，且赔偿范围为投保人无财产可执行或财产不足清偿债务的部分。因此，承保要慎重，加强监管也非常有必要，后文将详细分析。

2. 追偿与反担保

申请人方的诉讼财产保全保险，基本不设置追偿条款；保证保险则可设追偿条款。因诉讼财产保全保险不论哪种模式下保险责任均不大，通常保险公司都不会要求投保人提供反担保。

解除财产保全保险则需要设定反担保与追偿条款，以减轻保险公司的承保风险。如紫金财险的《解除财产保全保证保险条款》第14条规定："在保险人履行赔偿责任后，被保险人应当向保险人提供必要的文件和信息，协助保险人向投保人或担保人（如有）进行追偿。"解除财产保全保证保险因风险较大，反担保则成为保险公司控制风险的必要手段，被保险人提供反担保就非常重要。反担保可以为容易变现的担保物，如房产、股票等，并要及时进行登记。

3. 费率差异大

财产保全保险因风险相对较低，根据金额不同，保费的费率通常是千分之几到万分之几不等，以此就可以申请保全被申请人的财产。

解除财产保全保险因风险较大，保费的费率比前者要高几十倍。但相对于"见索即付"的银行保函或银行存单而言，解除财产保全保险的成本还是要低很多。定价主要还是双方协商为主，目前没有标准可以借鉴参照。

三、诠释解除财产保全保险的商务理性

财产保全经常被作为起诉方的武器，在成本较低的诉讼财产保全保险助力下已经有被滥用的趋势，有的保全就是将此作为手段来逼迫对方就范。而解除财产保全保险则为被保全方提供了对抗的工具，如充分发展，也可以在一定程度上对保全手段滥用起到抑制的效果。

（一）解除财产保全保险的价值

1. 不影响保全申请人的债权实现

不影响保全申请人胜诉后债权的实现。《民事诉讼法》第104条规定：财产纠纷案件，被申请人提供担保的，人民法院应当裁定解除保全。《民事诉讼法解释》第167条规定：财产保全的被保全人提供其他等值担保财产且有利于执行的，人民法院可以裁定变更保全标的物为被保全人提供的担保财产。

实务中，作为被申请人要求解除保全所能提供的反担保方式，通常有银行保函、存单、房产、担保公司、其他公司、个人担保等担保形式。而解除诉讼财产保全保险在法院的诉讼财产保全程序中，作为一种新型的反担保方式，即便在其现金被冻结的情况下，也符合《民事诉讼法》的相关规定。因为，解除财产保全保证保险所提供的保单保函系不可撤销的"见索即付"保函，与银行保函、银行存单同样属于"有利于执行"的同类资产，能达到同样的反担保效果而不会损害保全申请人利益，完全可满足原告胜诉后的执行需要。即便保全申请人因想通过保全来给被保全方施压的目的难以实现，而不同意接受保单保函作为反担保，法院也完全可以作出准予解除保全的裁定。

2. 对被保全方的多重意义

解除财产保全保险，盘活了被保全方的被冻结资产，避免了多类风险，且成本更低。具体而言，一是避免流动性风险。资金是经济运行的润滑剂，资金只有周转起来才能充分发挥其价值。如被保全方的库存周转天数平均为40天，1亿元流动资金正常周转，一年内至少能够发挥9亿元的价值。而资金被冻结使得流动性受影响，其使用价值严重降低。二是降低信贷风险。法院冻结资金必然会引起被申请人合作银行的关注，甚至会影响到授信、审贷、展期等多类合作，影响到企业的金融安全。三是减少企业商誉的风险。因诉讼保全可能会对被保全方的企业商誉产生负面影响，从而影响到其项目的招投标与政府扶持资金发放，甚至潜在投资者尤其是低风险偏好的投资者信心。四是减少日常经营风险。被保全方的基本户、纳税户被保全而产生的工资发放与正常纳税等经营风险。五是成本更低。解除财产保全险的保费成本远低于银行保函、银行存

单,更低于社会融资成本,具有广阔的市场前景。

3. 保险公司扩大了市场份额

从保险公司角度看,其业务也有拓展,市场份额随之增加,担保领域运用保险机制是大势所趋。按照《国务院办公厅关于聚焦企业关切进一步推动优化营商环境政策落实的通知》的精神,各地政府鼓励引入保险替代原来的保证金或其他形式的担保,以充分发挥资金的社会价值。目前,司法领域的诉讼保全责任险、继续执行责任险,建设工程领域的投标保证金保证险、履约保证金保证险、工程质量保证金保证险、农民工工资支付保证金保险,以及关税保证金保证险、单用途商业预付卡保证金保证险、政府采购履约保证金保证险等,都已经在各行业发挥重要作用。因此,解除财产保全保证保险也是顺应在担保领域运用保险机制的大趋势。即便解除财产保全保证保险只能为大型央企、国企,大型民营企业的胜诉率大的案件服务,市场规模也将非常广阔。

综上所述,解除诉讼财产保全保证保险会产生各方诉讼主体共赢的法律效果与社会效果。

(二) 承保风险需要控制

虽然解除财产保全保险具有巨大的市场前景,但同时其风险也较大,笔者建议:

1. 保险人应建立风险评估模型

目前,在这个险种的探索时期要建立科学的评估模型,要对投保人即诉讼财产保全的被申请人的企业运营状态、资信状况、现金流、涉诉案件与被执行案件进行评估,还需要辅之以反担保、共保等风控措施。建议目前承保范围仅限于大型央企、国企、大型上市公司及大型的民营企业,中小型企业抗风险能力相对较低,暂时不建议纳入承保范围。

2. 被诉案件本身评估

因对于案件本身的败诉风险需要有全面评估,败诉风险低的案件才考虑承保,如败诉风险并不确定,建议谨慎承保。因为,即便有足够的反担保资产可追偿,但保险人自身的流动性风险仍需要控制。

3. 投保人提供反担保

需要投保人提供股权、房产等易变更追偿的反担保物,以便在败诉且被扣划后,能快速追偿变现。

除了以上让投保人提供自身运营情况报告、企业征信报告、案件相关资料,并提供反担保之外,保险人还应通过人行的企业征信查询、公开信息查询(如法院裁判文书网、企查查、天眼查、企信宝)。同时建议,授予保险公司的法律合规部门对评估报告具有否决权。

四、保险监管涉及的实践问题

(一) 监管政策的变化

当前诉讼财产保全保险在经营模式上呈现出以责任保险为主、保证保险为辅的态势,产生的原因主要有以下两点。

1. 追偿问题

相比责任险模式,保证保险在追偿方面对被保险人不利。《保险法》第 60 条规定,因第三者造成保险事故的,保险公司赔偿后,可以代位行使被保险人对第三者的赔偿请求权。在责任险模式下,诉讼财产保全保险的追偿条款约定为"保险人应当向被申请人或利害关系人先行赔付,但保险人有权向被保险人追偿",由于诉讼财产保全申请人为保险合同的被保险人,保险公司向其实施追偿在法律依据上均存在瑕疵。

而在保证保险模式下,诉讼财产保全保险的追偿条款约定为"保险人应当向被保险人先行赔付,但保险人有权向投保人追偿",保险公司向诉讼财产保全申请人追偿并无不妥。在投保人有条件进行选择的情况下,责任险市场自然更大。

2. 监管要求的变化

2020 年 3 月 1 日之前的责任险只需要报备,而保证保险需要报批。《财产保险公司保险条款和保险费率管理办法》(保监会令 2010 年第 3 号)及《关于实施〈财产保险公司保险条款和保险费率管理办法〉有关问题的通知》规定,自 2010 年 5 月 1 日起,保险期间超过 1 年期的保证保险和信用保险的保险条款和保险费率,应当报中国保监会审批。而其他险种的条款与费率只需要备案即可。因此,更多的财险公司就采取了以责任险形式行保证保险之实的变通做法,以适应市场对产品的及时性与灵活性的要求。这也是市场上这两种险种条款非常类似的原因。

2020 年监管政策产生了变化。《中国银保监会办公厅关于进一步加强和改进财产保险公司产品监管有关问题的通知》则对产品审批备案范围进行了调整,将 1 年期以上信用保险和保证保险产品由审批改为备案,原属于备案类的产品仍采用备案管理。在 2020 年 3 月 1 日起正式实施,为解除保全保证保险的创新产品提供了有利的条件。鉴于监管要求的放开,回归到保证保险的实质,选择以保证保险模式开发解除财产保全的保险产品似乎是更加合理的选择。保险公司可以通过追偿方式来降低自身风险,同时也合乎监管要求。

(二) 保单保函

不论表现形式为责任险还是保证保险,最终向法院出具的都是保单保函。

《中国保监会关于规范保险机构对外担保有关事项的通知》(保监发〔2011〕5号)对规范保险机构对外担保行为提出了明确要求。但问题的本质在于实质和形式：法院审核看重实质即保函的具体内容，保险公司承诺了提供"担保"，并可以履行赔偿责任，法院即认可保单保函的担保效力；保险公司看重形式，其主张保单保函是对于保险合同的说明函，发生保险赔偿时通过保险合同履行赔偿责任，而并非"通过"保函。正是这种错位，使保单保函一直在实践中存在。

虽然监管部门提出不应出具独立保函，但此类监管要求与司法实践是相脱节的，因法院只接受保单保函作为担保方式。而监管要求在司法实务中无法作为法律渊源直接成为法院裁判依据，那么监管中如何顺应市场，作出相应的规范要求是值得思考的问题。长远来看，应对保单保函做进一步规范，归回保险本质。

再如，平安《诉讼财产保全责任保险条款》中，对保险责任提出了"被申请人确有实际损失的存在"等三个条件；责任免除条款中也提出了"投保人和被保险人恶意串通等四条损失，保险人不承担责任"。紫金财险的《解除财产保全保证保险条款》中责任免除条款规定了由虚假诉讼的行为造成的损失、费用和责任，保险人不负责赔偿❶。然而在司法实务中，应法院提出提供担保或反担保的要求，保险公司必须要向法院出具的是"见索即付"的保单保函，即使保险条款中有前述规定，但法院在实务中多数并不理会这些保险条款。

(三) 定价的公允性

虽然从理论与司法实务上说，解除诉讼财产保全保险的费率远高于诉讼财产保全保险，定价的公允性似乎是亟待解决的问题。但笔者认为，鉴于这种创新产品并没有建立相应的精算模型，可以先运用排除法，并通过不断的实践来进行验证。目前，我们只能先让市场来决定。

1. 担保公司收费标准不具参考性

担保公司提供的并非同类型担保，其费率标准不具有参考性。一是担保公司只能提供信用担保，与解除财产保全保证保险中提供的保证，二者类型不同。司法实践中，在财产被保全，尤其是资金已经被冻结的情况下，法院只接受同类型、价值相当，且便于执行的"见索即付"保单保函作为反担保才会同意予以解冻。更何况，申请保全方因解冻而无法达到向被保全方施压的目的，即便提供同类等值且有利于执行的银行保函担保，往往也不同意解冻。而担保

---

❶ 紫金财产保险股份有限公司解除财产保全保证保险条款第四条：下列原因造成的损失、费用和责任，保险人不负责赔偿：(一) 投保人和被保险人恶意串通或虚假诉讼的行为；(二) 未经法院判决的损失；(三) 投保人和被保险人调解。

公司只是用其信用作为担保,不符合《民事诉讼法》关于解除保全所需反担保的规定,申请保全方更不会同意,法院也更不会因此而下裁定解冻。二是随着诉讼财产保全保险的不断普及,法院通常更愿意接受保单保函作为担保,担保公司、房产、其他公司等担保方式已经被全面边缘化了,担保公司的费率不再具有参考价值。三是担保公司本身并没有形成行业统一的费率标准。担保公司规范大小不一,本身经营上并无较强的规范性,没有形成行业统一的费率标准,也缺乏监管,无法提供一个明确的费率参照系。因此,担保公司的费率难以作为解除财产保全保险的公允费率标准来参照。

2. 银行保函成本具有不确定性

在解除财产保全处理中,与保证保险中出具的保单保函最相类似的是"见索即付"的银行保函,但其也不具有参照性。一是银行体系合规风控标准高、要求严格。因关系到金融稳定与民生问题,金融体系的监管中银行的合规风控最为严格,从而使得开具银行保函的门槛最高,成本也非常高,并不适用于保险人。二是银行保函的成本具有不确定性。实务中开具银行保函,不仅要被申请人与其合作银行具有在有效期限内的可使用授信额度,且通常银行要求先存入50%左右的保证金,保函以开具的金额为基数还要参照贷款利率另行支付费用。而具体保证金的比例以及保函费率,是根据各企业在银行的授信额度、企业的经营状况、与银行之间的合作关系,以及综合双方合作期间各经营项目给银行带来的利润等综合情况,通过协商沟通而形成。鉴于操作模式是通过协商沟通的一案一议,影响因素非常多,不确定性较大,银行保函成本具有不确定性,而缺乏作为解除财产保全保险的参照价值。

鉴于在诉讼中的财产被保全,尤其是资金被冻结的情况下,法院只接受同类型价值相当、便于执行的反担保才可能同意予以解冻,担保公司与银行保函的费率标准无法作为参照,而其他反担保方式因没有标准而更不具有参照性,在探索解除财产保全保证保险的定价上,也只有先通过市场来进行检验。在市场充分发展形成数据积累沉淀之前,在没有进行充分进行研究的前提下,先让市场这只无形的手去自主调节,监管部门暂时不宜对于价格的公允性提出具体指导意见。

(四) 各类风险控制

鉴于解除诉讼财产保全保证保险的市场前景广阔,同时风险又远大于诉讼财产保全险,为避免一哄而上,带病承保等系统性风险出现,需要进行必要的监管。笔者建议可从以下几方面研究。

1. 比例控制

对保险公司承保解除财产保全保证保险的比例加以控制。如对于相关险种在保险公司总注册资本金中的占比，以及该险种业务量在全部业务量中的占比，监管部门可以提出监管建议。

2. 主体选择与反担保要求

鉴于此类业务风险较大，选择主体与反担保是降低风险的必备要求，监管部门可以对于主体与反担保的类型、金额提出监管建议。

3. 共保

为能让此类险种得到充分发展，提升保险公司的总体风险防控能力，对于一定金额以上的解除财产保全保证保险业务进行总量控制，监管部门可以提出共保的监管建议。

4. 及时研究适时指导

对于此类有着广阔市场前景的创新产品，适度开发同时注重研究，以便控制风险。建议监管部门及时进行情况收集，组织相关人员专项研究，并根据业务发展中遇到的问题适时进行指导。

我国 UBI 车险制度构建研究

孙宏涛[1] 刘秉昊[2]

摘 要 UBI 车险作为一种新型的车险定价模式，可以解决网约车业态保险理赔难题。其基于车载终端进行驾驶数据收集与分析，帮助驾驶员规范驾驶行为，实现对车辆驾驶风险的管控，实现差异化的车辆保险费率。目前在我国车险改革的背景下，UBI 车险产品已经有了一定的技术积累，但其最终落地还需要技术标准的统一和监管制度的完善。在车联网技术日益成熟的背景下，监管部门应当鼓励创新，推进车险产品的科学化设计，同时规范对用户驾驶信息的收集和数据使用行为，保障消费者的合法权益。

关键词 车联网 车险改革 UBI 车险 数据保护

一、技术与需求催生的 UBI 车险

第四次科技革命的浪潮[3]改变的不仅仅是汽车的制造流程，也给车辆的使用带来了巨大的变革，基于物联网技术[4]的未来智慧出行系统将各类交通要素连接在一起，形成了高度信息化的车联网[5]，人、信息和交通工具三者的融合性更强，交通工具的便利性和安全性也更高。[6] 在这种趋势下，车险行业也在发生着变革，智能化的触角已延伸到了保险产品的研发过程中，UBI 车险就是

---

[1] 孙宏涛，华东政法大学经济法学院副院长，教授。
[2] 刘秉昊，上海市人民检察院第一分院助理检察员。
[3] 21 世纪至今，以人工智能、虚拟现实、新能源、物联网科技为代表的第四次科技革命爆发。
[4] 参见 MBA 智库百科：物联网（The Internet of Things, IOT）是指把所有物品通过射频识别等信息传感设备与互联网连接起来，实现智能化识别和管理。物联网被视为互联网的应用拓展，物联网通过智能感知、识别技术与普适计算、泛在网络的融合应用，被称为继计算机、互联网之后世界信息产业发展的第三次浪潮。
[5] 车联网有广义和狭义之分，狭义车联网单指 "Telematics"（车载移动互联网，又称车云网），广义车联网即车内、车际、车云三网融合。车内网是指通过应用 CAN 总线技术建立一个标准化的整车网络；车际网（V2X）是指基于 DSRC 技术和 EEE802.11 系列无线局域网协议的动态网络，形成车际互联；车云网是指车载终端通过 3G、4G 等通信技术与互联网进行无线连接。见国信证券.5G 推进，看好汽车智能网联＋智慧交通 [R]，2019；3，31．
[6] 中国智能网联汽车产业创新联盟．智能网联汽车产业发展动态及对策建议 [R]，2019；10，22．

基于车联网技术背景的新型车险。

最早的 UBI 车险产品诞生于 1998 年,是由美国前进保险公司(Progressive)开发出的新型车险项目,保险公司向车主提供车载设备,记录车辆的驾驶情况,设备在车辆上运行 5 个月后回收,分析车辆的使用情况和驾驶行为,确定该车辆的保险费率和优惠幅度。❶ 经过 20 多年的发展,UBI 产品已发展到第三代管理驾驶行为的保险(Manage How You Drive,MHYD),可基于车载高级驾驶辅助系统(ADAS)❷ 主动进行驾驶风险干预,降低出险率和赔付率。

业内对于 UBI 的定义是基于使用量定价的保险(Usage Based Insurance)和基于用户行为定价的保险(User Behavior Insurance),其理论基础为:驾驶行为安全的驾驶员应该获得保费的优惠,驾驶行为的安全性评价取决于实际驾驶时间、地点、具体驾驶方式等指标的综合考量。这些指标数据的收集通过车载远程通信设备(Telematics)来实现。现有理论探讨的驾驶行为安全评估机制将四急驾驶行为(急加速、急减速、急转弯、急刹车)发生次数、日总里程、日总时间和夜间驾驶时间分别赋予相应分值,在特定的时间段内分析驾驶行为扣分情况,形成驾驶安全性的评估结论。❸ 目前,通行的车险定价模式是"车型定价",而 UBI 车险"基于使用定价"的模式所产生的变革就是将"人"的因素引入车险定价中,从而解决了车辆使用风险程度差异与统一保费标准之间的矛盾。

在科技赋能保险的趋势下,UBI 模式的产生符合多方的利益,是车险业发展的内在需求。对于个体而言,UBI 车险有一定的激励机制,通过管理驾驶行为来降低出险率。根据美国国家高速公路交通安全管理局(NHTSA)的数据:驾驶员提高 10% 的安全驾驶意识能够减少接近 60% 的交通事故。❹ 对于保险公司而言,通过收集车险大数据,可以建立更全面的风险评估体系,精确的损失估计能提升赔付效率,降低"骗保"等道德风险,减少理赔纠纷。目前,车险业市场规模大但利润率普遍较低,并且市场格局固化,大部分中小型保险公司处于弱势地位,无法在业务上与大型险企开展竞争。所以,发展 UBI 车险产品也是中小保险公司打破现有市场格局的突破口。❺

---

❶ 单鹏. 保险费率市场化:全球经验与中国改革[M]. 北京:中国金融出版社,2016:151.
❷ ADAS 有三大基础功能:FCW(前车碰撞预警)、PCW(行人碰撞预警)以及 LDW(道路偏离预警)。
❸ 江磊. 互联网车险 UBI 产品设计[D]. 杭州:浙江大学,2017.
❹ 彭江琴,刘南杰,赵海涛,于明鹭. 智能 UBI 系统研究[J]. 计算机技术与发展,2016(1);刘剑,张佳羽,王书华. 基于商用车车联网的 UBI 车险研究与实践[J]. 成都工业学院学报,2019(1):48-53.
❺ 兴业证券. 车险费率改革,UBI 千亿市场启动:车联网深度系列报告之一[R]. 2015-02-27.

二、UBI 车险制度的若干法律问题分析

（一）UBI 车险可解决网约车的保险难题

UBI 车险产品是车险定价模式的变革，从市场适用性来看，UBI 车险产品也符合新业态的需求，近年来兴起的网约车模式是其最典型的适用场景。自从 2016 年网约车在我国合法化后，这一"共享交通"模式迅速风靡全国，成为人们出行的新选择。❶ 但同时也因保险的"错配"导致一系列争议的产生。

具体而言，我国的车辆在投保时按其用途分为"营运车辆"和"非营运车辆"，适用不同的保险费率。网约车模式兴起后，大量的家庭自用车辆在平台登记注册，开展客运经营业务，这些车辆一旦发生事故，却无法按照营运车辆的保险标准进行赔付。在此类案件中，保险公司依据《保险法》第 52 条❷主张家庭自有车辆仅投保一般商业三者险，其在开展网约车营运业务时属于改变车辆用途，导致危险程度显著增加，投保人必须履行危险增加的通知义务，将车辆变更为营运性质的情况告知保险公司。❸ 即在从事营运业务时必须按照营运车辆性质投保，否则保险公司将在商业三者险范围内免赔。在司法实践中，法院也多按照此思路进行裁判，2017 年最高人民法院出台的指导案例支持了此种裁判观点。❹ 但随着实务争议的增多，法院也随之转变了裁判思路："保险公司是否承担赔付责任应当考虑被保险车辆在事故发生时的状态，而不能仅因被保险车辆注册了网约车业务、曾经从事过网约车运营即径行认定车辆使用性质改变。"❺

前述公报案例的裁判思路固然符合《保险法》的规定，但其宣示意义却是负面的。网约车发生无法获得保险理赔的结果直接导致投保人负担巨额损失，更挫伤了网约车这一新业态的发展积极性。对此，专家学者展开了诸多方面的探讨，有学者质疑家用车辆偶尔从事"顺风车"业务是否属于"危险程度显著

---

❶ 2016 年 7 月，国务院办公厅发布的《关于深化改革推进出租汽车行业健康发展的指导意见》和交通运输部、公安部等七部门公布的《网络预约出租汽车经营服务管理暂行办法》，明确了我国"网约车"的合法地位，根据该暂行办法规定，"网约车"属于"预约出租客运"，车辆的使用性质为"营运车辆"。

❷ 《保险法》第 52 条规定：在合同有效期内，保险标的的危险程度显著增加的，被保险人应当按照合同约定及时通知保险人，保险人可以按照合同约定增加保险费或者解除合同。……被保险人未履行前款规定的通知义务的，因保险标的的危险程度显著增加而发生的保险事故，保险人不承担赔偿保险金的责任。

❸ 2018 年 9 月 1 日，《最高人民法院关于适用〈中华人民共和国保险法〉若干问题的解释（四）》（法释〔2018〕13 号）生效。其中，将"保险标的的用途的改变"作为法院认定保险标的是否构成《保险法》第 49 条、第 52 条规定的"危险程度显著增加"时应当综合考虑的因素之一。

❹ 最高人民法院公报案例（2017 年第 4 期）：程某颖诉张某、中国人民财产保险股份有限公司南京分公司机动车交通事故责任纠纷案，案例索引于（2016）苏 0115 民初 5756 号《民事判决书》。

❺ 北京市第三中级人民法院：中国平安财产保险股份有限公司北京分公司与睢某平财产保险合同纠纷二审民事判决书［（2019）京 03 民终 8960 号］，裁判日期：2019 年 6 月 27 日。该案二审维持原判。

增加"❶，也有学者给出解决问题的思路，即为了最大限度维护保险人和投保人利益，可以模仿美国的做法，推出分时分段的保险。简单来说，当车辆开始网约车营运时，从乘客上车至到达目的地的时间内，采用营运性质的保险；当汽车作为家用自用时，采用一般种类的车辆保险。❷ 这一做法在技术层面上方便可行，只需在网约车运行系统增加保险数据的收集功能即可。结合 UBI 车险的基本原理，美国在网约车行业采取的应对之策本质也是依托基于使用行为的保险，将车辆的实际使用状况作为危险系数评估的核心指标。可以说，UBI 车险正好契合网约车的分时分段运营模式。

（二）UBI 车险优化了最大诚信原则的适用

保险市场中充斥着信息不对称的矛盾。首先，《保险法》对于投保人告知义务与保险人说明义务以及危险程度增加时投保人的通知义务的设定目的，即是最大限度弥补订立契约时和保险合同生效期双方的信息鸿沟。❸ 在保险合同的订立阶段，基于市场主体的有限理性，投保人或限于自身专业水平，或基于自利的考虑，实质上无法完全履行充分的告知义务。即使投保人能够做到最大诚信，其告知内容也限于保险人的询问范围。对于保险人来说，其说明义务本质上建立在对自身盈利和偿付能力的预先估计，更深层面上基于对保险产品的设计科学性，但保险种类所依附的保险合同通常为附合合同，因而保险条款具有固定性，保险产品可能无法完全适应社会的发展。最常见的例子是，不同车辆的使用频率必然不同，但其购买的保险和缴纳的保费却是一致的，保险人自身虽可能意识到该问题的存在，但并不会主动去纠正这一错误。由此，基于不科学的保险条款所产生的说明和告知义务是不完整的，投保人和保险人双方都无法保证对订立保险合同而言的重要信息完全覆盖。

另外，信息不对称导致保险市场中的逆向选择问题长期存在。风险较高的投保人提高了保险人赔付成本，同时保险人将提高费率以保证偿付能力，最终导致的市场格局是风险较高的投保人成为市场的主力，而风险较低的投保人可能因为高费率退出市场。简言之，信息不对称导致极大的交易成本，也使得保险市场畸形发展和效率低下。虽然法律规定了诚实信用的帝王条款，但因市场主体都具有趋利避害的本能，不能对投保人和保险人有过高的期待。并且，在车辆制造技术快速发展的今天，对于车辆性能和可能存在的固有缺陷也无法期待投保人和保险人充分调查知悉，某种程度上，新技术的发展进一步增加了信息不对称。

---

❶ 梁鹏. 网约车商业三者险拒赔质疑[J]. 保险研究, 2019 (2): 78-87.
❷ 孙宏涛, 王静元. 我国网约车保险制度构建研究[J]. 浙江金融, 2018 (5): 53-59.
❸ 我国《保险法》第 16 条和第 32 条规定了投保人的如实告知义务。

从乐观的角度来看，科技的发展可以帮助人们更好地履行最大诚信义务。在现有模式下，订立保险合同时双方均做最大限度的说明，但在保险合同生效期内的危险增加通知义务却无实时监督机制，甚至在出险时无法及时对相关责任做清晰划分，这种模式对保险契约双方均有不利。前述网约车行业的保险理赔难题即是来源于此。在 UBI 车险模式下，订立保险合同时可对基本条款作约定，车险定价的关键数据依靠车载终端进行长期收集分析，不再对先合同义务履行的完备性有过分的苛求。在保险事故发生时，通过驾驶行为记录，也可以最大限度还原事故原因，防止出现骗保行为。概言之，对于保险合同双方而言，最大诚信原则的事前规制作用较强，在 UBI 车险模式下，与投保和理赔相关的信息更加透明，事中规制的作用更为突出，且能最大限度规避人为因素的影响。

（三）UBI 车险更加符合对价平衡原则

对价平衡原则❶是指为了让保险制度合理有序运作，保险费（纯保费）的收取和保险金的支出必须维持一定的平衡。❷ 首先，对价平衡原则被认为是保险契约告知义务的价值取向之一。❸ 确立保险合同中投保人的告知义务不仅是最大诚信原则的适用，也是对于对价平衡原则的实践。无论是财产保险还是人身保险，投保人如能基于最大限度的诚信，将保险人所需信息予以充分提供，可以有助于保险人确定是否承保以及合理确定保险费率，维持其偿付能力。其次，对价平衡原则是保险业监管的底层逻辑。目前，我国的保险费率制定更加突出市场化导向，保险公司的定价权相对自由，但在激烈的市场竞争中，各家保险公司会滥用定价权争夺保险业务。此外，对价平衡原则促使保险公司的合理定价义务履行。根据我国《保险法》第 53 条规定，除合同另有约定外，据以确定保险费率的有关情况发生变化，保险标的的危险程度明显减少的，保险人应当降低保险费，并按日计算退还相应的保险费。但在现实中，如前文所举实例，即使部分车辆使用频率极低，几乎所有的保险公司无法按照该条规定退还保费。

概言之，对价平衡原则与保费收取直接相关，UBI 车险产生的底层逻辑就

---

❶ 通说认为，保险利益原则、最大诚信原则、近因原则和损失补偿原则以及由损失补偿原则派生出的代位原则共同构成了我国保险法律制度的基本原则。对价平衡原则往往被学者当作一个不证自明、理所当然的定理来进行运用。关于对价平衡原则的法律地位的观点论述参见武亦文，杨勇．保险法对价平衡原则论 [J]．华东政法大学学报，2018（2）：146-158．

❷ 对价平衡原则由德国学者 Wilhelm Lexis 提出，其在 1909 年编著的《保险词典》中关于"保险概念"一项中指出所给付的保险金不具有救济性质，所缴纳的保险费也非慈善性的捐款，众投保人之间必须存在给付与对待给付相等原则，该原则可以用公式 $P=WZ$ 表示，其中 P 为纯保费，Z 为保险金，W 为给付保险金的或然率，也即危险概率。见唐世银．保险法上对价平衡原则的司法运用 [J]．法律适用，2015（12）：44-49．

❸ 樊启荣．保险契约告知义务制度论 [M]．北京：中国政法大学出版社，2004：123．

是保险业的费率厘定模式的变革；同时，UBI车险最大的优势就在于其对大数据的分析利用能力，车载设备收集到的驾驶行为大数据将直接用于构建更加精准的保险精算模型，车险定价的科学性进一步提升，并可以作为监管部门的参考。所以，基于保险制度的对价平衡基础，UBI车险具有传统车险所不具备的诸多优势。

（四）UBI保险数据信息的合理使用

UBI车险的诞生打破了原有车险市场定价模式和市场格局，监管部门不但要将市场的公平竞争、定价风险管控纳入监管范畴，还要重视这类保险产品中的数据和隐私保护问题。其中，隐私保护无疑是客户最为关注的问题。在UBI实施过程中，保险公司能够获取行车轨迹、驾驶里程、车辆状况等信息，车载设备收集的数据归属权在当下的法律框架中尚存争议。目前，信息采集终端设备主要有前装（车辆出厂前安装）、后装（用户安装）和手机App（基于用户手机的终端信息采集）三种模式，无论哪一种模式都需要取得客户信息的使用授权。关于用户信息采集和使用需要形成统一的行业规则。

在域外实践中，以客户隐私保护为例，UBI在美国的具体模式主要分为两种，一种是基于驾驶人的驾驶里程，即PAYD模式。另一种则基于驾驶人的驾驶行为，即PHYD模式。第一种UBI模式更受车主欢迎，其重要原因就是该模式不收集车辆位置等较为隐私的数据。一些保险公司为保护客户隐私，在OBD设备上不使用GPS功能，仅根据汽车的刹车、起速、最高时速等分析用户习惯，且数据的采集和适用范围明确写入保险条款，以得到客户的明确授权。❶

三、UBI车险的实践经验

（一）UBI车险在域外的发展现状

美国是车联网在保险行业实际运用最领先的国家，UBI业务在个人车险市场中的占比呈现不断增长的态势。同时，美国的保险监管机构对保险产品创新表现出积极支持的态度，目前50个州均批准UBI产品进入市场。❷ 美国前进保险公司（Progressive）开发的UBI车险采用插入式装置Snapshot对驾驶员的驾驶行为进行数据搜集和监控，该模式是公认的UBI车险产品的"鼻祖"。除了前进公司，Allstate开发了Drivewise（明智驾驶）项目，美国互助保险公司State Farm通过与车联网服务商Hughes Telematics合作，可以动态地根据

---

❶ 陈哲. UBI车险四问[J]. 计算机世界，2016 (7).
❷ 秦玄玄. 美国Progressive（前进）保险公司概览[J]. 中国保险，2019 (7)：63-64.

车主驾驶里程及驾驶数据评估车辆情况,灵活调整保费水平。❶

在欧洲市场,根据2018年的测算数据,意大利UBI车险产品的普及率居于全球第二位,良好市场的背后是制度的支持,意大利议会于2017年8月4日批准市场和竞争法案(L124/2017),推荐所有汽车保险采用Telematics技术(即UBI保单)。❷

在英国,Insure the Box公司的UBI项目根据实际驾驶情况给予驾驶员"安全奖励积分",以提高其安全行车意识。该公司还设计了"保险充值"的概念,客户通过购买以里程为单位的充值卡进行保险消费。在客户使用车辆的过程中,公司利用车联网技术,为客户建立"保险账户",记录客户的实际行驶里程和驾驶行为,据此确定客户的实际"消费里程",并在充值卡上扣除。同时,Insure the Box公司利用动态的车辆信息,防范车辆盗窃风险;利用车联网技术,防止保险欺诈等。Insure the Box到2017年已经获得大约13万份保单。❸

(二)UBI车险在我国的探索

可以看到,UBI车险在域外的探索已经成熟,并且从单纯的车辆保险衍生出诸多附加的车辆服务。目前,UBI作为商业车险改革的探索方向在我国处于起步阶段。在技术层面,各类车载终端研发❹和车联网解决方案已经是厂商角逐的新战场。2016年9月23日,太平洋产险投资美国UBI车险服务商Metromile;2016年10月20日,平安产险宣布基于"平安好车主App",将推出新定价模型下的UBI车险,制定个性化车险产品和费率,实现"一人一车一价"。2018年8月,人保、平安等四家财险公司申报的汽车里程保险在中国保险行业协会评审通过,业内人士认为,如果该款保险获批,将是中国首批UBI产品。❺

由于监管相对滞后,市场中出现了"类UBI车险"产品,如安心财险"闲时退费"以及中华联合的"e驾按天保"。❻保监会发布的2017年第54号监管函将安心财险"闲时退费"产品定性为"违反车险条款规定"。原保监会副主席梁涛曾表示:现有监管框架基于传统作业模式,对保险科技存在一定的

---

❶ 马田. 车联网大数据催生个性化保险 [J]. 通信企业管理, 2018 (2):46-47.
❷ 时欣. 意大利UBI车险渗透率为何全球第一 [N]. 中国保险报, 2018-08-08 (5).
❸ 知乎. 2018车联网保险(UBI)的发展的思考 [EB/OL]. [2019-10-28]. https://zhuanlan.zhihu.com/p/32361947.
❹ 鼎然科技. 路比UBI车险 [EB/OL]. [2019-10-30]. http://www.ubi001.com/index.html.
❺ 东方财富网. 首批UBI里程保险产品获批 [EB/OL]. [2019-10-30]. http://guba.eastmoney.com/news,300590,777468736.html.
❻ 涂伟. 监管定性"按天买车险"违规 国内两款产品都下线 [N]. 证券日报, 2017-12-21 (B01).

不适应性,在部分领域还是空白,亟须加快监管政策研究和规则完善。

在其他车联网保险产品的探索方面,中国人保财险就智能网联汽车专题项目已开发完成两款定制化保险产品。适用于路测场景的《智能网联汽车道路测试专属商业保险》已通过中国保险行业协会商业车险专家评审,正在中国银保监会的审批过程中;可服务于所有自动驾驶系统的《自动控制系统责任保险》已完成中国银保监会的备案流程并上市销售。

四、我国 UBI 车险制度的构建

可以预见到,在制度支撑和技术进步的背景下,UBI 具备广阔的市场前景。PTOLEMUS 咨询公司的调查显示,2013 年全球 UBI 车险产品的市场渗透率不到 1%,而 2016 年 UBI 市场增长率就高达 32%,有效 UBI 车险保单达到 1400 万份;2017 年全球有效 UBI 车险保单量增速为 26%;到 2018 年,有效 UBI 保单数进一步增长至 2480 万件;到 2030 年预计将覆盖全球 50% 的车辆。[1] 保单数量的增长充分说明 UBI 车险市场的发展势头不可阻挡。

(一) UBI 车险在我国的发展必要性

新中国成立之后,我国曾短暂地开展过汽车保险业务,但因诸多争议,业务中断 25 年之久。改革开放后,我国保险行业复苏,1980 年,我国全面恢复财产保险业务;《保险法》于 1995 年出台,同年由中国人民银行颁布 1995 年版车险条款;保监会则于 1998 年成立,此后对机动车保险市场进行了全方位的整顿。2006 年,《机动车交通事故强制保险条例》颁布,自 2001 年起,我国又进行了三轮商业车险费率改革。简要回顾我国的保险业发展历程,40 多年的改革发展虽然构建起了车险制度的框架,但在新的市场环境下也出现一定的发展瓶颈。

据统计,2017 年全国交通事故发生数总计 203049 起,交通事故死亡人数总计 63772 人,交通事故直接财产损失总计 121311 万元人民币。此外,从 2017 年到 2018 年,全国民用汽车保有量从 20906.67 万辆增加至 23231.23 万辆。[2] 无论是损失还是车辆的数量,巨大数字背后是对交通运输行业风险管理能力的更高要求。车辆保险在我国财产保险中多年占据巨大份额,如何更大程度发挥车险的风险管理能力是一个长久的命题。这一命题包含着车险的费率市场化改革,也包括偿付能力和服务能力的提升等方面。经过三轮商业车险费率改革,我国形成了"保额+车型"定价模式,但其中也存在不合理之处。单纯

---

[1] 未央网. UBI 车险全球一览:车联网浪潮中的保险业 [EB/OL]. [2019-10-28]. https://www.weiyangx.com/334529.html.

[2] 数据来自于国家统计局网站,http://www.stats.gov.cn,2019 年 10 月 29 日访问。

从车辆的使用频率来看，车辆的使用频率直接影响车辆的风险程度，但显然不同车辆的使用频率是不同的，保险公司基于使用频率开发差异化险种也不现实，因订立保险合同发生于使用行为之前。目前，只有基于事故发生频率进行车险浮动定价的无赔款优待系数（NCD）接近 UBI 的原理，但该制度仅是对驾驶员的一种激励，不能从根本上减少驾驶员的危险驾驶行为。

（二）从技术和制度两方面实现 UBI 国产化

上文所述，近年来市场中出现的"类 UBI"保险产品虽被叫停，但已经凸显出市场对该类保险产品的需求。监管部门应当适当引导，尽快使该类产品进入市场。未来 UBI 的中国化路径应当立足于技术和政策法规的完善。

在技术层面，UBI 车险主要涉及驾驶数据的采集、传输和分析。随着车联网相关技术快速发展，车辆信息的采集技术愈加完善，关于前装数据采集标准化的规则也正在统一为效力更高的国家标准和行业标准。2017 年 12 月，我国工业和信息化部、交通运输部、国家标准化管理委员会共同组织制定了《国家车联网产业标准体系建设指南》。2018 年 1 月 4 日，车载电子标准研究工作组年度会议对强制性国家标准《汽车事件数据记录系统（EDR）》的制定及草案进行了研讨。❶ EDR 标准涉及汽车主动安全、被动安全等多个电子系统，对汽车企业电子架构的设计具有重大影响，该标准已经作为强制性国家标准通过立项。2016 年 7 月 22 日，中国保信牵头召开保险行业车联网数据应用研讨会，组织 9 家财险公司开展基于车险经营管理应用的车联网数据标准编制工作。2018 年 6 月 25 日，中国保险行业协会发布《机动车保险车联网数据采集规范》，向社会公开征求意见。2019 年 6 月，我国开始发放 5G 牌照，标志着国内的 5G 技术日臻成熟，车联网数据传输的技术条件也已具备。

在制度层面，首先应当在政策上支持车险产业的创新，为硬件和保险产品设计提供更多的政策优惠。2016 年 6 月，工业和信息化部等四部委发布《高端装备创新工程实施指南（2016—2020）》，节能汽车、新能源汽车和智能网联汽车被列为国家汽车产业的核心战略。在监管规则方面，引进监管科技手段，提升监管效率。对于保险业的创新应予以"实验"的空间，以便保险产品在市场中进一步完善。在用户权益保护方面，执行严格的"用户许可"规则，将用户信息保护在产品设计和运行过程中作为基础性要素。总体而言，在 UBI 落地的过程中，制度和技术应当是相辅相成的关系，技术推动了制度完善，而制度也引导着技术良性发展，最终使得广大消费者获益。

---

❶ EDR（Event Data Recorder）：事故数据记录器，能够自动记录和储存车辆事故发生前后一段时间内车辆的主要运行状态、车辆安全系统信息、驾驶员操作等情况，是事故分析、鉴定和质量鉴定的重要依据。

疫情时期营业中断保险承保范围的扩张与适用[1]

罗紫译[2]

摘　要　新冠肺炎疫情下营业中断保险承保范围过狭而导致功能性缺位，重大疫情下营业中断保险承保范围的扩张与责任边界的明确应基于保险理论、市场需求、利益平衡综合判断。一方面，营业中断保险条款中"物质保险损失"的解释不应限于有形损失。涉及无形损失时，应当将财产功能的完整性，以及无形损失与营业中断之间的因果关系作为关键的判断标准；另一方面，限制性地将行政命令纳入承保范围内，从而进一步明确营业中断保险的承保范围边界，避免风险失衡。最终，建立再保险模式，以及部分风险的责任限额，设计出具备长期适用性、风险分担性的营业中断保险产品。

关键词　营业中断保险　物质保险损失　行政命令　承保范围

一、问题的提出：疫情时期营业中断保险的承保范围受限

（一）"一般性营业中断保险"在疫情时期的适用难点

2003年，中国保险监督管理委员会发布了《关于印发〈保险业开发针对"非典"新产品的指导意见〉的通知》，提出以新的保险产品来保障被"非典"疫情影响的企业，营业中断保险即为其中之一。根据中国保险行业协会中财产险产品信息库所披露的营业中断保险保单条款可知，营业中断保险指在保险期间内，被保险人因物质损失保险合同主险条款所承保的风险造成营业所使用的物质财产遭受损失（以下简称"物质保险损失"），导致被保险人营业受到干扰或中断，赔偿由此产生的赔偿期间内的毛利润损失。[3]

就营业中断保险设立的目的而言，该险种体现了普惠性、保障性和经济

---

[1]　本文系中央高校基本科研业务费专项资金资助项目"普惠保险协同社会治理现代化研究"（20720191065）的研究成果。

[2]　罗紫译，厦门大学法学院研究生。

[3]　中国保险行业协会. 营业中断险条款 [EB/OL]. [2020-10-11]. http://www.iachina.cn/col/col4403/.

性，并旨在有效地转移、分散小概率的巨大商业损失风险，有针对性地帮助受灾企业、商户尽快恢复正常的生产生活秩序，弥补受灾期间遭受的损失。但是，疫情前市场中的一般营业中断保险（以下简称"一般性营业中断保险"）却并未在新冠肺炎疫情期间承担起为企业分担风险、弥补损失的社会功能。

究其原因，我国企业的保险意识不强，商业保险的参与度远远不够。2018年保费统计数据表明，企业财产保险仅占财险市场份额的3.6%，[1] 2019年该数字也仅为4.2%，[2] 其中，作为附加险的营业中断保险占比更是微不足道。此外，"一般性营业中断保险"在疫情中陷入适用困境更主要的原因在于："一般性营业中断保险"的承保范围过于狭窄，通常仅限于有形损失。以"营业中断保险"为关键词在北大法宝案件库中共搜索出83篇相关案例，由相关案例中的保险条款和案件争点可知：第一，我国目前营业中断保险主要为财产一切险、机器损失险的附加险，即营业中断保险承保直接财产损失（"物质保险损失"）导致的间接损失。审阅当前各大保险公司相关营业中断保险条款亦可得到相同的结论。第二，营业中断保险承保范围通常为"物质保险损失"。出于会计核算和防止道德风险的考虑，"物质保险损失"通常被解释为：除非存在附加险扩大承保范围的情形，承保范围限于物理性、直接性、实际性的损害。而本次新冠肺炎疫情造成停工停产的主要原因有二：一是无形的新冠病毒扩散导致的员工直接被感染，企业范围内的其他员工也需要接受相应的检测、隔离等措施，企业经营范围处于不安全、不稳定的状态，以致企业无法正常运转和经营；二是由政府相关行政部门发布的防止疫情扩散的区域性停工禁令。此两种情形均未涉及有形的、物理性的财产损失。按照"一般性营业中断保险"条款，疫情所导致的企业停产停业均不属于其承保范围内。事实上，由于营业中断保险实践和学理研究的匮乏，我国营业中断保险的承保范围亦难有突破和更新。故而，"一般性营业中断保险"承保责任比较单一，责任范围极为有限，其想要在新冠肺炎疫情中发挥风险保障的功能实属不易。相应地，无法获得保障的企业风险抵御能力也随之降低，在此次疫情中面临破产的危机。

（二）"政策性营业中断保险"作为应对举措不具可持续性效果

如前所述，疫情前的"一般性营业中断保险"的实践和理论已不足以保障疫情时期企业面临的风险。2020年2月初，针对保险市场与社会责任的要求，我国推出了以扶持复工复产为目的的政策性疫情营业中断保险（以下简称"政策性营业中断保险"），其与疫情前的"一般性营业中断保险"表现出了显著不

---

[1] 《2019中国保险业社会责任报告》，中国保险行业协会2020年12月发布。
[2] 《2019年1-11保险统计数据报告》，新浪财经2019年12月发布。

同：首先，"政策性营业中断保险"是政府以财政投入为企业购买营业中断保险，或以政府投入为主、保险公司为辅，二者合作分摊为企业购买保险；[1] 而后者为企业自行购买并承担保费的保险。其次，二者承保的范围不同。疫情前的"一般性营业中断保险"通常承保"物质保险损失"；而"政策性营业中断保险"的承保范围并不限于"物质保险损失"，还广泛地包括了任何与疫情相关的、可能导致企业或商户营业中断的各种风险，极大地扩张了承保范围。再次，"一般性营业中断保险"的保险责任为赔偿期间内的毛利润损失；而"政策性营业中断保险"由于赠险或扩张责任范围的原因，通常不以毛利润损失为赔付标准，而是设置固定的每日赔偿额和赔偿期限，并加以最高赔偿额限制。少数保险公司的赔付范围包括：企业人员工资、产品毛利润损失或隔离费用补偿和一次性防疫费用补偿；[2] 最后，"政策性营业中断保险"针对企业的规模推出了不同的保险方案。例如，众安保险、维保联合微信支付针对小微企业推出的营业中断保险，或称"复业保险"。[3] 新冠肺炎疫情前后营业中断保险的对比见表 2-4。

表 2-4 新冠肺炎疫情前后营业中断保险的对比

对比项	一般性营业中断保险（疫情前）	政策性营业中断保险（疫情后）
投保人	企业自行投保	政府投保/政府＋保险公司
承保范围	主险项下的"物质保险损失"	疫情导致的营业中断风险
损失计算	责任期间内的毛利润损失	设置固定赔偿额和赔偿期限的最高额限制赔偿模式；部分增加了隔离费用和一次性防疫费用
理赔流程	正常流程	简化流程

总体来说，"政策性营业中断保险"产品具有一定的公益属性和社会责任属性。具体表现为：其一，保险的保费主要由政府承担，企业不需要支付相应的正常市场对价；其二，保险费率较低，具有一定的"赠险"性质；其三，扩展了"一般性营业中断保险"的承保范围，几乎涵盖新冠肺炎疫情导致的一切风险与损失；其四，简化理赔流程且保单的赔付也得到了政府的支持。同时，由于承保范围极大地扩张，"政策性营业中断保险"的保险期限相对较短，赔偿限额相对较低。

毫无疑问，这种政策性导向下的特殊性保险产品体现了极高的灵活性与机

---

[1][3] 刘敬元. 多地推出营业中断险 复工期间受欢迎 [EB/OL]. [2020-10-03]. http：//finance.sina.com.cn/roll/2020-02-28/doc-iimxxstf4985497.shtml.

[2] 甘劼伟，梁盘生. 东莞首个政策性新冠肺炎疫情营业中断保险项目落地石排镇 [EB/OL]. [2020-10-03]. http：//idg.timedg.com/p/21052931.html.

动性，迎合企业分摊风险、减少停业损失、提高企业韧性的需要，受到了市场的广泛欢迎；在提振企业复工复产中发挥短期效用，解决了某些企业在疫情防控初期的顾虑与负担。然而值得注意的是，"政策性营业中断保险"属于短期保险产品，缺乏理论构建和充分论证，不具备长期功能性。

具体而言，从"政策性营业中断保险"产品的目的定位来看，其建构和推出时是以挽救严重受挫的企业和商户为主要目的。换言之，由于功能主义和目的性的影响，该产品缺乏对价平衡的考虑。例如，对风险的整体预估和把控、对费率的精算与从市场化的角度考虑保险公司的赔付能力；从"政策性营业中断保险"产品的承保范围来看，其在政策补贴支持的影响下，直接穿透了"一般性营业中断保险"面临的理论难题，对于新冠肺炎疫情引发的任何营业中断风险都纳入承保范围，却未对其合理性、可行性进行论证，并建立起相应的理论体系。长此以往必然将导致无限制地扩张营业中断保险的承保范围，模糊保险责任边界，混淆该种保险产品承保范围的构建与适用。最终，导致保险公司和投保人利益失衡，保险公司被推向风险不可控的另一端。因此，"政策性营业中断保险"仅能作为特殊的短期激励机制存在，而不具备长期效应。

（三）问题厘清方向

面对新冠肺炎疫情期间的保险市场需求和复工复产压力，我国选择推出"政策性营业中断保险"以增强企业的风险抵御能力，分摊因疫情所导致的营业中断期间的损失。但是，"政策性营业中断保险"并非长久之道，该产品的出现体现了特殊性的社会背景和短暂性的政策扶持。但其缺乏相应的理论基础，忽略了保险产品风险平衡的需求，存在许多风险隐患，不具备逻辑自洽性以及长期发展的可行性、持续性、保障性。

因此，只有根本性地解决"一般性营业中断保险"适用难点，即承保范围过于狭窄的问题，才可以设计具备长期适用功能和风险分担功能的营业中断保险产品。进一步而言，应以风险控制、赔付能力、市场需求等视角厘清疫情期间的营业中断保险的承保范围与责任边界。

基于疫情期间企业主要面临的两大风险，笔者认为，疫情时代下营业中断保险的承保范围存在两个问题需要厘清。第一，从裁判逻辑等多重视角解释"一般营业中断保险"条款中"物质保险损失"的含义，从而判断疫情直接导致的营业中断风险是否能被纳入承保范围内；第二，从必要性、合理性、可行性和价值性四个维度论证行政命令是否应纳入营业中断保险的承保范围，进一步明确营业中断保险的责任边界。第三，重新定义营业中断保险的承保范围，以期助益法律的适用。

综上所述，针对此次疫情涉及的广大企业亏损的现状和市场需求，应正视

"一般营业中断保险"责任范围过于狭窄而导致功能性缺位的问题。再定位营业中断保险在防控疫情常态化时期应承担的社会功能,完善和丰富我国的风险保险体系。

二、扩张保险条款中"物质保险损失"的解释

改良营业中断保险产品以适应疫情背景下的保险市场需求,首先需要厘清"一般性营业中断保险"承保范围中的理论适用难点。根据中国保险行业协会中财产险产品信息库所披露的营业中断保险保单条款,可以将当前"一般性营业中断保险"的责任范围解构为三个条件:①风险为主保险合同或附加险所承保,并非免除责任范围;②属于"物质保险损失";③物质财产的损失影响了营业,造成阻碍或者中断的后果。从这三个条件来看,对"物质保险损失"的认定和解释是营业中断保险是否承保的关键。

(一)"物质保险损失"在司法裁判中解释的分歧

我国营业中断保险发展较为有限,相关司法实践经验并不丰富。但是,在营业中断保险较为发达的国家,"物质财产损失"条款一直是实践当中解释和认定的难点。企业经营面临的风险总是更为复杂,并不局限于可见的物理风险。因此,是否仅有直接性、有形的、物理性的损失才属于营业中断保险中的"物质保险损失",从而被纳入承保范围,并得到保险公司的赔付?对此,美国的相关判例以及法官裁判逻辑就存在明显的分歧。

一方面,在一些案例当中,法官认为"物质保险损失"并不仅限于可见的有形损失。例如,Farmers Ins. Co. of Oregon v. Trutanich;❶ Western Fire Ins. Co. v. First Presbyterian Church;❷ Largent v. State Farm Fire & Cas. Co. 等。❸ 以俄勒冈州演出集团诉美国保险公司(Oregon Shake Speare Festival Association v. Great American Insurance Company)案为例,❹ 该案中,由于剧场演出场所出现野火、烟雾和灰烬聚集,剧场决定关闭演出场所。原告与保险公司签订的保单中所述:"该种营业中断必须是受到了直接的物理损失或财产破坏。"因此,保险公司认为灰尘和雾霾并不属于物理性的损害,该种情形不属于承保的范围。而法官对该条款的解读却有所不同。法官认为:"原告的索赔属于保险范围,因为当野火的浓烟渗入伊丽莎白剧院,使其无法达到

---

❶ See 123 Or. App. 6, 858 P. 2d 1332.
❷ See 165 Colo. 34, 437 P. 2d 52 (1968).
❸ See 116 Or. App. 595, 842 P. 2d 445 (992).
❹ See Case No. 1:15-cv-01932-CL. ("The suspension must be caused by direct physical loss of or damage to property.")

预期的目的时,伊丽莎白剧院遭受了物质损失或财产损坏。"此外,"虽然没有发生物理性的实际损失,但是存在直接的有形损失。"在证明该论点时,法院还援引了 Wyoming Sawmills, Inc. v. Transportation Ins. Co. 案和 Columbiaknit, Inc. v. Affiliated FM Ins. Co. 案中得出的结论:❶"物理性的损伤可能发生在微观层面,可能无法通过通常方式检测到。"❷ 在本案当中,法官对于"物质保险损失"的解读扩大为非有形的、微观层面的物理损失,即肉眼无法观测到的财产损害。

类似的判决较多,涉及的具体案情却各有不同。总结案例中法官所认定的属于"物质保险损失"的类型包括:第一,物理性污染导致保险财产的状态(或功能)无法满足需求。❸ 在 Gregory Packaging, Inc. v. Travelers Prop. Cas. Co. of Am. 案中,法院认为:氨气是一种危险气体,氨泄漏会影响财产的使用,构成财产保险单的"直接物理损失"。在说理中,法官引用了 Port Authority of N. Y. and N. J. v. Affiliated FM Ins. Co. 案中确立的"非肉眼可见的损失可认为是直接的物理损失,例如,空气中的石棉使得建筑物不适于居住的情况"。❹ 第二,行政行为导致的功能价值丧失,最终导致营业中断。如 General Mills, Inc. v. Gold Medal Ins. 案中,法院将"物质保险损失"解释为:因为政府的规定使谷物不适合销售,导致被保险财产的功能和价值受损。❺ 第三,保险财产无法被获取、无法被使用、无法发挥效果时导致的营业中断。例如,American Guarantee & Liability Ins. Co. v. Ingram Micro. Inc. 案。❻

总结上述案例裁判逻辑的观点,采取非有形损害解释的法院多从财产目的、功能价值能否实现的角度来论证是否存在"物质保险损失"。❼

另一方面,一些法院与上述观点持相反意见,对"物质保险损失"的解释持保守态度,即反对在财产没有可见的、有形的物理性损伤时,对"物质保险

---

❶ See No. Civil. 98-434-HU.

❷ See Case No. 1:15-cv-01932-CL.

❸ See No. 2:12-CV-04418 WHW, 2014 WL 6675934, at *4 (D. N. J. Nov. 25, 2014). ("The court found that Georgia defines direct physical loss to include when the insured property is changed from a satisfactory state to an unsatisfactory state due to an accident to the property.")

❹ See 311 F. 3d 226, 234 (3rd Cir. 2002). ("'sources unnoticeable to the naked eye', such as asbestos in the air, can be direct physical loss if it makes the building 'uninhabitable and unusable'.")

❺ See 2001 Minn App LEXIS 139 (Feb. 6, 2001). ("'direct physical loss or damage' was met in the absence of tangible injury when government regulations rendered cereal unfit for sale, resulting in 'an impairment of function and value' of insured property.")

❻ See 2000 U. S. Dist LEXIS 7299 (DC Ariz). ("physical damage" included " loss of access, loss of use, and loss of functionality".)

❼ See 165 Colo. 34, 437 P. 2d 52 (1968); 1998 Mass. Super. LEXIS 407 (Mass. Super. 1998); 858 P. 2d 1332 (Or. Ct. App. 1993); 715 F. Supp. 2d 699 (E. D. Va. 2010).

损失"做出过于宽泛的解释和适用。[1] 例如,明尼苏达州的法院认为如果没有物质性损害,那么就不能得出保险标的受到损害的结论,[2] 只有遭受争议的产品和财产因为污染和功能性损伤而导致使用价值的丧失,才能判定保险人遭受了"物质保险损害"。区别不同案件的情形,可以总结法院的一般裁判理由与裁判逻辑如下:第一,"物质保险损害"需要满足直接性。法院在 Newman Myers Kreines Gross, P. C. v. Great Northern Ins. Co. 案中,认为:财产并未遭受损害时,被保险人提前采取防御措施,导致中断营业的情形不构成"物质保险损害"。[3] 第二,"物质保险损害"需要基于损害情节的严重性,判断损害与营业中断结果之间的因果关系和必然性。从 Universal Image Prods. v. Chubb Corp. 案中,法院认为:无形危害(如气味,供热通风系统中是否存在霉菌和细菌)并不构成对财产的物理损害,没有明显的空气传播污染,也不需要撤离,不对营业造成影响。[4] 此外,在 Universal Image Products. v. Federal Insurance Co. 案和 Mama Jo's, Inc. v. Sparta Insurance Company 案中,法院认为:被保险人没有就无形损伤导致财产的可用性方面提出实质性证据,这些"无形损害"并没有那么严重,以致该房屋无法居住或进一步使用会变得十分危险。[5] 因此,被保险人不存在"结构性的或任何其他有形的损害",[6] 不构成保险条款所述的"物质保险损失"。

对"物质保险损失"的限制性解释也符合我国一些学者的观点,其认为营业中断保险需要以物质损失为前提的理由主要为:第一,营业中断保险以物质财产损失为前提,更便于计算损失期间,保证保险责任可控。[7] 第二,限制风险,防止所有不可能预料的可影响企业营业的情形成为可能索赔的原因,此举背离了营业中断保险的原理。[8] 该理由具有一定的合理性,即在计算风险范围时,需要防止营业中断保险的承保范围无限制地扩大。

(二) 对"物质保险损失"解释分歧的理解与回应

对于法院截然不同的两种裁判逻辑和结论,笔者更倾向于扩张性的解释,即"物质保险损失"不应限制在有形的财产损伤范畴内,也应考虑无形的、非肉眼可见的财产损害,具体原因如下:

---

[1] See 400 F. 3d 613 (8th Cir. 2005).
[2] See Sentinel Mgmt. Co. v. New Hampshire Ins. Co. 563 N. W. 2d 296 (Minn. Ct. App. 1997).
[3] See 17 F. Supp. 3d 323 (S. D. N. Y. 2014).
[4] See 703 F. Supp. 2d 705 (E. D. Mich. 2010).
[5] See 475 Fed. Appx. 569 (6th Cir. 2012).
[6] See 2018 LEXIS 201852 (S. D. Fla. June 11, 2018).
[7][8] 万佳,刘思辰. 营业中断保险保险责任成立需以"物质财产损失"为基础之缘由探究 [EB/OL]. [2020-10-03]. https://www.sohu.com/a/400739802_120056427.

1. 以法院裁判逻辑为视角

第一，肉眼可见的物理性损伤当然属于营业中断保险承保的范围，也是"物质保险损失"必然包括的含义。但是，现实中实际情况本就更为复杂，损伤的结果可能由多种原因造成，许多损失是非肉眼可见的物理性、化学性质污染。若仅看字面解释就会忽视某些极为严重的风险损伤，如有害气体污染、病菌等严重威胁到人身安全、财产安全的情况，不采取方法加以保障，那么该保险产品的功能性和目的性将大大缩小，不符合营业中断险设立之初衷。

第二，从持保守态度的法院裁判逻辑出发，其并未全盘否定无形性的财产损害亦可以构成"物质保险损失"。并且，法官在解释中暗含了对"财产功能性丧失、损伤危害程度是构成物质保险损失重要判断依据"观点的认可。以 Mama Jo's, Inc. v. Sparta Ins. Co. 案、Mastellone v. Lightning Rod Mut. Ins. Co. 案与 Newman Myers Kreines Gross, P. C. v. Great Northern Ins. Co. 案的说理逻辑为例，❶ 法官认为：案涉情节与其他持扩张解释的案件情节有较大区别，❷ 灰尘或霉菌属于容易或日常能够被清洁和处理的问题，不同于岩石坍塌的风险程度，不会使得财产遭受物理损害，不足以达到"物质保险损失"的标准。❸ 法官的裁判逻辑中并未否定无形损失可以构成"物质保险损失"，仅仅认为案涉情节损害程度不足以造成中断营业的必然结果。而从现实角度来看，考虑到新冠肺炎疫情发生的普遍性以及严重性，其无疑可以成为企业营业中断的重要原因。甚至于，英国最高法院基于因果关系的分析，将疾病条款（Disease clauses）的解释扩大到 25 英里范围之外所造成的损失。❹

第三，扩张解释"物质保险损失"并不必然导致承保范围无限制的扩张。质言之，如果放弃对"物质保险损失"的解释限制，则会导致责任范围无限扩张，以致风险失控。其实不然，笔者认为，可综合两方所持观点解释"物质保险损失"。具体而言，可将无形损害视为例外情况，设置"物质保险损失"认定的限制条件：①从财产内部而言，财产（保险标的）的功能性是否完全丧失或几乎难以投入使用；②从营业范围而言，引起财产损害的原因对财产（保险标的）、环境或人体的危害程度；③营业中断应是损害的必然结果。并将三个因素纳入是否造成"物质保险损失"的判断标准，则使得风险具有可控性和可

---

❶ See 2018 U. S. Dist. LEXIS 201852 (S. D. Fl. Jun 11, 2018); 884 N. E. 2d 1130 (Ohio Ct. App. 2008).

❷ See 17 F. Supp. 3d 323 (S. D. N. Y. 2014). ("Whether or not these cases were each correctly decided, each involved the closure of a building due to either a physical change for the worse in the premises (TRAVCO, Essex, or Hardinger) or a newly discovered risk to the its physical integrity (Murray).")

❸ See 884 N. E. 2d 1130 (Ohio Ct. App. 2008). ("mold which could be removed by cleaning was not physical damage.")

❹ See 2021 UKSC 1.

预期性。

2. 以保单条款的解释规则为视角

司法裁判解释的分歧亦可以通过保单条款解释规则得到结论，以检验笔者观点的合理性。其中，两项行之有效与条款分析相关的保单和条款解释规则分别为：①应作不利于合同起草人的解释，即不利解释原则；②"合理期待"原则。

不利于合同起草人的解释意为：如果投保人和保险人都对保单条款做出了合理的解释，而二者解读的结果却不同时，那么可以认定该保单条款的措辞是含糊不清的，应按照有利于承保人的解释规则进行解释。[1] 通常情况下，投保人对"物质保险损失"的解释范围大于保险公司，若投保人对其所持的扩大解释提供了合理依据，则应当认为是合理的解释。例如，投保人从目的解释的角度，证明了财产无法正常投入使用，且严重影响营业的情形，那么即便损失原因是无形的，也应该认可该扩张解释的合理性。总之，在各执一词且投保人给予了充分、合理的解释时，法院裁判应该采取不利于保险公司的解释，即"物质保险损失"不限于有形损害的范畴。

此外，从合理期待解释原则来看，对保单条款的解释应以满足投保人的合理期望为前提，即投保人应在保险范围内获得其客观上可以合理预期的赔偿。毋庸置疑的是，投保人在投保时，合理期待着：假设财产无法投入生产使用而营业中断时，中断期间的间接损失可以获得保险公司的赔付，这种期待也不应因不存在有形损失而丧失。

如上所述，在保单并未明确排除不承保某种风险时，不能因为没有物理性、有形的损害，就使得财产功能实际丧失导致营业被迫中断的投保人无法获得赔付。

3. 以实践需求与价值衡平为视角

适当扩张解释"物质保险损失"可以更好地满足社会的实际需求，彰显该险种的功能价值。由于营业中断保险属于舶来品，我国营业中断保险的承保范围采取了早期英美国家的规定和实践。但保险产品应基于社会需求做出相应的调整与重构，随着实践需求的发展，英美国家对于"物质保险损失"的定义在司法实践中不断被动摇和打破，充分发挥了其产品价值。而我国正进入防控疫情常态化时期，许多企业在复工复产期间面临许多与以往不同的风险，亦应重新定义营业中断保险中"物质保险损失"的含义。若根据新的风险情况，将

---

[1] CHRISTOPHER C FRENCH. The" ensuing loss" clause in insurance policies: the forgotten and misunderstood antidote to anti-concurrent causation exclusions, 13 NEV. L. J. 215: 223-224.

"物质保险损失"的解释范畴适当扩张,则可以提高疫情期间的企业,尤其是中小企业应对重大卫生公共事件的韧性和风险抵御能力。

此外,为了防止落入目的导向陷阱,笔者亦考虑了适用扩张解释的可行性,即我国已存在充分的技术支持营业中断保险承保范围的适当扩张。由于疫情相关实践经验的不断丰富,加之大数据等创新技术支撑保险精算领域不断发展,保险公司拥有充足的数据计算基础,可以更好地评估此类风险,设置合理的费率和赔付规则。

最后,该种解释方式也可以更好地平衡企业与保险公司的利益。第一,保险公司确具备更高的风险抵御能力。在现代工业经济当中,保险是人们的生活和商业行为中不可或缺的一部分。[1] 保险通过将个人和企业所有人的有限资产所承担的风险分散和转嫁到资本充足的保险公司身上,使个人或小企业免受灾难性损失的风险,从而保护个人和企业所有人的有限资产。[2] 在面对风险时,保险市场亦表现出了更大的强韧性和发展潜力。在本次疫情期间,众多企业纷纷停工或破产,但是保险市场的收益却不降反升。[3] 在此背景下,保险公司应当承担起更大的社会责任,在风险可控的范畴内,适当扩张营业中断保险的承保范围。第二,在疫情影响下,营业中断保险的市场潜力被逐步挖掘,保险公司应予以积极回应。随着营业中断保险在此次疫情中表现出的功能性和市场潜力,企业风险意识和保险认知的提升,企业将更倾向于将该种风险转嫁于营业中断保险等财产保险。营业中断保险的市场开始活跃并扩张,针对市场需求改良保险产品将促进双方互利共赢。第三,保险公司的风险可以通过理论构建进行限制。无形损失是"物质保险损失"认定中的特殊情况,如前所述,可以对其设置一定的限制性条件,防止营业中断保险承保范围无限扩张,减轻保险公司负担,以实现二者的利益平衡。

综上所述,从法院判例逻辑、保险条款解释原则以及实践需求与利益平衡三个视角解读,均得出:"物质保险损失"包含有形的、物理的一般损失类别,亦包含无形的特殊损失类别。在涉及认定无形损失时,应当将财产功能、价值的丧失,以及该丧失与营业中断之间的因果关系作为关键的判断标准。

---

[1] JEFFREY W STEMPEL. The insurance policy as social instrument and social institution,51 WM. & Mary L. Rev.,2010:1497.

[2] JEFFREY W STEMPEL. The insurance policy as social instrument and social institution,51 WM. & Mary L. Rev.,2010:1489,1502.

[3] 中国银保监会,银保监会副主席曹宇就金融支持疫情防控和金融市场稳定答记者问 [EB/OL]. [2020-06-13]. http://finance.ce.cn/bank12/scroll/202002/02/t20200202_34206875.shtml.

三、将行政命令纳入营业中断保险的承保范围

"政策性营业中断保险"的承保范围过广,并且未考量责任范围与保险赔付能力的关系,盲目扩张该险种的承保范围显然不可取。行政命令作为疫情中企业经营所涉的主要风险,是否应当纳入且如何纳入营业中断保险的承保范围是应从保险理论层面重点考量的问题。因此,下文将从必要性和可行性进行综合论证,以进一步明确营业中断保险的承保范围边界。

(一)缘由分析——基于扩张的必要性与制度构建的合理性

第一,基于完善保险防疫体系、回应保险市场需求的角度考察是否应该扩张保险责任范围,即分析扩展承保范围的必要性和市场性要件。扩大解释"物质保险损失",可以使得一些被疫情直接影响的企业被纳入营业中断保险的承保范围。但疫情期间尤为明显的另一风险:行政命令导致的营业中断却并未被解决。例如,周围地区出现感染新冠肺炎病毒的病人,该地区依照行政命令进行检测并隔离的情形;抑或是对某个地区的封城、封路影响到其相关产品流通,从而导致营业中断的情形等。面对如此巨大的市场缺口和保障需求,我国营业中断保险对此却并未予以关注,适用类型僵化。在完善我国营业中断保险产品和相关理论的过程中,应针对实际中的重点风险,丰富我国保单的类型,增加被保险人的可选余地。

第二,域外营业中断保险产品对于行政命令风险的解释态度是营业中断保险承保范围的重要参考。与域外营业中断保险产品对比来看,在我国,仅仅有少数营业中断保险具有扩展条款,即附加谋杀、传染病和污染等责任范围。多数保险公司的营业中断保单条款中不仅未含有对行政命令造成的营业中断损失的保障,亦不保障一般传染病所造成的营业中断损失。但是,在较为成熟的美国保险市场中,营业中断保险的保险范围比较宽泛,不但包括基本的保险责任,还可以将保险责任进行附加和扩展。其中,扩展责任包括:保险公司将赔偿企业因政府机构行政命令而发生营业中断并导致的损失(Civil Authority)以及保险人或有的营业收入和额外费用(contingent business income and extra expense),并且如果供应商或者客户遭受了保单所承保的损害,保险人亦可以获得赔付。但是相关的扩展责任损失金额可能巨大,保险公司亦不具备相应的赔付能力。因此,保险公司为了控制自身的损失,一般都设置了最高投保比例的限制。

此外，英国最高法院对阻止进入营业场所条款（Prevention of access clauses）[1]进行了充分的解释，即"（1）禁止进入（restrictions imposed）；（2）由政府或当局颁布的限制措施；（3）命令来自于可能危及生命或财产的紧急情况造成的"时，[2]投保人的营业活动受到干扰（interruption to your activities），则保险人应对损失部分进行赔偿。此外，该种命令不总是具有法律上的强制性效力，属于概括性的限制措施即可。

第三，与我国其他保险产品横向对比，营业中断保险对行政命令造成的损失，态度也较为严苛。在农业保险领域，财政部、农业部和保监会三部委联合下发了《关于进一步完善中央财政保费补贴型农业保险产品条款拟定工作的通知》（保监发〔2015〕25号），明确提出："当发生高传染性疫病，政府实施强制捕杀时，保险公司应对投保农户进行赔偿，并可从赔偿金额中相应扣减政府捕杀专项补贴金额。"而在出口信用保险中，中国保险监督管理委员会在2016年亦发布《中国保监会关于中国出口信用保险公司短期出口信用保险特定合同保险（2.0版）及标准批注条款和费率的批复》，其附件第二条中的保险责任包括了政治风险的相关内容。例如，其中第2项："买方所在国或地区、项目所在国或地区政府颁布法律、法令、命令、条例或采取行政措施，禁止或限制买方根据商务合同进口货物或服务。"即对于法律或行政命令导致限制、禁止出口，从而导致直接损失的情形，保险人会承担相应的赔偿责任。以上两种保险产品的共性表现为：①相应领域有较高概率会出现行政命令管控的情况，需要防范防控行政命令带来的风险；②涉及较为广泛的群体利益，具有一定的政策导向性和发展保护性。反观目前营业中断保险的实际市场情况，当下防控疫情常态化的背景使得行政命令导致营业中断的风险大大增加，且中小企业复工复产的需求迫在眉睫，符合上述所列共性。此外，与农业保险产品相似的是：行政命令的发布均是为了保护更大的利益，具有社会公益性和止损含义。从此层面考虑，使保险人自行承担行政命令带来的风险，不具有合理性。综上，从美国实践经验以及我国其他保险产品特性的横向对比来看，扩展营业中断保险的责任范围具有相当的合理性。

（二）限制解释行政命令——基于风险平衡与赔付可能性

检验将行政命令纳入承保范围的可行性问题，应基于保险公司风险可控性和赔付可能性进行考察。具体而言，需要明确并规范行政命令导致的营业中断情形，以明确承保范围的边界。笔者认为，行政命令扩展责任的成立应满足以

---

[1] 2021 UKSC 1（"Prevention of access to The Premises due to the actions or advice of a government or local authority due to an emergency which is likely to endanger life or property"）.

[2] See 2021 UKSC 1.

下条件：①明确行政命令的内涵，即营业中断保险行政命令扩展责任的责任范围限于一定范围内。根据《行政强制法》第 3 条、《传染病防治法》第 39 条和第 41 条、《突发公共卫生事件应急条例》第 33 条和第 41 条并参考《江苏省人民代表大会常务委员会关于依法防控新型冠状病毒感染肺炎疫情切实保障人民群众生命健康安全的决定》第 3 条的规定，营业中断保险扩展责任中的行政命令应为：县级以上人民政府以及有关部门在其行政区域内，依据法律、行政法规的规定和行政区域疫情防控需要，发布采取的具有强制性效果的应急防疫措施或者临时措施。例如，疫情防控的决定、命令，采取限制或者停止人群聚集活动，停工、停业、停课，关闭或者限制使用有关场所，实施交通管制、交通卫生检疫，临时征用场地、房屋、交通工具以及相关设施、设备，紧急调集人员或者调用储备物资等应急处置措施。②行政命令应对被保险人的营业具有直接性影响，即营业中断的企业（被保险人）的营业区域直属于行政命令下达的行政地区或区域范围，甚至属于行政命令下达的直接对象。如果是行政命令导致交易上游无法营业，从而交易下游的营业被影响的情形则不属于营业中断行政命令扩展责任的赔付范围。③行政命令需要与被保险人的营业中断后果具有相当的因果性，即行政命令的内容将直接导致营业中断，若不具备一定的因果关系，则不适用该保险产品的责任范围。除此之外，保险公司可计算其风险与赔付能力，适当限制最高投保比例。

四、解决路径：营业中断保险承保范围的适当扩张

早在 2014 年，著名的安联保险公司就出过一份报告，即《2014 企业风险报告》，其中提到营业中断、供应链风险以及自然灾害、火灾及爆炸，是全球企业所面对的主要风险。报告曾指出，根据保险行业 2013 年的数据，营业中断以及供应链损失占整体投保财险损失的 50%～70%。[1] 但是由于我国营业中断保险的普及率低，相关理论研究和实践也偏少，该险种未曾达到其设立的目标和发挥其预想的社会功能，这种情况在面对每一次巨大的灾难时都更为明显。

而这一次的灾难又尤为特殊，新冠肺炎疫情以非有形损害的方式侵入了社会运作当中，使得无数的商铺、企业、城市都陷入停滞。在此背景下，企业的保险意识也空前觉醒。为了解决营业中断期间的间接损失问题，进一步推动企业复工复产，我国营业中断保险必须以更加崭新的形式来应对此种艰难情形。

---

[1] 安联保险公司.2014 企业风险报告 [EB/OL].[2020-06-03]. http://insurance.cngold.org/c/2014-03-18/c2456488.html.

而尤其应该注意的，就是实践应用中的矛盾性与需求性。针对我国营业中断保险功能性缺位的问题，对创新营业中断保险产品提出建议：

第一，随着实践需求和保险市场情况的发展，当下许多营业中断的事故类型都不一定基于财产的物质损失。因此，保险公司制定保险条款时，对于"物质保险损失"的解释不应限于物理性、有形的损失。在涉及无形损失的情形时，重点考虑两个要素：①财产（保险标的）的功能性是否完全丧失或几乎难以投入使用，或一旦使用会对环境、人体造成损害；②营业中断是不是损害的必然结果。以此为基础，将有效地筛选、判断保险事故与营业中断情形之间的因果关系，为明确营业中断保险的赔偿范围提供有力助力。基于上述判断标准，若保险公司采取了对"物质保险损失"的限制性解释，且投保人就上述两个要素进行了充分的说明和举证，则法院应该采取不利于保险公司的解释，以保障投保人的期待利益。

第二，基于前文所述，为了进一步适应防控疫情常态化中行政命令对营业的影响，应适当性地扩张营业中断保险责任，增加行政命令的保险条款，将行政命令纳入营业中断保险的承保范围。事实上，随着营业中断保险市场的不断开拓，相关保险实践经验的不断丰富，营业中断保险的责任边界将不断稳定，承保范围亦会愈加明晰，相关的保险事故发生情形、发生概率以及损害结果的预估都将纳入大数据分析和保险公司风险控制系统中，这使得营业中断保险承保范围的扩张具有可行性。具体条款情形可以参考农业保险和进出口保险的设立情况，即当发生高传染性疫病或其他高风险情形时，县级以上人民政府以及有关部门在其行政区域内，依据法律、行政法规的规定发布具有强制性效果的行政命令，并直接严重影响、阻碍或中断了投保企业的营业，保险公司应对投保企业进行赔偿。同时应注意的是，未受行政命令直接影响或影响程度未及营业必须中断的程度，此两种情况不在行政命令扩展责任的承保范围内。

第三，灵活设计保险条款，提升保险公司的赔付能力，控制保险公司的风险。一方面，针对某些地区范围的风险评估水平与保险公司赔付能力的计算，可增加投保比例的限制；另一方面，可推动逐步建立再保险、保险公司联合承保的形式，将普惠保险实践纳入理论建设中，不断提高社会保障水平。

结语

保险产品不仅具备经济属性，受到市场风险与收益因素的影响，更具备一定的社会性和公益性。许多商业保险产品是市场机制下分散风险、管理风险的重要机制；是重大公共卫生事件发生时，帮助个人或企业尽快恢复生产生活秩序的有效手段；是社会风险管理者对抗黑天鹅事件的重要屏障。而营业中断保险对企业，尤其是中小企业，在新冠肺炎疫情期间分散风险、弥补亏损有着重要意义。在面对疫情影响下需求更广阔、情况更复杂、风险更特殊的保险市场时，应快速地吸取疫情带来的经验和教训，在充分论证平衡风险的基础上，适度扩张我国营业中断保险的承保范围，对保险产品的构造和承保方式进行创新，以更完善的结构面对未知的灾害和风险。

意外险监管历史沿革及展望

陈 胜[1] 缪简仪[2]

摘 要 目前,意外险是我国投保人数众多、影响最广泛的保险险种之一。但由于其在我国的行业基础薄弱,经营主体较多,在对其经营管理过程中一直存在较多问题。2020年2月,中国银保监会发布《关于加快推进意外险改革的意见》,明确了要以改革意外险费率形成机制为目标,建设体系科学合理、规则公开透明、格局规范有序、服务领域广泛、社会普遍认可的意外险市场。出于与意外险改革相配合的需要,本文以梳理我国历年来意外险的监管文件为线索,对我国保险市场所适用的意外险概念予以界定,并讨论对我国意外险的监管重点以及发展趋势。

关键词 意外险 监管历史 沿革 展望

意外伤害保险(以下简称"意外险"),由于其保费低、保险金额相对较高的特点,已成为目前我国投保人数众多、影响最为广泛的保险险种之一,但由于其在我国的行业基础薄弱,经营主体较多,在经营管理中一直存在一些问题。2020年3月5日,中国银保监会办公厅发布《关于加快推进意外险改革的意见》(以下简称《改革意见》),明确了要以改革意外险费率形成机制为目标,建设体系科学合理、规则公开透明、格局规范有序、服务领域广泛、社会普遍认可的意外险市场。2020年3月18日,中国银保监会第1号罚单开给了中国人民人寿保险股份有限公司,在针对侵害消费者权益专项检查中,该公司在经营意外险过程中涉嫌多项违法违规而被处罚。中国银保监会直接向这些大型险企开刀,传递了我国监管机构整顿保险业乱象的决心。借此次意外险改革的机遇,本文将历年来意外险的监管文件作一个梳理,以明确意外险的概念及

---

[1] 陈胜,大成律师事务所高级合伙人,中央财经大学法学博士,复旦大学经济学博士后,上海市法学会银行法律与实务研究中心主任。

[2] 缪简仪,北京大成(上海)律师事务所律师助理。

存在问题、意外险的监管重点以及监管趋势。

一、意外伤害保险的概念和界定

在梳理意外险的监管文件之前,首先需要明确意外伤害保险的内涵外延。根据通常理解,人身意外伤害保险是指保险人对被保险人在保险期间因意外事故所造成的残疾、身故,按照合同约定给付保险金的人身保险。意外伤害保险的承保范围是指由于意外伤害所导致的损害,且意外伤害导致的必须是被保险人的人身或者生命健康受到了损害。

我国并未在法律层面对意外伤害保险的内涵进行规定,《保险法》只是将意外险划归在人身保险之下,未再专门设置章节条款对意外险加以详细解释。意外险或是意外伤害的定义,主要被规定在部门规范性文件中,根据保监会颁布的《人身保险公司保险条款和保险费率管理办法》(保监发〔2012〕2号),意外伤害保险是指"以被保险人因意外事故而导致身故、残疾或者发生保险合同约定的其他事故为给付保险金条件的人身保险"。根据保监会发布的《人身保险产品定名暂行办法》(保监发〔2000〕42号,现已失效),"意外伤害保险是指以意外伤害而致身故或残疾为给付保险金条件的人身保险"。此外,中国人民银行制定的《航空旅客人身意外伤害保险》(银发〔1998〕323号)也对意外伤害进行了规定,明确了意外伤害是"遭到外来的、突发的、非本意的、非疾病的使身体受到伤害的客观事件"。

由对意外险的概念梳理,可以确认意外险的内涵是基本明确的,其是一种人身保险,对于意外事故以及由意外导致身故、残疾的情形是认定的关键。其次,我国对于意外险各要件的认定尚无系统的规定和解释,意外险的概念也只是在部门的规范性文件中被界定。

二、意外险的监管文件梳理

针对意外险的监管规定往往散见于中国银保监会(包括保监会)历年以来先后出台的数份部门规范性文件,本节内容主要从时间维度以及规制重点来对意外险的监管文件做一定梳理。

(一) 2009年前意外险的监管规定概述

1. 意外险的经营范畴

1995年《保险法》开始实施,该法明确了意外伤害保险属于人寿保险公司的经营范畴,并规定财产保险业务和人身保险业务不得由同一保险公司经营。1998年,考虑到当时保险市场中存在的同一保险人兼营财产保险和人身保险现象,中国人民银行发布了《关于依法界定责任保险与人身意外伤害保险的通知》(1998年5月6日实施，以下简称《1998通知》)，《1998通知》发布后的第二年，保监会发布了《关于界定责任保险和人身意外伤害保险的通知》(保监发〔1999〕245号)（以下简称《245号文》），上述两份文件明确界定了责任保险和人身意外伤害保险的业务范围，强调各财产险、寿险公司不得混淆责任保险和人身意外伤害保险的界限，进行超业务范围经营。直至2002年《保险法》修订后，经营财产保险业务的保险公司经国务院保险监督管理机构批准，可以经营短期健康保险业务和意外伤害保险业务。在后续的改革中，对于短期意外险市场秩序，保监会也陆续出台了相关文件以加强监管。

2. 意外险市场的基础建设

1998年中国人民银行制定了《人身保险残疾程度与保险金给付比例表》，统一了各保险公司新报备的险种条款中对残疾程度的定义及保险金给付比例。2000年为规范人身保险产品名称，明确人身保险产品的保险责任，保监会制定了《人身保险产品定名暂行办法》(保监发〔2000〕42号，现已失效)，确定了人身保险产品的名称及其保险责任。为保护投保人的利益，2004年保监会发布了《推进人身保险条款通俗化工作指导意见》(保监发〔2004〕33号)。2005年保监会为了进一步推进条款建设标准化、通俗化，发布了《人身保险保单标准化工作指引（试行）》的通知（保监发〔2005〕108号），以规范人身保险合同的内容与格式，提高保单信息的准确性、全面性及可读性。此外，针对条款的规范性，保监会多次发布关于人身保险条款自查自纠或是整改的通知，如《关于对人身保险条款及费率进行自查自纠的通知》(保监发〔2006〕36号，现已失效)、《关于整改人身保险条款存在问题的通知》(保监寿险〔2006〕318号，现已失效)、《关于认真解决保险条款存在问题的通知》(保监发〔2005〕111号)，以加强对保险条款的管理。

3. 意外险市场的秩序规制

针对意外险、人身险市场的种种乱象，监管机构对市场秩序的规制重点主要集中在两个方面：一是对人身保险产品的监管，二是对保险公司等主体机构行为的规范。

在人身保险产品的管理上，保监会发布了《关于人身保险业务有关问题的通知》(保监发〔1999〕15号，现已失效)，规定人身保险条款、费率由各保险公司总公司制定，保险公司承保（包括组合保险责任）必须使用经核准备案的条款。次年，发布《人身保险产品备案管理暂行办法》(保监发〔2000〕20号，现已失效)以规范人身保险产品的备案管理，保险公司自行开发设计的人身保险产品，应报保监会备案，产品未依本办法报中国保监会备案的，不得销售。2001年，《关于加强人身保险产品备案管理的通知》(保监发〔2001〕75

号，现已失效）发布，进一步加强了对人身保险产品的备案管理，规范了备案的材料及报送流程。2004年，为了规范对人身保险公司开发产品的审批和备案管理，根据《保险法》的有关规定又制定了《人身保险产品审批和备案管理办法》（现已失效）。

在保险公司的行为规制上，以下三个方面是监管机构规范的重点：

（1）针对人身保险的产品宣传存在夸大的情况。1999年，《关于人身保险产品宣传有关问题的通知》（保监发〔1999〕57号，现已失效）发布，根据该文件，正确宣传人身保险产品，应就保险合同的责任免除事项和退保处理等争议较多的事项向投保人解释清楚，退保金的数额或计算方法应在保险条款中列明，且得到投保人或被保险人的书面认可。人身保险产品宣传资料和投保设计书等应由总公司统一设计内容和式样。报备后的宣传资料如有更改，需重新报备。次年，《关于规范人身保险经营行为有关问题的通知》（保监发〔2000〕133号，现已失效）发布，该文件重申了不得夸大或变相夸大保险合同的利益，对不符合通知要求的保单、条款、投保书、告知书和其他宣传材料，应重新修订。在2008年《中国保险监督管理委员会关于人身保险产品税收宣传有关事项的通知》（保监发〔2008〕43号）中，各人身保险公司在保险产品税收优惠宣传中应严格按照国家税收法规和政策进行宣传，不得向投保人夸大或变相夸大保险产品税收优惠利益，严禁销售人员通过虚假税收优惠宣传欺骗投保人。

（2）针对第三方中介机构代理销售保险的现象。2003年前后，市场上出现大量的保险公司与商业银行合作，由银行代理销售人身保险产品的业务（以下简称"银行代理人身保险业务"）的现象，保监会发布了《关于加强银行代理人身保险业务管理的通知》（保监发〔2003〕25号，现已失效）以及《关于进一步落实银行代理人身保险业务有关监管事项的通知》（保监发〔2003〕110号）。针对银行代理人身保险业务过程中存在的突出问题，上述通知强调各保险公司和商业银行在销售中应当客观公正地宣传银行代理人身保险产品，且各保险公司和商业银行应当切实加强银行代理人身保险产品的宣传和信息披露管理。2008年针对盲目追求保费规模，恶性提高渠道手续费及销售激励费用的现象，保监会进一步发布《关于提示人身保险银邮代理业务风险的通知》（保监寿险〔2008〕576号），根据当时市场的情况，对人身保险银邮代理业务风险进行提示以防范与化解风险。

（3）针对其他不规范行为。《关于规范人身保险业务有关问题的通知》（保监发〔2005〕22号）规定保险公司制定的理赔制度，为方便客户申请理赔，可以规定具体理赔程序和手续，但不得加重投保人、被保险人、受益人的责任和义务。关于投保人、被保险人、受益人申请理赔时应履行的责任、义务等有关事项应在保险合同中列明。《关于整顿和规范人身保险市场秩序的通知》（保监发〔2001〕103号）提出了整顿和规范保险经营机构，整顿团体保险业务，整顿误导保险消费行为的要求。《关于加强人身保险收付费相关环节风险管理的通知》（保监发〔2008〕97号）则规制了收付费管理，加强了保险单证管理等保险公司内部管理事项。

值得一提的是《2008年人身保险监管工作要点》（保监寿险〔2008〕233号）（以下简称《08工作要点》），主要强调了强化内控监管，大力推进分类监管，提高监管的针对性、有效性，规范短期意外险市场秩序，强化偿付能力监管，探索建立市场化的费率形成机制，推进小额保险试点，加强监管制度建设，夯实行业发展基础。其既是2008年的工作纲要，也是对2008年之前的工作重点的总结和发展。但在该阶段出台的文件都是人身保险监管的规范性文件或工作文件，专门针对意外险的部门规范性文件没有出台。

（二）2009—2020年多方位加强监管

1. 意外险业务经营标准出台，规范意外险市场秩序

2009年保监会发布了《人身意外伤害保险业务经营标准》（以下简称《标准》），针对意外险业务经营管理中存在的诸多问题，严格规范了人身意外伤害保险业务在单证、出单、销售、实时信息查询、财务和产品等环节的管理要求。

该《标准》通过以下几个方面规范人身意外伤害保险的市场秩序：一是单证系统管理方面，要求保险公司总公司对单证实行统一管理，并建立单证管理系统；二是出单管理方面，要求意外险销售必须实现联网电脑出单，出单系统应与核心业务系统以及单证管理系统对接；三是销售管理方面，强化保险公司对中介机构和营销员的管控责任，意外险产品不得捆绑在非保险类产品上销售也不得以标明的固定面额之外的价格销售；四是财务管理方面，要求财务系统与核心业务系统无缝对接，意外险收支情况应当真实记录；五是查询服务的提供上，要求保险公司必须为客户提供电话和互联网两种方式的保单信息查询服务；六是产品管理上，意外险产品应由保险公司总公司统一管理，统一向中国保监会备案。

该《标准》是保监会针对单一业务领域首次以标准的形式出台的规范性文件。该文件通过实现保单信息全部进入公司业务系统，建立单证管理系统及出单系统与单证管理系统的对接，有效解决了单证管理混乱的情况，杜绝"假保单"等现象；通过强化外部监督约束机制，加强保险公司对中介业务的管控责任，能够解决跨区销售、违规代理、无资格代理等与中介销售渠道有关的问

题。《标准》虽从规范意外险业务长期健康发展的角度,以保护投保人利益为目的,试图综合治理意外险业务,但其主要解决的还是与市场秩序有关的问题,行业基础建设尚需出台相关政策,以进一步规范并发展意外险市场。

2. 针对人身险销售严重问题,进行长期整顿治理

自2012年起,针对人身保险业长期存在的销售乱象,保监会开展了一系列的整治销售误导问题的行动。首先,《中国保险监督管理委员会关于人身保险业综合治理销售误导有关工作的通知》(保监发〔2012〕14号)明确了销售误导整治的方向,要求保险公司一是不得夸大保险产品收益;二是不得混淆保险产品概念,要将保险产品与银行存款等其他金融产品严格区分开来;三是不得隐瞒合同重要内容;四是不得篡改客户信息资料,要确保公司业务系统记录的客户信息资料真实完整有效,切实发挥客户回访对销售误导的防治作用;五是不得提供虚假产品信息,要确保信息披露内容的准确完整,不得以停止使用保险条款和保险费率进行宣传和销售误导。其次,《中国保险监督管理委员会关于开展人身保险业销售误导自查自纠工作的通知》(保监寿险〔2012〕215号)制定了详细的自查要求,要求人身保险公司开展销售误导自查自纠工作。接下来,保监会除了对2012年人身保险业销售误导自查自纠工作情况进行了通报,还发布了《人身保险销售误导行为的认定指引》《人身保险公司销售误导责任追究指导意见》《人身保险业综合治理销售误导评价办法(试行)》等一系列文件,明确了人身保险销售误导行为的认定标准以及执法标准,责任追究情形、追究标准,以及评价综合治理销售误导工作成果的办法。

事实上,自2001年以来,保监会就出台了一系列监管政策治理销售误导,这一阶段出台的文件则更系统整理了针对销售误导的治理思路,一方面从明确大方向入手,并逐步制定细则,认定治理对象的认定标准以及责任追究标准,另一方面确认了保险销售自查自纠与监管核查并行的核查机制。

2017年《中国保监会关于进一步加强人身保险公司销售管理工作的通知》(保监人身险〔2017〕136号)发布,针对人身保险公司销售管理的乱象,要求公司就销售管理合规情况开展自查自纠,重点针对产品管理、信息披露、销售宣传、客户回访、续期服务和投诉处理等业务环节,排查相关经营行为是否依法合规、内控制度是否健全有效、信息资料是否真实完整。《中国保监会关于组织开展人身保险治理销售乱象打击非法经营专项行动的通知》(保监人身险〔2017〕283号)(以下简称《283号文》)则进一步就人身保险销售、渠道、产品、非法经营等各类问题,提出了组织开展人身保险销售乱象的整顿治理。

根据中国银保监会公布的2019年保险消费投诉总体情况,在人身保险公司投诉中,销售纠纷占人身保险公司投诉总量的48.05%,主要的问题在于夸

大保险责任或收益、未充分告知解约损失和满期给付年限、承诺不确定利益的收益保证等问题。2020年3月18日，中国银保监会连发公告2020年第1至第3号行政处罚决定书，中国人保因侵害投保人消费权益被严罚，主要违法事项为保单存在与事实不符宣传等欺骗投保人的行为、产品销售页面存在与合同条款内容不一致的问题。可见虚假宣传、欺骗消费者等销售管理的乱象情况屡禁不止，此次针对大型险企的罚单，在中国银保监会乃至保监会历史上都是十分少见的，也传递了监管层决心整顿保险业销售乱象的信号。

3. 网贷销售平台兴起，加强意外险销售监管

从2014年开始，保险被引入网贷平台中，到2015年平台中人身意外险以及抵押物财产保险数量出现大幅度的增加，针对保险公司与不具备合法资质的平台合作销售意外险产品、强制销售或捆绑销售等诸多乱象，2016年，保监会向各保监局和各财险公司下发《中国保监会关于进一步加强互联网平台保证保险业务管理的通知》，从产品开发、保险金额控制、承保能力等多方面加强监管。前述《283号文》中同样将非法经营不具有合法资质的第三方网络平台等组织和机构非法经营保险业务作为整治的重点之一。

2019年7月，中国银保监会下发《关于开展现金贷等网贷平台意外伤害保险业务自查清理的通知》，要求各财险公司立即停止通过现金贷等网贷平台销售意外伤害保险业务，关闭清理相关业务管理信息系统，认真开展自查清理工作，并于一个月内将自查清理情况报告银保监会。对于自查清理不到位的公司，银保监会将采取进一步监管措施。同年8月，为进一步规范财产保险公司意外伤害保险业务的销售行为，银保监会下发《关于开展借款人意外伤害保险业务自查清理工作的通知》，重点排查是否存在强制搭售或捆绑销售，是否违背精算原理随意调整费率，是否通过高手续费恶性竞争，是否委托无合法资质的第三方平台销售借款人意外险，是否通过虚列财务费用、虚挂中介业务、虚列佣金绩效等方式违规套费等现象。

2019年9月，银保监会发布《关于开展银行保险机构侵害消费者权益乱象整治工作的通知》（银保监办发〔2019〕194号），重点规范对象之一就是互联网保险侵害消费者权益的系列乱象。2019年12月《互联网保险业务监管办法（征求意见稿）》在业内征求意见，未来互联网保险监管也将被纳入严监管体系。

至此为止，销售问题不仅作为一个顽疾始终存在，且随着意外险、人身险在互联网平台的销售风潮兴起，也带来了更多的不规范乱象，从针对这些问题出台的整治意见中，可以看到监管机构对于意外险、人身险销售行为的规制可谓是不遗余力，但基本上仍是从规范市场秩序的角度出发，未有更多系统性的

规制。

4. 产品监管工作，从宏观治理到微观规制

前述基本是对意外险或是人身险销售行为展开的监管，自2016年，产品也已成为市场乱象整治的重要内容，在《中国保监会关于强化人身保险产品监管工作的通知》（保监寿险〔2016〕199号）中，保监会明确了对人身保险产品的监管方式包括事后备案和事后抽查管理，保险公司开发设计的人身保险产品，除明确要求需事前审批的外，均实行事后备案；建立了人身保险产品退出机制和人身保险产品问责机制，明确了保险公司及其总经理、总精算师、法律责任人等对产品负有的各项责任；此外，保险公司应当建立人身保险产品回溯机制以及人身保险产品信息披露机制。

2017年4月28日，保监会下发了《关于强化保险监管整治市场乱象的通知》，提出"着力整治产品不当创新、坚决清退问题产品"。针对人身保险产品的开发设计，《中国保监会关于规范人身保险公司产品开发设计行为的通知》（保监人身险〔2017〕134号）（以下简称《134号文》）进一步规范了保险公司产品开发设计行为，明确了人身险产品的监管原则。如果说《134号文》是对人身险产品监管的原则性纲要，《中国银行保险监督管理委员会办公厅关于组织开展人身保险产品专项核查清理工作的通知》（银保监办发〔2018〕19号）（以下简称《19号文》）则是对《134号文》的具体细化。《134号文》及《19号文》要求严查偏离保险本源、产品设计异化的行为，要求通过自查整改、监管核查和监管处理三阶段来开展人身保险产品专项核查清理工作，同时还圈定了违规开发、设计异化、损害消费者利益和开发"奇葩"产品四大清理重点。《19号文》除了重申《134号文》中对于人身险产品的监管原则之外，为让产品设计开发有据可依，更提出了负面清单的52条细则，涵盖产品条款、产品责任、产品费率厘定、产品精算假设、产品申报使用管理五大方面。

在产品规范设计的监管上，其监管的思路和保监会对销售行为的管理思路如出一辙，监管逐步从宏观审慎监管转到微观行为监管，从原则的规范走向了细则的规制。

此外，从2019年开始，中国银保监会建立了产品问题通报制度，根据《中国银保监会办公厅关于人身保险产品近期典型问题的通报》（银保监办发〔2019〕4号），为规范人身保险公司产品开发管理行为，防范人身保险产品风险，对于在产品专项核查清理工作和监管备案中出现的问题，一方面要求各公司自查整改，另一方面中国银保监会监管核查并建立了产品专项核查清理情况通报机制，对于监管核查中发现的自查不力的公司，从重处理。

5. 规范行业标准，建立制度框架

除了加强对销售行为、产品各方面的监管，行业标准和制度框架的建设对于建立规范市场、夯实行业根基也是至关重要。

《人身保险业务基本服务规定》（中国保险监督管理委员会令 2010 年第 4 号）明确了保险公司、保险代理人及其从业人员从事人身保险产品的销售、承保、回访、保全、理赔、信息披露等业务活动应遵循的原则。《中国保险监督管理委员会关于人身保险伤残程度与保险金给付比例有关事项的通知》（保监发〔2013〕46 号）废止了《关于继续使用〈人身保险残疾程度与保险金给付比例表〉的通知》（保监发〔1999〕237 号），规定了保险责任涉及伤残给付的人身保险合同应在保险条款中明确约定伤残程度的定义及对应保险金给付比例，保险公司应科学划分伤残程度，公平设定保险金给付比；且保险公司在使用国家标准、行业标准时，应注明相关标准；进一步规范了人身保险合同对伤残程度与保险金给付比例的约定。

2011 年发布并于 2015 年修订的《人身保险公司保险条款和保险费率管理办法》，主要从保险条款和费率的角度出发，明确规定了保险条款中人身险各险种的设计和分类、保险条款和费率审批或备案的机制、总精算师和法律责任人的定义、职责以及相关责任。

2013 年，保监会为加强人身保险产品监管，下发了《关于开展人身保险条款编码工作的通知》（保监发〔2013〕99 号），开展人身保险条款编码工作，各公司应对报送中国保监会审批或备案的人身保险条款实行全国统一编码，以方便消费者查询、验证保险条款，维护消费者利益。

2014 年，保监会发布的《人身保险伤残评定标准及代码》标志着行业理赔管理规范化水平的提升，该标准全面、系统、规范、详细地评定了由于意外伤害因素引起的伤残程度，确定了意外险产品或包括意外责任的保险产品中伤残程度的评定等级以及保险金给付比例，提升了保险公司理赔实务的可操作性和准确性。

此外，为完善人身保险精算制度，保监会发布了《关于进一步完善人身保险精算制度有关事项的通知》（保监发〔2016〕76 号）、《关于印发人身保险公司〈精算报告〉编报规则的通知》（银保监办发〔2018〕45 号），并于 2020 年制定了《普通型人身保险精算规定》，对普通型人身险的附加费用率水平进行了调整，随后发布了《中国银保监会办公厅关于强化人身保险精算监管有关事项的通知》，强化了法定责任准备金监管，进一步完善了人身保险精算制度体系，推动人身保险市场高质量发展。

为保护保险消费者合法权益，《中国银保监会办公厅关于推广人身保险电子化回访工作的通知》发布，人身保险新单业务电子化回访是保险公司在保单犹豫期内，依托互联网等技术，对投保人验证客户身份真实性，确认投保人知悉合同主要内容和犹豫期等相关权利的回访。该文件旨在推进电子化回访，改善客户服务，提升人身保险回访工作质量，尤其对于当前新冠肺炎疫情防控，通过线上回访有利于减少人员聚集和面对面接触，具有现实性的意义。

6. 意外险专项改革措施出台，确立今后改革框架

2020年，中国银保监会办公厅发布了《关于加快推进意外险改革的意见》（以下简称《改革意见》），根据该文件，银保监确定了清晰的市场化改革目标，重点表达了意外险改革要以加强监管、补齐短板、防范风险、促进发展为方向，以改革意外险费率形成机制为目标，建设体系科学合理、规则公开透明、格局规范有序、服务领域广泛、社会普遍认可的意外险市场。

重点改革领域主要包括以下三个方面：

一是健全市场化定价机制，主要包括健全意外险精算体系，进一步完善意外险定价假设规定，强化法定责任准备金监管；对定价过高的意外险产品，建立产品价格回溯调整机制，逐步淘汰赔付率过低、渠道费用过高、定价明显不合理的产品；编制意外险发生率表，探索建立意外伤害发生率表动态修订机制。

二是强化市场行为监管，主要包括整治市场突出问题：针对搭售和捆绑销售、手续费畸高、财务业务数据不真实等问题，组织开展意外险市场清理整顿；系统梳理意外险市场行为监管的政策规定，制定统一的意外险专项监管制度；建立健全信息披露机制，提高意外险市场透明度；建立健全意外险保单信息共享机制，研究制定"黑名单""灰名单"标准，加强风险预警。

三是夯实发展根基，科学化合理化意外险市场体系，主要包括：在监管上，深入开展政策研究，把握市场发展规律，优化监管体制机制；在市场主体运营上，加强内部管理和监督体系，提升合规运营水平；在意外险标准化建设上，研究制定意外险风险等级和职业分类标准，完善保险业意外伤残评定标准，努力争取纳入国家标准体系；在防控保险欺诈方面，通过行业自律组织和基础平台建立反欺诈联盟，联合公安、检察院、法院等各单位，建立打击保险欺诈的联合机制。

《改革意见》是对前述监管文件的一次重申、总结和拓展，奠定了今后意外险改革的基调。与《标准》相比，《改革意见》进一步规范了市场秩序：经过市场化定价改革后，价格虚高的意外险产品将有望逐渐回归到理性的价格空间；通过建立健全意外险保单信息共享机制，研究制定"黑名单"等标准，能够及时甄别防范骗保等保险欺诈行为；针对网贷平台兴起后意外险出现的种种

乱象，《改革意见》进一步重申要整治搭售和捆绑销售、手续费畸高、财务业务数据不真实等问题。此外，《改革意见》通过着力于意外险的市场规律研究、市场主体的合规运营、标准化制度的建设以及防控风险机制的建立，也将进一步夯实行业基础的建设。

结语

本文主要梳理了历年来针对意外险的监管文件，以2009年保监会发布了《人身意外伤害保险业务经营标准》为界划分了两个时期的意外险、人身险监管。首先，历年以来的监管重点一是规范市场秩序，二是推动市场基础化建设。具体而言，在市场秩序的规范中，产品设计开发以及备案、产品销售行为，以及涉及第三方平台或是机构的销售行为是监管机构管理的重中之重，相比较而言，行业标准以及制度的建设则落后一步。其次，监管机构的监管方针往往是先行制定改革的大方向，再通过规定细则来完善治理，这从销售行为以及产品的监管中可见一斑。最后，针对单一业务领域如意外险的规范性文件较少，继2009年首次以标准的形式出台了针对意外险的规范性文件之后，2020年出台了规范意外险市场的《改革意见》。当然，为达到《改革意见》中"到2021年底，意外险费率市场化形成机制基本健全，标准化水平明显提升，市场格局更加规范有序"的目标，未来两年势必将会有更多精细化的规范性文件和工作文件出台，推动意外险市场的不断改革，让我们拭目以待。

长期护理保险体系构建探讨

陈冬梅[1]

摘　要　随着我国老龄化程度不断加快、老年抚养比不断提升，疾病、意外伤害等事件导致的失能、半失能老人以及空巢老人数量增加，失能老人的护理问题日益严峻。长期护理保险作为一种可以有效应对老年护理需求的"第六险"，在老龄化背景下逐渐受到社会广泛关注。本文基于长期护理保险发展的试点及实地调查，探讨长期护理保险制度构建的目标、原则和特征。

关键词　长期护理保险　老龄化　构建

一、建立长期护理保险制度的意义

（一）积极应对人口老龄化，保障老人晚年生活

截至2019年年底，我国60岁及以上人口达2.5亿，占总人口的18%，65岁以上人口达1.8亿，占总人口的13%。我国2000年已进入老龄化社会，老年人口规模大，增速快，高龄化明显。预计到2027年，我国老年人口占比将提升到20%，进入深度老龄化社会。

同时，我国老年人整体健康状况不容乐观：一是超过1.8亿老年人患有慢性病，患有一种及以上慢性病的比例高达75%，失能、部分失能老年人约4000万人；二是我国2018年人均预期寿命是77岁，但是健康预期寿命仅为68.7岁。这说明我国老年人患病比例高，进入老年后患病时间早，带病时间长，生活质量不是很高。

1982年，我国将计划生育政策定为基本国策，提倡晚婚、晚育、优生、少生，有效提升了社会资源配置和人均资源水平，但同时也催生了我国的人口老龄化问题，且过快的限制生育使得我国目前进入"未富先老"的窘境。世界上大多数发达国家进入老龄化社会时，人均GDP都能达到1万美元以上。如

---

[1] 陈冬梅，复旦大学经济学院副教授，中国保险法学研究会理事。

美国在 1950 年进入老龄化社会，人均 GDP 为 10645 美元；日本在 1970 年进入老龄化社会，人均 GDP 为 11579 美元；而我国在 2000 年步入老龄化社会时，人均 GDP 仅为 946 美元，远低于发达国家进入老龄化社会时的水平。2016 年放松生育限制，全面开放二胎，但响应不高，生育率未见显著提升，我国人口老龄化仍处于高速增长状态。

我国的老龄化社会还伴随了高龄化的特征，老年人慢性病患病率高，长期护理保险制度的建立有助于保障老龄人口晚年生活，减轻子女的压力负担，提升老年人的生活水平。

（二）老年人口抚养比升高，急需专业长护制度

随着人口老龄化问题日趋严重，我国劳动人口抚养比逐渐升高，家庭对于老年人的照护能力逐渐减弱。根据国家统计局资料，2018 年我国老年人口抚养比已经升至 16.8%，劳动人口的抚养负担越来越大。而随着生育率不断降低，家庭规模逐渐小型化，传统的家庭养老模式已经无法满足老年人需要的照护水平，我国社会急需长期护理保险制度，由社区以及护理机构分散家庭照护失能老人的压力。且专业护工或经过培训的家属可以更有针对性地护理老年人起居生活，有效利用医疗资源，缓解社会和家庭的压力。

（三）划分医疗和照护服务，合理配置社会资源

目前我国的医疗保险和养老照护服务有不少交叉项，长期护理保险制度的建立促使医疗和老年照护独立划分，优化资源配置。长期护理保险出现之前，老年人出现慢性疾病或是身体机能下降后，大多会去医院接受治疗，治疗过程时间长、见效慢，包括住院的照护和康复过程，给医疗资源造成了不小的负担。同时由于医疗保险和长期护理保险的费用差异，还给医疗保险的支付造成压力，医疗资源处于低效配置状态。

长期护理保险制度建立后，随着医养结合制度的推进，社区和护理机构提供失能失智老年人专业的照护服务，且老年人能享受长期护理保险的费用报销，而不用去医院接受治理护理，占用稀缺的医疗资源，从而促进社会资源的合理配置。

（四）有助于预防失能失智，提升整体健康水平

建立长期护理保险制度，包括注重社区内对于预防失智失能的宣传、预防检查等，有利于提升全民健康水平。根据国务院《"健康中国 2030"规划纲要》的要求，要加强老年痴呆症等的防护干预，助力健康老龄化（见表 2-5）。对于老龄人口的失智失能要从预防抓起，可从社区、居家层面进行疾病知识的科普宣传。

（五）加速适老产业发展，促进"健康中国"建设

建立长期护理保险制度后，将打开我国的照护产业新市场。长期护理保险制度对失能失智老年人进行补贴，从需求端提升老年人的支付能力，带动供给端的劳动力配置需求。老年人对于照护服务的需求一直存在，长期护理保险制度的建立有助于将潜在需求转化为现实需求，从而扩大相关市场。长期照护产业需要大量专业护工、辅具的创新生产、服务的完善提升等，长期护理保险制度的建立将加速这些产业的发展，提供就业岗位，形成新的经济增长点。

表 2-5 长期护理保险相关政策支持

时间	政策	内容
2016 年 10 月	国务院《"健康中国 2030"规划纲要》	加强老年痴呆症等的防护干预。推进老年医疗卫生服务体系建设，推动医疗卫生服务延伸至社区、家庭。健全医疗卫生机构与养老机构合作机制，支持养老机构开展医疗服务
2019 年 3 月	国务院《政府工作报告》	要大力发展养老特别是社区养老服务业，改革完善医养结合政策，扩大长期护理保险制度试点，让老年人拥有幸福的晚年，后来人就有可期的未来
2019 年 5 月	国务院《关于推进养老服务发展的意见》	加快实施长期护理保险制度试点，推动形成符合国情的长期护理保险制度框架。鼓励发展商业性长期护理保险产品，为参保人提供个性化长期照护服务
2019 年 10 月	十九大四中全会	积极应对人口老龄化，加快建设居家社区机构相协调、医养康养相结合的养老服务体系
2019 年 11 月	国务院《国家积极应对人口老龄化中长期规划》	健全以居家为基础、社区为依托、机构充分发展、医养有机结合的多层次养老服务体系，多渠道、多领域扩大适老产品和服务供给，提升产品和服务质量
2020 年 9 月	国家医保局、财政部《关于扩大长期护理保险制度试点的指导意见》	在总结前期试点经验的基础上，提出扩大长期护理保险试点政策，明确建立独立险种的方向，进一步细化筹资和待遇支付政策，完善管理运行机制，扩大试点范围，新增 14 个试点城市

二、国内长期护理保险试点与发展

我国长期护理保险的试点工作始于 2016 年。2016 年 6 月，人力资源和社会保障部印发《关于开展长期护理保险制度试点的指导意见》，提出开展长期护理保险制度试点工作的原则性要求，确定 15 个地区开展长期护理保险制度

试点，并将吉林和山东两省作为国家试点的重点联系省份。国家医疗保障局、财政部在 2020 年 9 月发布《关于扩大长期护理保险制度试点的指导意见》，新增北京石景山区、天津市、山西晋城市等 14 个市（区）试点长期护理保险制度。至此，长期护理保险制度试点市（区）已扩至 49 个。典型试点城市包括青岛、上海、南通。

三、长期护理保险体系的构建

查阅国内外相关文献并做实地调查，基于长期护理保险发展的国际经验和国内试点，提出长期护理保险体系构建目标、原则和特征，供批评指正和进一步探讨。

（一）构建目标

（1）短期目标是聚焦重点人群，化解突出矛盾。着重解决老龄化率高，长期失能人员的护理和日常照料困难的问题，减轻失能人员家庭负担。

（2）长期目标为探索建立独立于社会医疗保险制度之外的可持续的长期护理保险发展模式。

（3）发挥政府和市场作用，完善保险制度，实现医养相结合，推进长期护理产业可持续发展。

（4）最终建立覆盖全员、多元筹资、保障基本、待遇分级、鼓励居家、适合国情的长期护理保险制度，减轻因年老、疾病、伤残等导致失能人员家庭长期照护的事务性及经济负担，努力提高参保人员的生活质量和人文关怀水平，共享经济社会发展成果。

（二）构建原则

（1）长期护理保险的建立和实施与本地经济社会发展水平和各方承受能力相适应，保障基本照护需求，坚持整体设计、分步实施、量力而行、逐步完善。

（2）长期护理保险与医疗保险相对独立、相互衔接，实行分类管理。

（3）长期护理保险基金按照以收定支、收支平衡、略有结余的原则筹集和使用，独立核算、专款专用，接受社会监督。

（三）构建特征

1. 保障对象在初期可定位为城镇弱势群体和重度失能人士

在试点初期，长期护理保险应将重度失能人士作为保险对象，尤其是其中的困难群体，包括未成年人（含在校学生）以及城镇最低生活保障家庭、特困职工家庭、完全或大部分丧失劳动能力的重残人员（1~2 级）。参保群体从城镇职工起步比较简单可行。财政应当针对这部分困难群体进行补贴。最好在国家规定的报销比例大体不变的情况下，增加一定的保障金额，提高待遇。

随着试点的深入，长期护理保险要加入轻中度失能人群。长期看，要实现全生命周期的管理，扩大保障人群，做好失能预防。

2. 筹资模式宜采用多元渠道

长期护理保险基金筹资模式采用个人、单位、政府多渠道筹资形式，明确各主体的地位和作用，同时强调各个主体的责任与义务，确保长期护理保险基金运行的稳健性和可持续性。多元化筹资模式可逐步改变长期护理保险主要依靠医保基金运作的模式，将长期护理保险制度从医疗保险制度中剥离，减少长期护理保险制度对医疗保险基金的依赖，扩展长期护理保险基金发展的空间。

长期来看，要保证长期护理保险筹资的独立性。长期护理保险的筹资政策正在朝着更加具有独立性的方向发展。2020年国家医保局《关于扩大长期护理保险制度试点的指导意见》规定，用人单位缴费基数为职工工资总额，起步阶段可从其缴纳的职工基本医疗保险费中划出；个人缴费基数为本人工资收入，可由个人账户代扣代缴。新文件中去掉了关于"划转职工医保统筹基金结余"的表述，这种思路的改变将有利于增强长期护理保险的独立性和稳定性。

此外，要保证长期护理保险基金的独立性。长期护理保险的基金管理也是考量其运行独立性的重要一环。目前，参照现行社会保险基金相关管理制度，各试点城市普遍对长期护理保险基金进行单独管理、专款专用。同时，可通过建立健全长期护理保险基金监管制度确保基金运营安全有效。

3. 长期可采用居家与机构护理并重的护理模式

家庭式长期护理即传统意义上的养老方式，以家庭作为长期护理单元，独立完成长期护理，其基本支持系统为血缘关系，目前是我国老年人长期护理的主要模式。家庭护理的优点是能让护理需求者继续生活在家中，可以享受家庭的温暖、支持与对情感慰藉的需求，但由于家庭规模小型化、核心化，以家庭为核心的传统护理模式正面临着冲击和弱化。另外，随着观念的转变和经济的发展，越来越多的年轻人离开家庭，空巢家庭的出现对传统的家庭护理模式提出了挑战。同时，随着老年人年龄的增长，身体日渐衰老、慢性疾病的发生与进展对家属护理能力造成了新的挑战，基于以上种种原因，传统家庭护理逐渐由居家护理所取代。

居家护理是以家庭护理为主，社区机构护理为辅，在为居家老人照料服务方面，又以上门服务为主，托老所服务为辅的整合社会各方力量的养老护理模式。这种模式的特点在于：让老年人住在自己家里，在继续得到家人照顾的同时，由社区的有关服务机构和人士为老年人提供上门服务或托老服务。长期护理服务由社会或社区的专门组织和机构中的专业人员和从业人员及少量志愿者提供，不同于家庭式长期护理，属于社会化的服务形式。居家护理既能降低护理成本，又可以提升老年人的生活质量，因而成为国际上较为通行的一种养老方式。尤其在中国，居家养老符合老年人的传统心理和情感需要，可以根据老年人失能程度，在日常生活照料、医疗照护、精神慰藉方面给予服务。建议涉及医疗服务部分由社区医护人员或家庭签约医生团队提供，其余生活照料可由保姆或家属提供。

有的日间照护中心可结合社区医院提供护理和上门服务，但是目前数量还较少，需要更多的示范和政策扶持。结合当地社区医院是一种可行的方式。

短期可采用居家护理模式。但随着家庭小型化的加剧，独居老年人的增多，家庭的服务能力在不断下降，在这一背景下，机构护理成为老年人的必然选择。机构式长期护理指老年人住在医疗机构或者养老机构，由机构内的专业人员提供服务。机构主要包括医疗机构和养老机构。

老年人因身体机能退化，患病概率增加，需要住院治疗的概率很大。但在医院主要是以治疗疾病为目标，分级护理的划分主要依据病情的轻重缓急和自理能力，没有针对老年人具体的分级和护理标准。目前，各医院对老年人仍缺少人性化、个性化的护理，健康、康复护理仍有待于完善和提高。

养老机构中老年长期护理服务分级标准始于2001年民政部出台的《老年人社会福利机构基本规范》，规范规定：养老机构内老年人的护理级别根据生活自理能力和需求划分为三级，即自理老年人（一般照顾护理）、介助老年人（半照顾护理）、介护老年人（全照顾护理）。但是该规范没有进一步明确护理级别判定的详细标准。至今，许多养老机构中护理等级的划分没有统一的标准和依据。

因此，从长期看，对于失能老人护理的提供，建议居家与机构护理并重。对入住养老机构的老年人采用统一的评估标准，根据入住的养老院提供的护理等级内容作为护理服务内容。有护理院或医护部的养老机构，涉及医疗服务部分建议由养老院提供；无医疗条件提供的养老院建议与社区医院合作或允许邻近医院的医生护士多点执业，由家庭签约医生团队或邻近医护人员提供。

在护理服务体系的建立方面，居家服务计划由护理机构自行制定，可采用套餐模式。套餐模式可防止护理机构出于趋利的动机出现服务错配、过度供给、费用超支的现象，而且可以针对不同失能失智等级人群提供差异化供给，有利于长期护理保险供需匹配，实现基金使用的高效性。另外，也约束护理机构的趋利动机，避免服务机构和参保人"勾连"的道德风险，从而有利于提升服务效果。

4. 建立责任分担机制，实现经办机构市场化

建立长期护理保险制度，需要政府、企业、社会和家庭及个人等各方面共同努力。在长期护理保险制度建设过程中，政府责任主要包括：

(1) 在长期护理保险运作过程中，扮演统筹支配的角色。

(2) 建立动态稳定的筹资机制，多渠道筹集资金。此外，政府还要按照居民人均可支配收入增长情况和基金收支情况，适时调整基金筹资标准。

(3) 在具体的服务管理模式上，政府对于定点服务机构的资格准入和协议管理模式，应当设立严格的机构资格准入条件、准入流程、服务内容管理以及退出机制，提升服务质量，加强监管力度。

(4) 地方政府或医保局等部门采取失能失智预防措施，与定点服务机构、商业保险公司等合作，组织失能失智讲座、活动等宣传教育。同时开展失能失智风险评估，对不同等级的失能失智老人进行针对性干预。

医疗机构是长期护理保险经办流程中不可或缺的一环。医疗机构应与定点照护服务机构紧密联系，承接符合条件的参保人员，为其提供医疗服务（主要是床位照护服务及其他医疗设备等）。医疗机构管理办法可对定点照护服务机构的人员、设备、规模等基本条件的设定提供相应的标准。

定点照护服务机构负责具体经办工作，积极配合地方政府或医保局等部门，结合当地基金运行情况和失能失智人群具体需求和支付能力，制定针对性护理服务支付标准，建立合理的待遇清单，满足失能失智人群的护理服务需求，提升护理服务质量。此外，还要接受医疗保险基金管理中心的业务指导。

商业保险公司作为长期护理保险项目的市场化经办机构，扮演着重要的角色，牵头提供日常经办服务，是经办服务的供给者、市场主体的协管者、服务体系的建设者。

5. 商业保险公司可深度参与长期护理保险主要环节

保险公司深度参与长期护理保险的主要环节，整合、衔接、管理第三方服务主体，保障服务的完整性和支付结算，推进长期护理保险的专业性、独立性和社会化。

(1) 商业保险机构不仅可以承担长期护理保险的经办工作，还可以组建社会化专业经办机构，负责长期护理的评估鉴定、服务供给和稽核监管工作。试点城市南通已经形成专业化经办的雏形。从管理架构来说，南通的照护中心是社会化组织而非保险公司的分支机构，中标单位负责组建，各家分摊费用，在社会上招聘专业人员。

(2) 推广运用相关的服务管理标准，与时俱进改善服务体系。例如，引入居家护理服务先进的护理技能培训课程，加强护理人员技能培训。定期展开专

项调研，关注市场需求供给的动态变化，及时改善服务体系与待遇标准，提升服务质量与效率。

（3）共享商业保险技术资源，整合护理服务的优质资源。商业保险机构是连接护理服务产业资源的关键一环。配合当地长期护理保险政策的发展，适时引入各类居家护理服务公司、辅具租赁公司以及失能失智预防公司，完善护理服务体系。

（4）帮助当地构建长期护理保险立体式风控体系。发挥失能老人评估、风险筛查以及采取预防措施等方面的专业优势。在长期护理保险的诸多环节中，风险评估最重要，评估决定筹资标准，筹资标准决定待遇标准。长期护理保险各地政策呈现碎片化特征，主要是筹资标准还没有统一，保险公司可主推相应评估标准，帮助制定相对完善的制度体系。

另外，长期护理保险可采取多家保险公司共保。长期护理保险与其他社会保险项目相比相对复杂，涉及多方主体。具体做法上可以遴选一个主承办方，选择三到五家保险公司共保，充分利用各个保险公司的资源。

6. 建立辅具服务体系，打通护理产业发展链

长期护理保险是保险制度而不是救助制度。通过长期护理保险政策可逐步引入居家服务、辅具租赁等各种服务产业，并实现资源整合。仍以南通为例，经办保险公司帮助引入了两家居家护理服务龙头企业；从日本引入辅具租赁资源，促成其与央企的合作，在南通成立实体公司；引入综合为老服务公司，负责失能失智预防工作。引入产业上下游关联资源，如日本的洗消工厂，负责辅具的清洗回收业务，形成联动效应。

建立辅具服务体系是未来长期护理保险建设的重点。对此可以参考日本的介护制度，逐步引入辅具配适、回收、清洗等关联服务，完善经办管理能力。长期护理保险一端掌握治护端，另一端联系着很多关联产业，打通辅具租赁、失能预防、居家护理等相关产业，形成相对独立且完整的产业链，对当地的就业和产业能产生明显的带动作用。南通试点已经初步形成产业带动的效果。

7. 科技赋能长期护理保险基础设施建设

在长期护理保险发展过程中，着眼于长期，需要构建连接养老服务需求与专业公司养老服务供给的智能中介服务体系。在这个过程中，可以与新型科技企业合作，推进技术开发，利用科技手段进行风险的预防和监测。例如，可引入金融领域的面部测保识别技术，可以更好地定位失能失智人员的失能等级，降低道德风险，提高监管效率。同时更加精准匹配服务与失能人群，提高长期护理保险保障力度和基金支出效率。

此外，还可以不断将新开发技术应用于风险管理。如基金风险的自动预警

系统，事先规定违法违规行为，建立考核规则，统筹部署相关功能，实现智能风险防控目标。

8. 服务体系建设从"保失能"过渡到"保健康"

从试点城市看，目前长期护理保险支出比例比较低，基金结余多，保障人群窄。要覆盖更多保障人群，一方面，可用较小基金投放覆盖更多人群。原先只保重度，可过渡到轻度乃至失能高风险人群都可以享受一定的基金支持；另一方面，失能预防是比较好的保障方案。从长期来看，随着人口老龄化加剧，筹资缺口一定会出现且很难解决，开源不行只能节流，减少发生率，降低风险。因此，长期应促进"保失能"向"保健康"转变。建立失能预防站，对管辖区内的风险干预服务机构进行准入及日常管理，对服务过程进行监督，并全面评价干预效果，促进"保失能"向"保健康"转变。失能失智预防工作还要制定合理的效果评价体系，可以降低基金赔付，提升基金风控能力。

在这个过程中，可发挥商业保险公司的协同作用，配合医保局共同建立风控体系，建成明确风险发生责任主体、完善机构风险内控制度、建立机构分类考评体系，推动"定点机构自我管理"的风险内控模式。

此外，可引入养老运营管理公司，提升养老机构自身造血能力和管理能力，提升养老机构管理水平。

9. 建立长期护理保险配套措施

当地医保局可成立长护处（或科）等部门进行对接，地方政府或医保局、社保局等可以首先以办法、方案、细则等形式颁布出台系列配套政策措施，为推动长期护理试点实践提供政策依据，并为进一步深化扩大实践提供政策体系基础。

目前长期护理保险面临的最大问题是专业性机构和专业人员相对缺乏，从业人员队伍不稳定，专业化水平不足。建议建立统一规范的护理人员认证方式和居家护理服务培训体系，利用财政资金、就业资金与失业保险基金开展养老护理人员的教育与培训，在人员队伍建设方面实现提升。鼓励养老机构、护理机构等做上门服务；激励家政公司、健康科技公司等迅速转型为居家护理服务公司。

参考文献

[1] 陈冬梅，袁艺豪. 人口老龄化背景下我国长期护理保险需求的分析：以上海市为例 [J]. 上海大学学报，2015（11）：13-22.

[2] 高春兰. 老年长期护理保险制度：中日韩的比较研究 [M]. 北京：社会科学文献出版社，2019：89-104，135-152.

[3] 荆涛, 杨舒. 长期照护保险制度的国际经验及借鉴 [J]. 中国医疗保险, 2017 (10): 67 - 70.

[4] 纪文芳. 德国长护险筹资机制探析及对我国的启示 [J]. 上海保险, 2020 (03): 47 - 50.

[5] 李建梅, 卫勇平. 上海市长期护理保险制度的筹资与待遇支付浅析 [J]. 中国医疗保险, 2017 (10): 50 - 53.

[6] 刘俊荣, 黄远飞, 范阳东. 广州市建立长期护理保险制度研究 [M]. 北京: 红旗出版社, 2018: 63 - 79.

[7] 李磊, 郭磊. 以色列护理保险制度及启示 [J]. 中国社会保障, 2016 (10): 79 - 80.

[8] 李天俊. 美国长期护理保险体系的发展与启示 [J]. 劳动保障世界, 2020 (06): 37 - 38.

[9] 刘晓宇. 我国长期护理保险筹资模式研究 [D]. 青岛: 青岛大学, 2019.

[10] 李月娥, 明庭兴. 长期护理保险筹资机制: 实践、困境与对策——基于15个试点城市政策的分析 [J]. 金融理论与实践, 2020 (02): 97 - 103.

[11] 倪培凡. 南通市长期护理保险制度的现实困境与优化路径——基于日本经验启示 [J]. 价值工程, 2020, 39 (19): 253 - 255.

[12] 邵文娟. 试点阶段我国长期护理保险制度的经验总结——以青岛市为中心 [J]. 长春大学学报, 2018, 28 (01): 7 - 11.

[13] 杨桂彬, 谢宏忠. 我国长期护理保险制度试点服务项目的比较分析——基于上海、南通、青岛三个城市的比较 [J]. 西安建筑科技大学学报 (社会科学版), 2020, 39 (03): 35 - 41, 71.

[14] JEFFREY R BROWN, AMY FINKELSTEIN. Why is the market for long - term care insurance so small? [J]. Journal of Public Economics, 1967 - 1991, Vol. 91, 2007.

[15] ZHOU M, WANG H, ZENG X, et al. Mortality, morbidity, and risk factors in China and its provinces, 1990 - 2017: a systematic analysis for the global burden of disease study 2017 [J]. The Lancet, 2019, 394 (10204): 1145 - 1158.

保险资金的来源划分与运用规划研究

王荟[1] 乔石[2]

摘 要 我国《保险资金运用管理办法》仅笼统规定保险资金包括保险公司的自有资金、准备金及其他资金。理论上，如何合理界定保险资金的来源，一直没有形成统一认识；实践中，保险资金来源区分不明，如重大股权投资未使用自有资金等问题，成为当前行业监管重点。在保险资金的划分方式上，建议进一步厘清准备金限于履行保险责任相关的保险准备金，明确自有资金指向保险公司持有的权益性质资金，其他资金在现阶段发挥兜底作用。在运用规划上，建议对寿险和非寿险准备金的使用做出区分，强化对于投资性寿险准备金的规范；自有资金的使用建议强调自用性不动产、以控制为目的的股权投资和股票投资、比例限制等方面的特殊规则；其他资金则根据具体情形适用限制要求。在探究上述问题的基础上，结合《保险法》修改，对相关条文提出具体完善建议。

关键词 保险资金 来源划分 运用规划 法律限制 保险法修改

保险资金在来源上具有多样性，除保险费收入转化形成的保险准备金占据绝大比例外，根据《保险资金运用管理办法》，保险资金还包括保险公司的自有资金和其他资金。资金属性是保险资金运用法律限制的基础，不同的保险资金在属性上存在差异，相应的法律限制方式应有所区别。本文主要探讨如下三个方面：一是优化保险资金的划分方式，按照我国保险资金运用相关制度，自有资金和其他资金的指向并不明确，当前对于保险资金的划分是否合理，应作进一步探究；二是基于保险资金的不同来源探究运用规划措施，保险公司自有资金、其他资金与保险准备金在属性上存在显著差异，如何在法律限制规则上

---

[1] 王荟，中国电子科技集团有限公司战略规划部一级项目主管。
[2] 乔石，中国人民养老保险有限责任公司法律合规部高级经理。

作出适度区分，是研究规范保险资金运用的重要手段；三是针对当前我国《保险法》修订的背景，提出具体条文修改建议。

一、保险资金的划分方式

在保险资金的划分上，对保险费收入形成的准备金与保险公司的资本金、公积金等自有资金作出区分是较为统一的认识，但不同国家或地区的具体做法差异较大。英美法系国家在界定保险资金运用的客体时，较多援用偿付能力管理中"认可资产"的概念，对计入认可资产的不同类型资金作出不同的使用限制要求。大陆法系国家在保险资金的划分上并不统一，德国《保险业监督法》中使用了"限制资产"的概念，[1] 与英美法系国家的做法较为类似；日本《保险业法》的规定则较为笼统，将保险资金区分为"以保险费名义收取的金钱或其他资产"。[2] 此外，我国台湾地区"保险法"将保险资金划分为业主权益和各种准备金，其中业主权益指保险公司财务报表中的权益类资产，各种准备金指保险费收入形成的保险准备金。[3]

从我国的情况看，原中国保监会《保险资金运用管理办法》第3条是我国划分保险资金的主要制度依据，但该条文仅笼统规定，保险资金包括保险公司的资本金、公积金、未分配利润、各项准备金及其他资金，缺乏明确指向。[4] 我国保险业偿付能力监管体系尚在建设中，相关监管制度仍在不断完善，在保险资金运用法律限制中引入认可资产的概念，并不具备充分的制度基础。建议基于现行监管制度中保险资金的划分方式，参考日本、我国台湾地区的做法，针对存在的不足，作出适度调整和完善。

（一）厘清各项准备金的具体内容

按照《保险资金运用管理办法》，保险资金包括各项准备金，从立法意图上判断，这里的"各项准备金"指来源于保险费收入的各项保险准备金。但是，从财务统计的角度分析，保险公司的准备金不仅包括会计报表负债部分中的保险准备金（保险负债），还应涵盖所有者权益部分中的一般风险准备金。一般风险准备金与保险业务之间并无直接对应关系，不具有保险准备金的负债性特征，在属性上更接近于保险公司的自有资金。

建议以"保险准备金"取代当前制度规定中的"各项准备金"，使保险准

---

[1] Act on the Supervision of Insurance Undertakings, Germany, Federal Financial Supervisory Authority, Section 54. Investment rules relating to restricted assets (1992, amended in 2007).

[2] Insurance Business Act, No. 105, Japan, Article 97 (1995, amended in 2018).

[3] 中国台湾地区"保险法"第146条。

[4] 《保险资金运用管理办法》第3条："本办法所称保险资金，是指保险集团（控股）公司、保险公司以本外币计价的资本金、公积金、未分配利润、各项准备金以及其他资金。"

备金的指向更加明确。使用保险准备金的表述，可以明确其指向为保险费收入中按照保险精算原理提取、主要用于履行保险责任的各项准备金，体现出保险资金与其他行业资金的本质差别。同时，所有者权益中的一般风险准备金，与保险责任履行之间并无直接关联，建议纳入保险公司自有资金的范围。

（二）明确界定自有资金的范围

在我国保险资金运用领域，自有资金的概念已被广泛使用，并大量出现于相关制度中。如原中国保监会《关于加强和改进保险资金运用比例监管的通知》中规定，保险公司使用其自有资金投资保险类企业的股权时，该投资活动可以不遵守保险资金权益类投资的比例限制要求。[1] 但是，作为保险资金运用领域的基础性部门规章，《保险资金运用管理办法》仅笼统列举了保险资金包括资本金、公积金和未分配利润，并没有对自有资金的范围作出界定。自有资金本身并非法律概念，在缺少制度依据的情况下，实践中更多依据原中国保监会《关于保险资金投资股权和不动产有关问题的通知》，[2] 推导出保险公司的自有资金包括资本金、公积金、未分配利润等，但除此之外是否存在其他类型的自有资金，自有资金的总金额如何确定，缺少明确的制度依据。

建议在划分保险资金时，将自有资金作为保险资金运用领域的特定概念，使其具有明确的法律法规依据。在范围上，自有资金应包括保险公司所持有的各类权益性质资金，如资本金、公积金、未分配利润等，其具体指向可以通过保险公司财务会计报表中"所有者权益"部分确定。实际上，从财务角度，我国台湾地区"保险法"所规定的"业主权益"与会计报表中的所有者权益更为接近，能够较好地体现出资金属性，[3] 但鉴于自有资金的概念在当前保险业已被普遍接受，沿用习惯表述更有利于实践操作。

（三）发挥"其他资金"的兜底作用

按照《保险资金运用管理办法》，除了各项准备金和自有资金外，保险资金还包括"其他资金"。但是，对于其他资金的具体指向和限制要求，相关法律法规和监管制度并未作出进一步规定。从立法技术上分析，《保险资金运用管理办法》中规定的其他资金，更多是在界定保险资金种类时发挥兜底条款的作用，但该兜底性规定是否合理值得探究。如我国台湾地区"保险法"将保险资金划分为各类准备金和业主权益，并没有单独规定"其他资金"。理论上，保险公司的保留盈余、短期负债应属于保险资金中的其他资金，[4] 但其他资金

---

[1] 原中国保监会《关于加强和改进保险资金运用比例监管的通知》第 2 条第（一）项。
[2] 原中国保监会《关于保险资金投资股权和不动产有关问题的通知》第 7 条。
[3] 乔石. 两岸保险资金股票投资规范比较研究 [J]. 保险经营学报（台北），2018（6）：188.
[4] 李亚敏. 我国保险资金运用问题研究——基于资本市场的收益与风险分析 [D]. 上海：复旦大学，2007：10.

在范围上是否仅限于此,并不明确。如投资连结保险中的投资账户资金、[1] 养老保障管理业务中的资金,[2] 均属于保险公司可使用的资金,此类资金的账户独立,并且保险公司并不承担资金投资风险,与保险准备金存在本质差别。此类资金是否应界定为保险资金中的其他资金,并无相关制度依据。

建议保留其他资金作为保险资金的组成之一,对其指向作出进一步明确。在金融行业不断发展的背景下,保险公司持有的资金将更加多样化,将自有资金、保险准备金之外的资金纳入其他资金的范围,可以使保险资金的界定更加周延,增强法律制度的弹性。同时,除保险公司的保留盈余、短期负债外,如前所述,投资连结保险中的投资账户资金和养老保障管理业务中的资金不同于一般保险准备金,实质上体现为一种信托关系下保险公司的受托管理资金,建议将其纳入保险资金中的其他资金。

二、对于不同种类保险资金的运用规划

保险准备金在保险资金中占据绝大比例,保险资金所具有的负债性、长期性、稳定性等属性,更多体现了保险准备金的特征。保险资金运用的法律限制,核心是对于保险准备金在使用中的约束和规范。从保险资金运用客体的角度,法律限制要求主要是对寿险资金与非寿险资金在使用上的区分。保险公司的自有资金、其他资金不同于一般企业的权益类资金或其他资金,应根据其属性特征,确定针对性的法律限制要求。

(一) 使用寿险和非寿险准备金的不同法律限制

如前所述,区分寿险与非寿险业务资金是保险资金运用法律限制的一项重要原则。从境外情况看,有些国家采用原则监管的方式,在保险资金运用相关立法中作出原则性规定,为保险监管机构的监督检查提供依据;有些国家则直接转化为具体限制规则,对寿险和非寿险资金投资设定不同的比例限制要求。在此方面,我国保险监管制度一直存在空白,实质上反映了当前保险业监管中面临的诸多挑战。一方面,保险分类的争议由来已久,我国将保险分为人身保险与财产保险,但人身保险中的医疗费用补偿保险具有较强的"财产属性",财产保险公司同样可以经营短期健康险、意外险等人身保险业务,因此一些大

---

[1] 原中国保监会《关于规范投资连结保险投资账户有关事项的通知》(保监发〔2015〕32号)规定:"投资连结保险是指包含保险保障功能并至少在一个投资账户拥有一定资产价值的人身保险产品。""投资账户产生的全部投资净损益归投保人所有,投资风险完全由投保人承担。""投资账户资产实行单独管理,独立核算。"

[2] 原中国保监会《养老保障管理业务管理办法》(保监发〔2015〕73号)第21条规定:"养老保险公司开展养老保障管理业务,应当对每个养老保障管理产品建立独立的养老保障管理基金。对养老保障管理基金的管理应当遵循专户管理、账户隔离和独立核算的原则,确保养老保障管理基金独立于任何为基金管理提供服务的自然人、法人或其他组织的固有财产及其管理的其他财产。"

陆法系国家采用人寿保险与损失保险的分类。❶ 从保险资金运用法律限制客体的角度，资金组成的区分应更多体现业务属性，而非保险公司的类型，当前的保险分类方式，尚难以支撑区分寿险与非寿险资金投资的具体限制规则。另一方面，投资型保险的发展颠覆了传统保险的定义，按照《国际财务报告准则第17号——保险合同》（IFRS 17），保险合同须根据具体合同服务内容进行拆分，风险保障部分列入保险合同收入，投资部分、其他明显与保险不相关的部分不再界定为保险合同收入，即不属于保险准备金。会计准则的变化，对保险资金运用客体的法律限制同样带来挑战。

基于上述原因，当前我国对于使用寿险和非寿险准备金的不同法律限制要求，应以原则监管为核心，在保险资金运用法律限制制度中规定寿险与非寿险资金相区分原则，为监管机构利用偿付能力监管、保险资产负债管理监管等手段在监督检查中落实相关要求，提供法律依据。

近年来，投资型保险在我国发展迅速，尤其是万能保险、投资连结保险，资金规模积累较快且直接与保险资金运用情况挂钩，其法律限制问题成为社会关注的焦点。与传统人身保险不同，投资型保险在产品开发时对保险投资预期的依赖性更大，其资金运用的法律限制在遵循一般保险准备金使用相关要求外，应适度作出进一步规范。

一是明确投资型保险的账户资金独立核算。投资型保险主要包括分红保险、万能保险和投资连结保险，但三者各有不同。分红保险与传统寿险所包含的收取保险费、按约定给予回报是一致的，"分红"实质上是保险公司将部分经营利润让渡给被保险人，以提升保险产品的投资价值。万能保险将投保人缴纳的保险费分成两部分，一部分用于风险保障，计入保险账户；另一部分用于投资，计入投资账户。根据原中国保监会于2010年颁布的《关于保险业做好〈企业会计准则解释第2号〉实施工作的通知》，万能保险分拆后的投资账户负债采用实际利率法，按照摊余成本计量，此种计量方式与分红保险更为接近，该资金仍属于保险准备金。投资连结保险包含保险和投资两部分内容，功能相对独立，其中投资账户负债按照公允价值计量，不同于一般保险准备金的计量方式，并非保险准备金。由于不同种类投资型保险在资金账户的设立与会计核算上存在差异，应明确要求保险公司对分红保险、万能保险和投资连结保险的保险费收入进行分别记账、独立核算，厘清保险准备金的种类，为加强此类资金运用的法律限制规范提供基础。

二是提高投资型保险的资金运用信息披露要求。对于一般保险产品来说，

---

❶ 任自力. 保险损失补偿原则适用范围思考[J]. 中国法学，2019（5）：121.

保险消费者并不直接关心保险资金运用的情况，而更多考虑保险公司是否履行保险责任。但对于投资型保险而言，保险资金运用的情况与保险消费者最终获得的保险金挂钩，被保险人和受益人更希望了解到保险投资的实际运作与收益情况。因此，在保险公司日常信息披露监管要求的基础上，从保险资金运用客体法律限制的角度，应提高分红保险、万能保险、投资连结保险的资金运用信息披露要求，要求保险公司将该信息作为独立事项在网站上披露，使保险消费者可以及时了解到相关保险产品的投资方向与收益率变化情况，在保障保险消费者知情权的同时，提升保险公司开展此类投资活动的审慎度。

三是强化对于投资型保险资金投向保险公司关联方的监管。防范保险公司及其股东、管理层的道德风险，避免滥用保险资金，是保险资金运用法律限制的重要目标。实践中，对于保险资金的滥用，很多体现为保险公司将保险资金投资于关联方企业，或重大收购后形成新的关联关系，其中使用投资型保险资金的情况较多。关联交易管理是保险业监管的重要手段，股东、管理层均是确定关联方的重要因素。一直以来，保险资金运用是关联交易管理的重点领域，中国银保监会于2019年颁布《保险公司关联交易管理办法》，进一步强化了对于保险资金运用关联交易的穿透监管。❶ 投资型保险由于产品设计相对复杂，资金核算与收益变化较大，被滥用或挪用的风险更大，应加强对此类保险资金的关联交易监管。一方面，在投资型保险的资金运用信息披露中将关联交易作为特定内容；另一方面，增加保险公司将投资型保险资金投向关联方、投资后形成新的关联关系、保险公司人员因投资而进入关联方管理层等情形的报告义务。此外，按照《公司法》，股东、管理层利用关联交易给公司造成损失的，应承担赔偿责任。❷ 在对投资型保险的账户核算与资金运用信息进行披露的基础上，如因保险公司股东、管理层引导的恶意关联性投资造成被保险人、受益人损失，应允许被保险人、受益人向保险公司的股东、管理层请求赔偿。

（二）使用自有资金的法律限制

自有资金是一家公司信用状况的体现，保障公司具有正常经营能力和责任能力，保护债权人的利益，❸ 本质上应为公司经营服务，而非用于投资。保险经营以信用为基础，保险公司在一定时期内的全部保险费收入不可能总保持大于或相当于履行保险责任的赔偿金额，❹ 保险公司应保证自有资金的安全性和

---

❶ 中国银保监会《保险公司关联交易管理办法》（银保监发〔2019〕35号）第29条规定："保险公司应当按照银保监会的有关规定，主动监测保险资金的流向，及时掌握基础资产状况，穿透识别审查关联交易，建立有效的关联交易风险控制机制。"

❷ 《公司法》第21条。

❸ 赵旭东. 从资本信用到资产信用 [J]. 法学研究，2003（5）：110-111.

❹ 孟昭亿. 保险资金运用国际比较 [M]. 北京：中国金融出版社，2005：4.

流动性，以应对保险业务经营中的赔偿压力。因此，保险公司的自有资金并不完全用于经营投入，相当比例的资金可用于投资。从保护保险公司资金安全的角度，自有资金的使用应受到一定的限制，但相比具有负债性特征的保险准备金，限制程度应有所放松；相比一般企业的资本金等权益类资金使用，限制则应相对严格，以体现保险经营的特征。

因此，自有资金使用的法律限制，是在保险资金运用法律限制一般要求的基础上，给予自有资金"松绑"，明确仅允许保险公司使用自有资金投资的具体情形。根据我国保险资金运用相关监管制度，结合其他国家和地区经验，自有资金使用法律限制的特别规定，应主要包括以下三个方面。

一是保险公司投资自用性不动产，必须使用自有资金。自用性不动产是指保险公司为自身开展经营活动而购置的办公楼等不动产，该类投资属于保险经营的成本投入，并不直接产生投资回报。从国内外保险立法情况看，对于保险公司购置自用性不动产时资金种类的限制要求较为统一，仅限于自有资金。该项限制的目的在于，自用性不动产主要用于保险公司开展经营活动，并非资产保值增值，应避免保险公司利用保险资金为自身经营提供条件，客观上影响保险消费者利益。自有资金大多为股东投入的资本金或保险公司的利润积累，用于保险公司改善经营条件则并无不妥。因此，仅允许保险公司使用自有资金购置自用性不动产，应作为保险资金运用客体法律限制中的一项基本规则。同时，我国现行监管制度对于何为自用性不动产并无规定，立法完善时应对该问题予以明确，如借鉴我国台湾地区的做法，保险公司的自用面积不低于不动产总面积的 50% 时，属于自用性不动产。

二是保险公司以控制为目的的股权投资和股票投资，必须使用自有资金。保险公司因保险投资介入被投资企业的经营，是保险资金运用法律限制中的重要问题。如前所述，我国台湾地区"保险法"严格限制保险公司参与被投资企业的经营活动。前海人寿使用保险资金参与争夺万科公司控制权等事件的发生，正凸显出我国保险法律制度在此方面的约束不足。从当前监管制度看，虽然规定保险公司的重大股权投资和上市公司收购须使用自有资金，但在具体规则上，制度之间仍缺乏衔接。❶ 与自用性不动产投资的限制理由相似，保险投

---

❶ 如对以取得被投资企业控制权为目的的股权投资的界定上，我国保险行业相关监管制度规定较为分散。一方面，原中国保监会《关于保险资金运用监管有关事项的通知》将其界定为"重大股权投资"，指"对拟投资非保险类金融企业或者与保险业务相关的企业实施控制的投资行为"，并非区分上市企业和未上市企业的股权投资。另一方面，针对上市企业股权投资，原中国保监会《关于进一步加强保险资金股票投资监管有关事项的通知》又界定为"上市公司收购"，指"通过取得股份的方式成为上市公司的控股股东，或者通过投资关系、协议、其他安排的途径成为上市公司的实际控制人，或者同时采取上述方式和途径拥有上市公司控制权"；而"重大股票投资"则被界定为"保险机构或保险机构与非保险一致行动人持有上市公司股票比例达到或超过上市公司总股本 20%，且未拥有上市公司控制权的股票投资行为"，造成前后规定难以相互衔接。

资的核心目的在于资产保值增值,而以控制为目的的股权投资或股票投资往往渗入了保险公司或其股东的其他目的,如资源共享、战略布局等,甚至可能被滥用于关联公司之间资本金的相互拆借。对于保险公司的此类投资行为,法律上应予以一定限制。从自有资金的情况看,通过设立、收购同类业务公司以增强经营实力,本身属于注册资本金、未分配收益的重要用途,允许保险公司使用自有资金开展以控制为目的的股权或股票投资具有合理性,一概禁止保险公司介入被投资企业经营则存在"矫枉过正"之嫌。❶ 因此,对于以控制为目的的权益类投资,应限定资金种类为保险公司自有资金。在制度之间的衔接上,限制此类股权投资和股票投资的核心均在于约束保险公司的"控制行为",具体应包括保险公司设立子公司、以控制为目的投资未上市企业股权、收购上市公司三种情形,建议在保险资金运用基础规章制度中对以上三种情形必须使用自有资金作出明确界定,避免在不同制度中分散规定。

三是自有资金的使用应不遵守比例限制要求。保险公司的自有资金属于所有者权益类资金,在法律限制上应区别于保险准备金,以避免过分干预保险公司的经营自主权。比例限制属于直接约束保险资金使用范围的手段,在功能上主要是避免保险准备金的滥用,对于自有资金的使用应作出豁免。目前,原中国保监会《关于加强和改进保险资金运用比例监管的通知》对自有资金不遵循比例限制要求已作出规定,但仅局限于特定情形。鉴于自有资金的负债性特征相对较低,且受到偿付能力管理的约束,建议在保险资金运用比例限制规则完善时,对自有资金的使用作出统一豁免。

此外,在具体限制方式上,我国现行监管制度的做法相对简单,仅原则规定上述情形的保险投资活动须使用自有资金。❷ 从实践操作看,此种限制方式给行业监管带来较大压力,监管时既须判断投资行为是否构成自有资金使用的特殊情形,又应识别资金种类是否属于自有资金。在此方面,我国台湾地区"保险法"采用了限制投资总额的方式,规定保险公司投资自用性不动产、控

---

❶ 李伟群,胡鹏. 保险机构股票投资行为的法律规制——以"金融与商业分离原则"为视角[J]. 法学,2018(8):187.

❷ 我国现行监管制度规定保险投资须使用自有资金的情形主要包括:
1. 原中国保监会《关于保险资金投资股权和不动产有关问题的通知》中关于保险公司重大股权投资和购置自用性不动产的规定;
2. 原中国保监会《关于进一步加强保险资金股票投资监管有关事项的通知》中关于保险公司收购上市公司的规定;
3. 原中国保监会《保险公司所属非保险子公司管理暂行办法》中关于保险公司直接投资非保险子公司的规定;
4. 原中国保监会《保险公司股权管理办法》中关于投资保险公司股权的规定。

制类股权时投资金额不得超过业主权益或业主权益的一定比例,❶即由保险监管机构判断特定情形下的投资金额是否超出保险公司会计报表中的股东权益(或股东权益的一定比例),❷该种做法值得借鉴。建议在明确保险公司开展特定情形投资须使用自有资金的同时,增加规定保险公司的自用性不动产投资、以取得被投资企业控制权为目的的权益类投资,投资金额不得超过保险公司自有资金的总额,其中自有资金总额为保险公司当期的所有者权益。

(三) 使用其他资金的法律限制

对于保险资金中的其他资金,法律限制要求应根据资金的具体情形确定。一是保留盈余、短期负债等资金,属于财务核算中的变动类资金,如保留盈余中的部分资金将转化为未分配利润,短期负债一般须在较短期限内偿还,由于该类资金与保险业务本身并无直接关联,在属性上更接近于自有资金,建议遵循自有资金使用法律限制的特别规定。二是投资连结保险中的投资账户资金和养老保障管理业务资金,属性界定上相对复杂,下文对其法律限制要求作专门分析。三是除前述两类资金之外的其他资金,鉴于其具体指向须基于实践情况确定,从保险资金运用法律限制的理念出发,原则上应遵循保险准备金使用的法律限制要求。

如前所述,投资连结保险中的投资账户资金虽来源于保险业务,但该类资金独立核算、独立投资运作,并不计入保险准备金,投资风险完全由投保人承担,❸具有信托法律关系的性质。但是,该类资金又不同于一般信托法律关系下的受托资金,无独立的受托人,当保险公司遇到财务危机时,存在用于偿付债务的可能性。坚持"保险业姓保""回归本源,突出主业"是我国保险业的发展方向,❹虽然投资连结保险具有较强的投资功能,其投资账户资金在性质上并不属于保险准备金,但作为保险业务的组成部分,对投资连结保险中全部资金实行相同的法律限制要求,更符合保险业回归本源的要求,有利于保护保险消费者的利益。原中国保监会《关于规范投资连结保险投资账户有关事项的通知》中明确规定,投资连结保险中的投资账户资产在配置时应符合保险资金运用相关监管规定要求。同时,在遵循保险资金运用法律限制一般要求的基础上,基于投资连结保险的特点,可以在相关制度中对其投资账户资金的使用作

---

❶ 我国台湾地区"保险法"第 146 条之 2 中规定:"购买自用不动产总额不得超过其业主权益之总额。"第 146 条之 6 中规定:"经监管机关核准的投资保险相关事业所发行股票之行为,保险机构的投资总额最高不得超过其业主权益;保险机构因投资而与被投资公司具有控制与从属关系者,其投资总额最高不得超过该保险机构业主权益之 40%。"

❷ 乔石. 两岸保险资金股票投资规范比较研究[J]. 保险经营学报(台北),2018(6):187-188.

❸ 原中国保监会《关于规范投资连结保险投资账户有关事项的通知》(保监发〔2015〕32 号)第 3 条。

❹ 原中国保监会《关于进一步加强保险监管维护保险业稳定健康发展的通知》(保监发〔2017〕34 号)。

出特别规定。如原中国保监会在保险公司设立投资账户应满足的条件、投资账户资金的配置范围、投资账户的流动性管理要求、账户独立性原则等方面，均作出较为具体的特别规定。❶

养老保障管理业务是针对养老保险公司设计的一项特殊业务类型。❷ 与保险业务不同，养老保障业务中并无投保人、被保险人等主体，养老保险公司提供资金管理服务，并非风险保障服务；❸ 同时，养老保障管理业务的资金并非由保险公司"持有"，实行资金托管机制，由第三方托管银行负责资金账户管理。❹ 因此，在性质上，养老保障管理业务具有典型的信托法律关系特点，该项业务资金与保险准备金、保险公司的自有资金是相互分离的。理论上，养老保障管理业务属于养老保险公司开展的信托型资金管理业务，其资金使用的限制应受到相关资产管理合同的约束，并非保险资金运用法律限制的范围。但是，根据原中国保监会《养老保障管理业务管理办法》，养老保障管理业务资金的投资应遵循保险资金运用相关要求，❺ 此种做法的目的，更多是基于养老保障业务自身的特点，其并非单纯的资金管理业务，而是为养老保障服务的特定业务。与基本养老保险基金、职业年金和企业年金等养老性质基金的投资原则相同，养老保障管理业务资金的投资同样以安全性和稳健性作为基础。在当前我国资本市场尚不成熟的情况下，从保险行业监管的角度，要求养老保障管理业务资金在使用上遵守保险资金运用法律限制相关规则，具有一定的合理性。

三、具体规则的立法建议

2020年以来，中国人民银行启动《保险法》修订工作，保险资金运用相关监管制度的完善也在持续推进中。如中国银保监会于2020年2月颁布《保险资产管理产品管理暂行办法》，于2020年7月颁布《保险资金参与金融衍生产品交易办法》《保险资金参与国债期货交易规定》《保险资金参与股指期货交易规定》，不断健全我国保险资金运用监管制度体系。但如上述探究，在基础法律规定上，关于保险资金来源的划分以及相应的法律限制要求尚不明确，往往造成实践中出现诸多问题，最终损害保险消费者利益。笔者认为，对于保险资金运用中的基础性问题，应在《保险法》或保险资金运用相关基础制度中做

---

❶ 原中国保监会《关于规范投资连结保险投资账户有关事项的通知》。
❷ 原中国保监会《养老保障管理业务管理办法》第3条。
❸ 原中国保监会《养老保障管理业务管理办法》第16条。
❹ 原中国保监会《养老保障管理业务管理办法》第22条。
❺ 原中国保监会《养老保障管理业务管理办法》第35条。

出明确规定。结合前文分析及当前《保险法》修订情况，对于具体规则建议如下：

（一）明确保险资金的划分

一是建议在《保险法》中对保险资金的来源做出规定。

具体立法建议为：保险资金，包括保险公司以本外币计价的保险准备金、自有资金和其他资金。

二是建议在《保险资金运用管理办法》中对保险资金的来源及具体指向做出规定。

具体立法建议为：保险资金，包括保险公司以本外币计价的保险准备金、自有资金和其他资金。保险准备金，是指来源于保险费收入的各类准备金；自有资金，是指保险公司的资本金、公积金、未分配利润等权益性质资金；其他资金，是指除保险准备金、自有资金之外，保险公司可运用于投资的其他资金。

（二）明确自有资金和其他资金的法律限制

建议在《保险法》中对保险公司使用自有资金、其他资金的核心限制要求做出原则规定，并授权由国务院保险监督管理机构对具体要求另行做出规定。

具体立法建议为：保险公司购置自用性不动产，应使用自有资金。保险公司设立子公司、以控制为目的投资未上市企业股权、收购上市公司，应使用自有资金，经国务院保险监督管理机构批准。

保险公司在开展资金运用中，如确需突破比例限制，应经国务院保险监督管理机构批准。保险公司自有资金的使用，不受比例限制约束。保险资金中其他资金的范围和使用要求，由国务院保险监督管理机构另行规定。

前述自有资金、其他资金的范围，由国务院保险监督管理机构另行规定。

参考文献

[1] 赵旭东. 从资本信用到资产信用 [J]. 法学研究，2003（5）：109-123.
[2] 任自力. 保险损失补偿原则适用范围思考 [J]. 中国法学，2019（5）：117-136.
[3] 孟昭亿. 保险资金运用国际比较 [M]. 北京：中国金融出版社，2005.
[4] 李伟群，胡鹏. 保险机构股票投资行为的法律规制——以"金融与商业分离原则"为视角 [J]. 法学，2018（8）：182-192.
[5] 李亚敏. 我国保险资金运用问题研究——基于资本市场的收益与风险分析 [D]. 上海：复旦大学，2007.

第三编

保险法律实务研究

保险合同中"禁止性"免责条款司法裁判偏失及矫正研究

聂 勇[1]

摘 要 保险合同中免责条款具有特殊的生效规则、认定规则及裁判规则。保险合同中"禁止性"免责条款效力、认定及裁判应符合社会公共利益判断标准,脱离一般意义上的免责条款判断规则。但司法裁判中,仍有部分区域的审判机关依然作出偏向性、牵强性再解释、滥解读,否定"禁止性"免责条款既定规则及适用,存在价值判断失衡、解释判断失衡、利益判断失衡,偏失"禁止性"免责条款公共利益属性,损害司法公信力。基于社会公共利益考量的"禁止性"免责条款,其司法裁判应融入并建立价值判断与利益衡量的司法伦理与司法技术的纠正机制,在对保险立法司法规范规则的整体性把握的基础上,最终达到遵循法律规范、饱含公允价值、彰显社会功效的可接受性的司法裁判效能。

关键词 保险合同 "禁止性" 免责条款 裁判偏失 裁判矫正

一、问题提出:司法中对"禁止性"免责条款的裁判偏向

在审判实践中存在一种认识误区,即过分地强调保险合同的格式化与附合性,认为保险合同所反映的只是在交易中处于优势地位的保险人的意志,而并非双方当事人的合意。持此种观点的法官,在审判活动中经常自觉或者不自觉地去寻找理由,努力追求否定保险条款效力的裁判结果。令人担忧的现象是,此种裁判态度近年来日趋呈现扩张趋势,法官并无主观恶意的"行侠仗义"之举,在客观上可能导致保险人控制危险的合理手段被司法否定,进而损害保险人的正当利益[2]。本文以审判实践中"肇事逃逸"驾车出险及"实习期"驾车

---

[1] 聂勇,中国法学会保险法学研究会理事,任职于英大泰和财产保险股份有限公司法律合规部,正高级经济师,公司律师。

[2] 刘建勋. 格式保险条款无效裁判研究[M]//谢宪. 保险法评论: 第四卷. 北京: 法律出版社, 2012: 3.

出险两则"禁止性"免责条款的司法判例为考察对象,来讨论司法裁判的偏向性及失当性。

【判例1】"肇事逃逸"偏失性解释判例[1]

2017年11月28日22时25分许,被保险人杜某雇佣的驾驶员张某驾驶小型普通客车,将已经受交通损伤的王某碾压后驾车驶离现场,致使王某创伤性休克死亡,张某负事故全部责任,王某无责任。后杜某作为实际车主,与受害者家属达成赔偿协议,一次性赔偿死者家属各项费用37万元,死者家属不再要求张某承担任何经济赔偿责任并将所有保险理赔事宜转给杜某。杜某在某保险公司投保了交强险、商业三责险(赔偿限额50万元)及不计免赔特约险,但杜某就上述赔偿款事宜未能与保险公司达成共识,故诉至法院。

保险公司一审辩称杜某出险后未报案,无法核实杜某承保信息,根据国务院《机动车交通事故责任强制保险条例》第24条第3款规定,证实机动车肇事逃逸,由交通事故救助基金进行赔偿,不是由保险公司赔偿。根据《中国保险行业协会机动车综合商业保险示范条款(2014版)》(以下简称《示范条款》)第18条第2款第1项规定,事故发生后,驾驶人驾驶被保险车辆逃逸的,保险人不承担赔偿责任。故被告不应承担赔偿责任。

一审法院认为:本案争议焦点系交通事故发生后驾驶员逃逸,被告保险公司是否按照保险约定履行赔偿责任。杜某在保险公司投保交强险及商业车险。关于交强险,根据《侵权责任法》第53条规定"机动车驾驶人发生交通事故后逃逸,该机动车参加强制保险的,由保险公司在机动车强制保险责任限额范围内予以赔偿",因此保险公司应在交强险限额内予以赔偿。关于商业车险,依据民事自治原则,在不违背法律规定前提下,应尊重当事人之间的民事约定,依据《保险法》第17条规定"对保险合同中免除保险人责任的条款,保险人在订立合同时应当在投保单、保险单或者其他保险凭证上作出足以引起投保人注意的提示,并对该条款的内容以书面或者口头形式向投保人作出明确说明;未作提示或者明确说明的,该条款不产生效力",被告保险公司未提供证据证实其向原告杜某履行了相关提示和说明义务,故该免责条款对原告无效。原告提出赔偿37万元的诉讼请求,未超出法律规定的赔偿数额,且原告已经支付,判决保险公司赔偿杜某37万元。

保险公司不服一审判决,认为交强险中驾驶人张某承担全部责任,但死者王某系受到两次碾压,应对交强险的赔付范围结合另外一辆车的交强险的赔付情况进行划分;商业车险中驾驶人张某系肇事逃逸,属于免责条款,不应承担

---

[1] 河北省廊坊市中级人民法院(2019)冀10民终1602号民事判决书。

赔偿责任,提出上诉。

二审法院认为:双方当事人未提交新证据,对一审查明的事实,予以认定。本案争议焦点为保险公司对涉案事故的赔付标准。关于交强险,作为一种强制性保险,其免赔条款中并不包含肇事逃逸,因此保险公司应当赔偿。关于商业三责险,作为车辆驾驶人在发生交通事故后逃逸,违背了社会道德,是一种逃避责任的违法行为。但是发生交通事故后的逃逸行为与之前发生的交通事故之间并无因果关系,即之前的交通事故并非因为之后的逃逸行为而发生,故,因为当事人的逃逸行为而对之前本应由保险公司承担的保险责任免除,于理不合。《保险法司法解释(二)》第10条规定"保险人将法律、行政法规中的禁止性规定情形作为保险合同免责条款的免责事由,保险人对该条款作出提示后,投保人、被保险人或者受益人以保险人未履行明确说明义务为由主张该条款不生效的,人民法院不予支持",对此应怎样理解,本院认为:就本案而言,所谓将法律、行政法规中的禁止性规定情形作为保险合同免责条款的"免责事由"应指车辆驾驶人在逃逸过程中对他人人身和财产所造成的损失以及因逃逸行为所造成的损失扩大的情形,对该部分损失保险公司免责,而并非对逃逸之前所发生交通事故造成的第三者损失免责。但是,车辆驾驶人在发生交通事故后的逃逸行为则可能加大保险公司的保险责任。因为在发生交通事故后逃逸的情形下,对事故责任的认定采用的是推定责任,即在无相反证据证明第三者存在过错的情形下,肇事方负事故全部责任,这可能使得把原本不属于肇事方的责任归于肇事方而最终由保险公司买单,即可能会使保险公司额外承担原本不应由自己承担的那部分责任,相当于在一定程度上加大了保险公司的赔偿责任。一审法院判令保险公司承担全部责任不当,应予纠正。根据具体案情酌定杜某在交强险范围之外承担第三者20%赔偿责任,而由保险公司在第三者责任限额内承担80%赔偿责任,即(370000-122000)×0.8=198400元,能更好地平衡保险人和被保险人双方的利益。二审判决保险人承担198400+122000=320400元。

【判例2】"实习期"偏失性解释判例❶

2018年1月16日13时40分,王某驾驶重型半挂牵引车在道路交叉口与赵某驾驶的无牌两轮电动车发生碰撞事故,造成赵某受伤,经交警认定赵某负事故主要责任,王某负事故次要责任,经查明被保险车辆驾驶员王某持2017年2月22日增设的A2准驾车型,事故时仍处于《机动车驾驶证申领和使用规定》第74条规定的"实习期",王某已在某保险公司投保交强险、商业三责

---

❶ 福建省厦门市中级人民法院(2019)闽02民终610号民事判决书。

险（限额 100 万元），保险公司根据商业车险合同关于"实习期"免责条款的规定，对商业三责险予以拒赔，受害者赵某随即诉至法院。

保险公司一审辩称被保险人驾驶员王某所持有 A2 驾照仍处于实习期，根据公安部《机动车驾驶证申领和使用规定》第 74 条"机动车驾驶人初次申请机动车驾驶证和增加准驾车型后的 12 个月为实习期"及第 75 条"机动车驾驶人在实习期内不得驾驶公共汽车、营运客车或者执行任务的警车、消防车、救护车、工程救险车以及载有爆炸物品、易燃易爆化学物品、剧毒或者放射性等危险物品的机动车；驾驶的机动车不得牵引挂车"规定，并依据《示范条款》第 24 条第 2 款第 5 项"实习期内驾驶执行任务的警车、消防车、救护车、工程救险车、载有危险物品的机动车或牵引挂车的机动车"，不论任何原因造成的人身伤亡、财产损失和费用，保险人均不负责赔偿。保险人据此不应承担商业三责险赔偿责任。

一审法院认为：本案争议焦点系驾驶人 A2 增驾驾照"实习期"内肇事，被告保险公司是否在商业三责险内承担赔偿责任。《道路交通安全法实施条例》第 22 条第 2 款规定"机动车驾驶人初次申领机动车驾驶证后的 12 个月为实习期"，第 3 款规定"机动车驾驶人在实习期内不得驾驶公共汽车、营运客车或者执行任务的警车、消防车、救护车、工程救险车以及载有爆炸物品、易燃易爆化学物品、剧毒或者放射性等危险物品的机动车；驾驶的机动车不得牵引挂车"，但《道路交通安全法实施条例》与《机动车驾驶证申领和使用规定》就"实习期"规定，存在不一致，对保险条款中"实习期"的理解易产生争议。根据《合同法》第 41 条"对格式条款的理解发生争议的，应当按通常理解予以解释。对格式条款有两种以上解释的，应当作出不利于提供格式条款一方的解释。格式条款和非格式条款不一致的，应当采用非格式条款"规定，保险公司没有证据证明已将车险条款中"实习期"为"机动车驾驶人初次申领机动车驾驶证和增加准驾车型后的 12 个月为实习期"的含义解释告知投保人，对该条款的理解应当作出不利于保险公司的解释，即对"实习期"的理解应当按"机动车驾驶人初次申领机动车驾驶证后的 12 个月为实习期"，王某初次申领驾驶证时间为 2010 年 12 月 31 日，其实习期至 2011 年 12 月 31 日。保险公司主张的免责条款不成立，对保险公司免责抗辩主张不予支持，判决保险公司在交强险和商业三责险项下赔偿 102 万元。

保险公司不服一审判决，主要基于两点：一是认为一审适用《道路交通安全法实施条例》第 22 条及《合同法》第 41 条解释保险条款约定的"实习期"，适用法律错误。《道路交通安全法实施条例》第 22 条与《机动车驾驶证申领和使用规定》第 74 条第 1 款有关"实习期"的规定存在差异，《机动车驾驶证申领和使用规定》系公安部专门颁布的部门规章,属新发布的特别规定,应予以适用,故不存在对格式条款理解存在争议的情形。本案交通事故发生在2018年1月16日,王某驾驶的车型为重型半挂牵引车,系其于2017年2月22日增设的A2准驾车型,事发时仍处于《机动车驾驶证申领和使用规定》第74条第1款规定的"实习期",即本案事故发生于《示范条款》第24条第2款第5项约定的"实习期",保险公司据此主张免赔,有相应的法律和实施依据,应予支持。二是认为一审认定保险公司未向投保人履行"实习期"具体含义的提示告知义务有误。保险公司将《道路交通安全法实施条例》第22条第3款"机动车驾驶人在实习期内不得驾驶公共汽车、营运客车或者执行任务的警车、消防车、救护车、工程救险车以及载有爆炸物品、易燃易爆化学物品、剧毒或者放射性等危险物品的机动车;驾驶的机动车不得牵引挂车"禁止性规定情形设定为《示范条款》的免责事项,并在投保单提示投保人仔细阅读保险条款尤其是责任免除条款,同时在《机动车综合商业保险免责事项说明书》就免责条款用黑体加粗字体予以标识,据此可以认定保险公司已就相关免责条款履行了提示义务。根据最高人民法院《保险法司法解释(二)》第10条之规定,保险公司已将依据行政法规中禁止性规定情形设定的免责条款对投保人做了提示,该免责条款成立并对投保人有约束力,保险公司有权据此主张免除商业三责险赔偿责任。

二审中级法院认为:关于保险公司是否应承担商业三责险赔偿问题,肇事车辆驾驶员王某已经根据《道路交通安全法实施条例》第22条的规定完成初次领证的12个月实习期,且已取得与本案肇事车辆车型相符的机动车驾驶证。王某在本案事故发生时所处的"实习期"是根据公安部《机动车驾驶证申领和使用规定》第74条规定设立的,驾驶员增加准驾车型后还需经历的12个月实习期,该增驾实习期为公安部在行政法规规定基础上另行设定的实习期。根据最高人民法院《保险法司法解释(二)》第10条解释,保险人将法律、行政法规中的禁止性规定情形作为保险合同免责条款的免责事由,保险人对该条款做出提示后,投保人、被保险人或者受益人以保险人未履行明确说明义务为由主张该免责条款不生效的,人民法院不予支持。因此对于行政法规所规定的实习期,保险公司只要进行了提示就视为履行了说明义务。虽然保险公司对保险合同中的免责条款进行了概括性的提示,但是本案中王某所处的实习期为公安部《机动车驾驶证申领和使用规定》所设定的增驾实习期,而保险公司并未举证证明其就免责条款中的实习期还包括前述《机动车驾驶证申领和使用规定》补充设定的实习期进行必要的说明,造成本案当事人对实习期免责条款的适用范围发生争议。在此情况下,一审法院根据格式条款的解释规则对保险公司主张的免责条款不予采纳并无不当，可予以维持，最终判决保险公司承担交强险和商业三责险项下赔偿责任 101 万元。

二、裁判偏离：失衡的价值判断、解释判断、利益判断

审判实践中反映出来的一种不良倾向是，法官以保险合同所约定的保险责任为基础，依据生活常识与逻辑推理，甚至仅依据法官的价值取向，首先得出保险人应当承担某项义务的心证，而后以格式条款免除了保险人的该项义务为由认定相关条款无效。这一裁判逻辑不符合《保险法》第 19 条有关格式条款因其免除保险人"依法应承担的义务"而无效的规定，也不符合《合同法》第 40 条的立法本意。裁判结论貌似合理，实为"公平原则"的无据滥用❶。本文两则判例中，"肇事逃逸"及"实习期"驾车出险是极为严重的违法行为，司法裁判及说理明显背离保险合同中设置"禁止性"免责条款的社会功效及社会责任，更背离"交通安全"及"生命安全"的人本理念及遵法理念，导致价值判断、解释判断、利益判断处于失衡状态，减弱了保险机制中社会管理功能及遵法引导功能。

（一）失衡的价值判断

《保险法》第 17 条规定的格式条款说明义务，免除保险人责任的条款的提示及明确说明义务，成为保险人败诉的"法器"，该规则的价值是保护被保险人利益的"利器"。

【判例 1】中保险公司在一审庭审中，未能提供相应投保单、免责条款声明等投保人签字的投保资料，源于这是代理渠道业务，导致在投保环节出现投保人未在投保单等投保资料上签名的重大签约法律风险。一审判决依据《保险法》第 17 条第 2 款规定，以保险公司未提供证据证实其向投保人（被保险人杜某）履行了相关提示和说明义务，认定"肇事逃逸"免责条款无效。一审法院不仅未提及《保险法》第 17 条第 1 款"订立保险合同，采用保险人提供的格式条款的，保险人向投保人提供的投保单应当附格式条款，保险人应当向投保人说明合同的内容"规定，而且直接回避了《保险法司法解释（二）》第 10 条规定，未就被保险车辆驾驶员"肇事逃逸"的"禁止性"免责条款作出法律适用的任何阐述。

【判例 2】中保险公司有效履行提示和说明、明确说明等程序性要件，一审判决"另辟蹊径"，以《合同法》第 41 条"不利解释规则"，认定保险公司没有将"实习期"为"机动车驾驶人初次申领机动车驾驶证和增加准驾车型后

---

❶ 刘建勋. 格式保险条款无效裁判研究 [M] //谢宪. 保险法评论：第四卷. 北京：法律出版社，2012：3.

的12个月为实习期"的含义解释告知投保人,应当作出不利于保险公司的解释,判决保险公司败诉。

关于保险人对免责条款的明确说明义务,就价值判断而言,作为约束保险人理赔行为及预防销售误导行为的重要规制,能够发挥一定的导向作用,但保险业界、保险学界、保险法界对此有争议,但也认为《保险法》第17条的法律规制极其严格,具体包括"交付的投保单附有格式条款、说明合同内容、提示注意免责条款、明确说明免责条款"等连续性四项法定动作。前三项法定动作均有细致性规定,但"明确说明免责条款"法定动作,则没有。《保险法司法解释(二)》第11条第2款规定:"保险人对保险合同中有关免除保险人责任条款的概念、内容及其法律后果以书面或者口头形式向投保人作出常人能够理解的解释说明的,人民法院应当认定保险人履行了《保险法》第17条第2款规定的明确说明义务。"这是一个"无解"的"失衡"法条,保险人根本无法真正做到"明确说明"的价值判断,若做到,交易成本极高,首次签订1份格式保险条款可能耗时几日,失去了格式条款可以反复使用、快速交易的优势及特色。因此,《保险法》第17条第2款的"明确说明"规制及《保险法司法解释(二)》第11条第2款"界定明确说明"规制的价值判断是失衡的,这种主观主义判断标准,理论上和实践上有些"说不通、行不通",损害了保险交易缔约行为。

(二)失衡的解释判断

《保险法司法解释(二)》第10条规定:保险人将法律、行政法规中的禁止性规定情形作为保险合同免责条款的免责事由,保险人对该条款作出提示后,投保人、被保险人或者受益人以保险人未履行明确说明义务为由主张该条款不生效的,人民法院不予支持。该条的解释是维护"禁止性"情形应当遵循的重要保障和保证。

【判例1】中保险公司在二审庭审中,提出"肇事逃逸"属于"禁止性"免责条款,商业三责险不应赔偿的诉求。二审法院对"肇事逃逸"与《保险法司法解释(二)》第10条规定作出"关联性、牵强性"的说理性解释,认为"应指车辆驾驶人在逃逸过程中对他人人身和财产所造成的损失以及因逃逸行为所造成的损失扩大的情形,对该部分损失保险公司免责,而并非对逃逸之前所发生交通事故造成的第三者损失免责"。这种解释超出了该条款字面含义,对明确无歧义的条款作出了不当解释,这种"人为创造性"解释是"无序的、荒谬的",其危害性极大。

肇事逃逸是指交通事故发生后,当事人明知自己发生了交通事故,为逃避事故责任,故意逃离事故现场,不向公安机关报案的一种违法行为,包括两种情况：一是人和车在事故发生后都逃离事故现场；二是弃车逃逸，即当事人将车留在现场，人逃离事故现场。肇事逃逸是一种性质十分恶劣、情节十分严重的违法行为，当事人必须承担刑罚、吊销驾驶证等不利严重后果。可见二审法官的"创造性"解释与"肇事逃逸"的本意是"不相符合、不对称"的，是一种失衡的"歧义性"解释。

【判例 2】中保险公司在二审庭审中，提出《机动车驾驶证申领和使用规定》系公安部专门颁布的部门规章，属新发布的特别规定，应予以适用。二审法院认为对于"增驾实习期"，保险公司不能证明"实习期"还包括《机动车驾驶证申领和使用规定》补充设定的"增驾实习期"对当事人进行必要的说明，造成对"实习期"理解发生争议，一审法院根据格式条款"不利解释规则"判决保险公司承担赔偿责任是正确的，驳回保险公司的诉讼请求。

"实习期"是交规中为确保安全驾驶而设置的规则安排，应当予以严格遵守和遵循，作为驾驶人更应懂得"实习期"规则的影响。作为分散风险的保险机制，保险条款不能为法律法规中"禁止性"行为提供保障，保险条款中也不可能完整列举各种"禁止性"情形。这种"禁止性"情形并非保险条款本身"设计"，而是基于法律强制性规定，就保险条款设计而言，也不必详细列举，否则保险条款更是极为"冗长"，不仅不符合"简约化、通俗化"要求，而且"禁止性"行为的各种情形是变动的，作为保险条款不可能随着"禁止性"情形的变动而更改。保险条款中无需也不可能对"禁止性"情形"逐一"列举，因此一审、二审这种"强行性"分拆"实习期"的解释是失当的，可能助长驾驶人违法"侥幸"行为。

（三）失衡的利益判断

本案中保险公司曾遭受被保险人、受害人的上访等，一审法院、二审法院也遭受被保险人、受害人的上访等，承受很大压力。交通事故损害赔偿案件中，特别是在肇事者无力赔偿又不在保险责任范围的交通事故索赔案，时常出现受害人上访、闹事等过激手段给法院施加压力，法官会以维稳的政治需要、以保护弱者之名，不顾交强险还是商业险，不顾是否有免赔事由，判决保险公司承担赔偿责任，尽管有国情的渊源及现实的无奈，但"法官怜悯之心"可能助长不良社会风气，否定保险人控制危险的合理手段。

更有有识之士[1]指出：法官在审理保险合同纠纷案件时，经常面对《合同法》规则遵守与弱势群体保护之间的矛盾。而且，被保险人是在遭受保险人拒赔的情形下向法院提起诉讼的，被保险人在诉讼过程中往往情绪激烈，动辄扬

---

[1] 程太和. 保险合同纠纷的掣肘因素 [N]. 中国保险报，2016-01-07.

言信访上访，给社会维稳工作造成很大压力。一些法官出于案结事了、息事宁人的态度，加上对遭遇不幸者的同情与怜悯，往往对法律原则牺牲较大，进一步导致保险合同纠纷案件审理尺度的差别。令人担忧的是，这种裁判态度近年来在我国也呈现扩张趋势，损害着保险契约的正当性及保险人权益的正当性。

纵容这种无序的、无理的"恶意"闹访缠访，是对法治的践踏，损害着公平正义、是非善恶的标准，释放出法律可以"讨价还价"的谬误信息，更是失衡的利益判断。

三、路径重塑：公允的价值取向、利益衡量、解释规则

过度追求否定格式条款效力的裁判思路，从长远看未必真正有利于保险消费者。法院在针对格式保险条款作出无效裁判时，应当持高度审慎的态度，以保险交易的特殊性为出发点，综合考量《保险法》第19条（或《合同法》第40条）的立法本意，结合公平原则与利益衡量等各项因素，平等地保护保险人与保险相对人的利益[1]。本文两则判例中，"肇事逃逸"和"实习期"驾车属于禁止事由，被保险人应当知晓其严厉后果，因而应当无需"明确说明"。反之反映出保险合同中"禁止性"免责条款的司法裁判偏失性，并不能平衡保险双方当事人利益，保险人不能在保险条款中纵容承保"禁止性"情形，投保人、被保险人也不能在驾车行为中任性违反"禁止性"情形。为实现保险机制的有效运作，实现"禁止性"情形的有效遵守，我们需要重塑公允的价值取向、利益衡量、解释规则等路径。

（一）公允的价值取向

公允的价值取向"永远无尽头"。司法裁判正在成为"不当索赔泛滥"的重要"帮手"，随意解释、任意否定"禁止性"情形，导致司法裁判的价值取向"失衡"及"扭曲"。投保单"投保人声明栏"不是投保人亲笔书写和签字；投保人没有签收保险单；条款没有附贴在保险单上并盖骑缝章；投保单或保险单背面印刷条款内容字数太多、字号极小、无法显示免责条款加粗的字样。这些均属于保险人没有履行"提示"和"明确说明义务"的"潜在证据"。毫不夸张地说，"保险人说明义务制度"在某种程度上已经成为投保人滥用权利的"挡箭牌"，是不当索赔泛滥的重要诱因[2]。

任何法律都包含价值与实现价值的技术两个层面，前者表现为法律原则，后者体现为原则指引下的法律规则。应对"提示"义务和"明确说明"义务设

---

[1] 刘建勋. 格式保险条款无效裁判研究 [M] //谢宪. 保险法评论：第四卷. 北京：法律出版社，2012：3.
[2] 马宁. 保险人明确说明义务批判 [J]. 保险研究，2015（3）：102-119.

置控制规制。

关于保险人无需对"禁止性"免责条款履行明确说明义务,其本质是基于肇事逃逸、无证驾驶、酒后驾驶等"禁止性"免责条款的公共利益属性的考量,如广东省深圳市中级人民法院《关于审理财产保险合同纠纷案件的裁判指引(试行)》[1]扩大了"禁止性"情形的适用范围,第5条明确"未取得驾驶资格或者未取得相当驾驶资格的"保险人已经履行提示义务,被保险人主张保险人未履行明确说明义务而不生效的,人民法院不予支持。因此,"实习期"应该属于"未取得驾驶资格",至少属于"未取得相当驾驶资格的",应予拒赔。

关于保险人对"禁止性"免责条款的提示义务,《保险法司法解释(二)》(征求意见稿)中第11条关于"法定免责合同化说明义务的履行"曾作出"保险人以法律、行政法规的禁止性规定作为保险合同免责条款的,可以免除保险人对该条款的提示和明确说明义务"的规定,保险人无须"提示"程序。但现行解释中仍需要履行"提示"程序,就此意义而言,"禁止性"免责条款必须予以"提示"后方可"免除明确说明义务",若未"提示",据字面解释,保险人"未提示"时不能免责。对于"禁止性"情形是否需要履行"提示"程序,值得商榷。

(二)公允的利益衡量

公允的利益衡量"永远偏客户"。法院要么事后扩展免责条款的范围,要么要求保险人证明其解释已使特定投保人理解,保险人几乎无法克服这两种风险。法官所欲达成的目标已不仅是保障投保人在理解交易条件的基础上做出决策,而是视明确说明义务为帮助被保险人获取赔付的便捷条件。法院把说明义务视为追求自己心目中公平结果的首选工具,体现出明显的偏好。而所谓公平,即是授予被保险人保障。易言之,法院判别明确说明义务的履行,并无一定合理规范,若说存在标准,那就是保险人"永远"未能善尽义务[2]。

笔者[3]认为:任何法律应彰显利益平衡,乃至利益的基本平衡。利益平衡是立法和司法实践中的重要原则,利益平衡也是保险合同价值构造和价值取向

---

[1] 广东省深圳市中级人民法院,《关于审理财产保险合同纠纷案件的裁判指引(试行)》第5条规定:在机动车保险合同纠纷案件中,与下列情形有关的免责条款,保险人已经履行提示义务,被保险人主张保险人未履行明确说明义务而不生效的,人民法院不予支持:(一)未取得驾驶资格或者未取得相当驾驶资格的;(二)驾驶无牌车辆或套牌车辆的;(三)醉酒、服用国家管制的精神药品或麻醉药品后驾驶车辆的;(四)事故发生后,被保险人或驾驶人在未依法采取措施的情况下驾驶保险车辆或者遗弃保险车辆逃离事故现场的。

[2] 马宁. 保险人明确说明义务批判[J]. 保险研究, 2015(3): 102-119.

[3] 聂勇. 保险合同中免责条款利益平衡机制研究[M]//中国保险行业协会. 保险法理论与实践. 北京: 法律出版社, 2016.

的重要内核,利益平衡更是免责条款监管判断和司法判断的重要规制。"禁止性"免责条款具有维护社会公共利益的效力基础,保险机制属于国家治理体系组成部分,必须服务于服从于公共利益。应协调与平衡合同自由原则与禁止免责条款滥用之间的矛盾与冲突,根据免责条款的类型(法定免责、保证免责、近因免责、损失费用免责)及价值排列(强行性条款、根本性条款以及任意性条款),采取不同判断标准。对于"禁止性"免责条款应当归属于"法定免责",在保护保险消费者权益和保险人诚信经营之间实现司法平衡。杜绝自相矛盾的裁判、差异裁判、同案不同判等严重损害"司法权威"现象,以公正司法规则及统一裁判尺度有效地规范司法行为,提升司法公信力。根据保险保障属性及司法审判特性,应着力从"立法、监管、设计、协同、实务、司法"等"一体式"免责条款法律规制构建以利益再平衡为基础和核心的保障机制。

(三)公允的解释规则

公允的解释规则"永远在路上"。司法裁判随意将保险条款解释为不公平条款,而忽视了保险的特殊属性,保险监管机关(原中国保监会)指出:在保险经营中,保险公司并不是对保险标的所发生的所有风险都予以赔偿,而往往基于相应的价格,约定予以赔偿的特定风险范围。因此,和一般合同中的责任免除条款不同,保险合同条款中责任免除条款是从外延上对承保风险范围的具体界定,是保险产品的具体表述方式,不属于《合同法》规定的免除己方责任,加重对方责任的不公平条款❶。

笔者❷认为:依据怎样规则来确定驾驶证、行驶证、操作证的免责事由及赔偿事由,司法机关判决"驾驶证、行驶证、操作证"为无效条款的具体理由是条款本身问题还是明确说明义务程序履行问题,再如"驾驶证有效期届满"条款曾经解释为"包含驾驶证本身效力期限届满和驾驶证上载明的有效期届满两种理解,驾驶证本身效力届满属于驾驶证效力的丧失,包括但不限于驾驶人在宽限期内未换取新证或者未被许可换取新证的后果;而超过驾驶证上载明的有效期限的驾驶证,驾驶人可以在宽限期内换取新证,在宽限期内该驾驶证仍合法有效"的强制性解释。对于"肇事逃逸"及"实习期"等"禁止性"情形,驾驶人明知的"公理",保险人是否还需要程序性要件,或者说怎样能更好地履行程序性要件,这是《示范条款》需要关注的重点。因此,商业车险条款改革的真正"症结"在于商业车险条款的顶层设计规则,否则仍是"头痛医头、脚痛医脚",不能"系统治疗",商业车险条款就会被审判者和媒体者"牵

---

❶ 中国保监会《中国保监会关于〈机动车辆保险条款〉的性质等有关问题的批复》(保监办复〔2003〕92号)。
❷ 聂勇. 商业车险示范条款之示范效应及法律审视 [J]. 中国保险,2015(4):33-39.

着鼻子走"。否定一项免责事由，法官需要考量多重因素、斟酌多重利弊，而我国审判者绝大多数是以保险人违反程序性要件（免责条款的醒目提示程序明确说明程序）为由判决免责条款不发生效力，而不是免责条款本身无效。《示范条款》改革不是"自我革命"，是在社会媒体和司法判决的双重压力下的"被动革新"，《示范条款》有过度迎合消费者及裁判者之"过度效应"，没有形成条款顶层设计规范。商业车险改革的核心环节是建立车险条款的法律规制和监管规制，只要我们有顶层设计规范，审判机关一定会尊重和审视，《示范条款》才可以规避"霸王条款"之恶名，才具有典型的示范意义和示范效应。

结语：保险"禁止性"免责条款裁判思维的矫正

综言之，保险合同中"禁止性"免责条款与维护公共安全和公共利益密切关联，司法裁判者应当敬畏保险合同中"禁止性"免责条款，加强《保险法》司法解释及司法意见的权威性，加强裁判规则及裁判行为的统一性，切实做到顶层设计与顶层推动的协调协同，做到审判规则与审判实务的示范规范。

简言之，我们应进一步研究"禁止性"免责条款的社会功能及管理功能，当前在《示范条款（2020版）》中，已经取消"实习期驾驶五类车"的免责条款；取消驾驶出租车等营业性用车的司机无从业资格证的免责条款；取消实习驾驶时无教练随车指导的免责条款；取消非被保险人允许的驾驶人驾驶车辆的免责条款；取消车辆未年检或检验不合格的免责条款。我们应反思保险功能的正当性及社会性，取消这些免责条款实属过度"迎合"司法裁判。当前我国保险体系中，保险机制更应鉴于"三证三令三超三改"[1]的重要性，在保险监管或行业自律层面，改变当前保险条款中"各自为政、各自表述"的弊端，根据险种特性，合理改进在车险、责任险、意外险等险种中设计规则，实现险种之间的规范性、协同性及统一性。在保险责任设计上强化"免责条款＋减责条款"的理念，在赔偿方式设计上强化"减赔＋拒赔＋垫付"的理念，发挥好保险合同中"禁止性"免责条款的引导功能。

扩言之，我们应进一步研究保险合同中免责条款的法律规制，有学者[2]指出：由于缺乏对保险营业特性的认识，信息能力不足的立法者在设计保险人明确说明义务时，并未考虑履行成本与投保人的信息需求，使之不仅未能有效实现保障意思自治的立法目标，还给保险营业造成了消极影响，因而是一个失衡的立法策略。司法对该义务的强化更是放大了立法失衡的负面效应。因此，应

---

[1] 三证：机动车管理法规中驾驶证、行驶证、操作证；三令：客车夜休令、危险品车装载令、行驶令；三超：超载、超员、超限（超长、超宽、超高）；三改：改装、改型、改造。

[2] 马宁. 保险人明确说明义务批判 [J]. 保险研究，2015（3）：102-119.

以均衡考虑保险人和投保人利益需求的信息提供义务，替代机制失衡的明确说明义务。对于意思自治的不足，则可通过提升给付均衡与保障合理期待填补。现行立法将强化明确说明义务作为对保险格式条款的主要规制路径并不可行，立法、司法及学术应转换思路，将焦点转向更为重要的内容控制规范的完善和实现合理期待的制度保障。

顺风车运行行为的保险保障路径探析

朱 玥[1]

摘 要 司法实践中，在决定顺风车运行过程中发生的事故能否获得针对该车辆所投保险的赔偿时，核心的考量因素即为顺风车运行行为是否属于保险合同履行过程中危险显著增加的情形。但这事实上超越了《保险法》第52条规定的被保险人危险显著增加告知义务的制度功能。应当以合乘信息服务平台公共责任保险及针对顺风车驾驶人与合乘人的特别保险，构建起完善的顺风车运行行为保险保障路径，以助力顺风车业务的健康可持续发展，保护各参与主体的合法权益。

关键词 顺风车 保险 危险显著增加

在首届中国顺风车法律论坛上，城市智行信息技术研究院公布了一组数据：截至2019年年底，全国各地有17家信息平台公司在400多个城市开展顺风车业务，累计注册车辆1500万台，在不增加车辆出行频次的前提下可以提供共享座位6000万个；注册乘客1.9亿人次，全年合乘出行36.4亿人次。[2]

随着顺风车业务的不断发展，顺风车运行行为所带来的社会效益不断凸显。但其所带来的风险同样不容忽视，如何建构起有利于顺风车业务健康发展并能够妥善保护各参与主体合法权益的保险保障路径，十分必要亦十分迫切。

一、问题引出：两则涉及顺风车运行行为保险理赔的司法判例

（一）（2017）辽0204民初3242号案：投保人从事顺风车运行致使车辆风险显著增加，被保险人未向保险人履行告知义务，保险公司可以拒赔

2017年8月31日，辽宁省大连市沙河口区人民法院作出（2017）辽0204

---

[1] 朱玥，北京市第二中级人民法院法官助理。
[2] 韩丹东. 如何确保顺风车合乘人安全 [N]. 法制日报，2020-01-11 (4).

民初 3242 号民事判决书❶。

案件事实如下：2016 年 11 月 14 日，原告王某在被告某保险公司处为其车辆投保了机动车损失保险、机动车车上人员责任保险（车上乘客）等，保险期限自 2016 年 11 月 14 日起至 2017 年 11 月 14 日止。保险单载明投保车辆的使用性质为"非营业个人"，在"特别约定"处载明"非营业车辆因从事营业性运输而导致的事故，我公司不承担赔偿责任"。2017 年 4 月 8 日，案外人杨某通过滴滴打车软件顺风车功能乘坐被保险车辆。原告王某的丈夫付某驾驶被保险车辆沿鹤大线由东向西行驶时与对向左转弯刘某驾驶的轿车相撞，造成被保险车辆受损以及杨某受伤。经交警部门认定，付某驾驶机动车通过交叉路口未减速慢行、未按操作规范安全驾驶，是发生事故的原因之一，其与刘某负事故的同等责任。其后，原告向被告申请理赔。2017 年 5 月 4 日，被告出具拒赔通知书。原告表示，其从 2016 年年底开始从事顺风车运输，没有通知被告。

法院裁判认为：案涉车辆投保时约定用途为"非营业个人"，即个人家庭非营业性使用。但是，投保车辆却通过滴滴打车软件拉载杨某，且收取相应车费，已非个人或者家庭使用，显然属于改变了使用性质、进行营业性运输。而且，这种使用行为由于乘客的不特定性、车辆行驶区域的不确定性以及后果的不可预见性，使投保车辆的危险程度显著增加，但原告却未按照合同约定及时通知被告。被告拒赔符合约定，于法有据。原告要求被告在机动车损失保险、机动车车上人员责任保险范围内理赔于法无据，法院不予支持。

（二）（2017）京 0112 民初 30683 号：顺路搭乘行为行驶范围、行驶路线均在合理可控范围内，未致风险显著增加，保险公司不得拒赔

北京市通州区人民法院于 2017 年 11 月 29 日作出（2017）京 0112 民初 30683 号民事判决书❷。

案件事实如下：2016 年 11 月 23 日，原告李某向被告某保险公司针对其车辆进行投保，使用性质为家庭自用车，保险期间自 2016 年 12 月 3 日 00：00 起至 2017 年 12 月 2 日 24：00 止。其中，机动车交通责任强制保险单重要提示第 4 项为：投保人应如实告知对保险费计算有影响的或被保险机动车因改装、加装、改变使用性质等导致危险程度增加的重要事项，并及时通知保险人办理批改手续。2017 年 7 月 9 日，李某驾驶投保车辆自北京市丰台区返回河北省三河市燕郊高楼镇。行驶路线途经位于北京市通州区的上科华联商厦及位于河北省三河市燕郊镇的福成酒店。为此，李某通过"滴滴出行"平台接顺风车单，将顺风车乘客自北京市通州区上科华联商厦送至河北省三河市燕郊镇的

---

❶❷ 中国裁判文书网（http://wenshu.court.gov.cn/），访问日期 2020 年 12 月 8 日。

福成酒店。行车途中，原告李某在通州区京榆旧线宋庄任丘工业区段由西向东行驶时，车辆左侧及左前车轮与路中心护栏接触，造成车辆左侧及左前车轮损坏、路中心护栏损坏四片，无人伤。事故发生时，车内有顺风车乘客同行。北京市公安局公安交通管理局通州交通支队潞河大队向李某出具简易程序处理交通事故认定书，认定为单方责任事故。2017年7月24日，李某向保险公司出具机动车辆保险索赔申请书。

  法院裁判认为，被保险人履行危险增加通知义务的前提是保险标的的危险程度显著增加。保险合同在订立和履行过程中，保险标的的情况可能会发生变化，如果发生保险事故的可能性增加，则视为危险程度增加。同时，危险程度增加的显著性需要考虑所增加危险的重要性、持续性及未被估价性。本案中事故发生时，车辆用于顺风车接单，顺风车以车主既定目的地点为终点，顺路搭乘，目的在于分摊行驶成本。正是因为顺风车以车主既定目的地点为终点，故客观上是否有合乘乘客不会导致投保车辆使用频率增加；同时因顺路搭乘，故行驶范围、行驶路线亦在合理可控范围内。因此，本案中李某并未因顺路搭乘，而导致被保险车辆危险程度显著增加。而且，保险公司亦未举证证明李某将涉案车辆用于顺风车行程造成车辆危险程度显著增加而引起事故，故本案事故非因保险标的危险程度显著增加而发生，保险公司不能免责。

（三）上述两则案例引发的思考

  由上述两起案件的裁判可以看出，对于顺风车运行过程中发生的保险事故能否获得针对该车辆所投保险的赔偿，司法实践中的处理结果并不一致。事实上，自2015年"滴滴出行"平台上线顺风车业务以来，相关争议持续不断发生，保险行业实践和司法裁判实践对相关事故的保险理赔规则始终莫衷一是。

  2016年7月27日，交通运输部、工业和信息化部、公安部、商务部、工商总局、质检总局、国家网信办联合发布《网络预约出租车经营服务管理暂行办法》。该暂行办法附则规定"私人小汽车合乘，也称为拼车、顺风车，按城市人民政府有关规定执行"，从而原则上允许顺风车运行行为的存续，进一步明确了顺风车是区别于网约车的一类运行行为。

  那么，对于顺风车运行过程中发生的事故，能否得到相应的保险保障，何种保险保障能够更好实现保险功能并助力健康的顺风车运行行为得以存续发展，实为值得深入探讨的问题。

二、法律适用争议及顺风车保险事故理赔关键：从事顺风车运行行为是否属于"危险显著增加"的情形

  纵观已有司法判例，法官在决定顺风车运行过程中发生的事故能否获得针

对该车辆所投保险的赔偿时，核心的考量因素即为顺风车运行行为是否属于保险合同危险显著增加的情形。

《保险法》第 52 条规定，在合同有效期内，保险标的的危险程度显著增加的，被保险人应当按照合同约定及时通知保险人，保险人可以按照合同约定增加保险费或者解除合同。保险人解除合同的，应当将已收取的保险费，按照合同约定扣除自保险责任开始之日起至合同解除之日止应收的部分后，退还投保人。被保险人未履行前款规定的通知义务的，因保险标的的危险程度显著增加而发生的保险事故，保险人不承担赔偿保险金的责任。但实践中，从事顺风车运行行为，车主或其允许的驾驶人并不会向保险人进行告知。

因此，在法官认定从事顺风车运行行为构成危险显著增加的案件中，由于投保人未向保险人履行告知义务，涉案事故损失无法得到保险人赔付；而在法官认定从事顺风车运行行为不构成危险显著增加的案件中，涉案事故损失则可以得到保险人赔付。此亦可从前述两则司法判例中得以佐证。

在司法实践中，顺风车运行行为是否属于保险合同危险显著增加的情形，是从顺风车运行行为的界定、司法实践中衡量危险显著增加的维度和顺风车运行的价值考量三方面进行分析的。

（一）顺风车运行行为的界定

《网络预约出租汽车经营服务管理暂行办法》颁布后，很多地方出台了关于私人小客车合乘出行的具体规范。在这些地方规范性文件中，进一步明确了私人小客车合乘行为（包含顺风车）的概念。

结合《沈阳市私人小客车合乘出行管理规定》《北京市私人小客车合乘出行指导意见》《深圳市关于规范私人小客车合乘的若干规定》及上海市《关于规范本市私人小客车合乘出行的实施意见》，可以得出私人小客车合乘出行行为的概念要素通常包含以下几个方面：一是客观上合乘服务提供者与合乘人出行线路相同；二是主观上非出于营运的目的，由合乘服务提供者和合乘人分摊出行成本（燃料费和通行费）或免费互助，且每辆车每天合乘出行不得超过一定次数；三是合乘服务提供者使用自有车辆；四是双方自主达成合乘合意。

顺风车运行行为的上述要素，既是判断其区别于网约车营运行为的标准，也揭示出了其与一般私家车使用行为之间的差异。

（二）司法实践中衡量危险显著增加的维度

根据《最高人民法院关于适用〈中华人民共和国保险法〉若干问题的解释（四）》第 4 条规定，"危险显著增加"应当综合考虑保险标的用途、使用范围、所处环境、改装、使用人或管理人的改变等因素，并要求危险程度增加具有持续性和保险人订立保险合同时的不可预见性。故而，通说将危险显著增加的构

成要件概括为"重要性""持续性"和"不可预见性"三个方面。❶

对于顺风车运行行为而言,其满足"持续性"与"不可预见性"要件不必赘言,关键在于判断将私家车用于顺风车运行,是否构成危险的"显著"增加,即是否具备"重要性"。

保险的大数法则就是通过聚集众人资金,来有效分担一定风险发生概率内的保险事故给特定参保个体带来的风险。保险人在决定是否承保及保险费数额时,需要精确测算特定保险事故的发生概率。根据诚实信用原则和对价平衡原则,当危险增加的情形会影响保险人改变承保意思或提高保险费率时,保险人即具有知情权,与之相适应,被保险人即负有告知义务。故对于危险显著增加"重要性"要件的考量可以进一步具体为相应危险情形是否导致保险人要求解除合同或提高保费。

顺风车运行行为相较一般私家车使用行为,增加的风险包括两个方面。

一是车辆的使用范围。在实践中,顺风车运行通常发生在车辆驾驶人居住地点与工作地点的往返路途中;对于驾驶人而言,该路途中行程路线相对固定,其对路况较为熟悉。尽管各地方政府出台的关于顺风车的规范性文件中通常将每车每日的合乘次数限制为二至四次。但拼车合乘的路线不可能完全一致,顺风车运行依然会导致车辆行驶里程增加、行驶路线改变。特别是在通过合乘信息服务平台进行顺风车接单寻找合乘人的过程中,顺风车驾驶人先行设置出行路线和出行时间,进而在出行时间相同的合乘路线发布者中找寻与自己出行路线相似的人。出于对出行成本分担效果的考虑,顺风车驾驶人也不会苛求合乘路线的完全一致。相比于行驶在工作地点与居住地点之间的固定路线,顺风车运行导致行驶时间延长、行驶里程增加、行驶路线改变、路况熟悉度降低,故顺风车运行中发生事故的概率有所提高。

二是车上人员的不确定性。尽管一般私家车使用过程中,也会存在搭载亲朋好友的情形。但顺风车运行行为与之不同的是,合乘人具有不确定性、不相熟性;由于合乘人寻找路径的不同,同一次顺风车运行行为的搭乘人数也不限于一人。此外,合乘行为的发生频率明显高于一般私家车搭载亲朋好友的频率;具言之,对于一般的私家车使用而言,搭载亲朋好友并不具有"持续性",而顺风车运行过程中与他人合乘是具有"持续性"的。较高频次地与陌生人同行,亦会导致车辆使用过程中相应保险事故发生概率与保险事故发生后损害后果严重程度的提高。

---

❶ 最高人民法院民事审判第二庭. 最高人民法院关于保险法司法解释(四)理解与适用 [M]. 北京:人民法院出版社, 2018.

然而，上述车辆使用范围的变化和车上人员的不确定性，是否会影响保险人改变承保决定或者保险费率，进而构成危险的"显著"增加，便成为法院在适用《保险法》第52条和《最高人民法院关于适用〈中华人民共和国保险法〉若干问题的解释（四）》第4条时斟酌定夺和产生分歧的根本。

严格说来，法官对这一法律适用问题给出的结论，并非事实认定，而是价值选择。从保险事故发生概率的维度来看，顺风车运行行为是介于一般私家车使用行为和利用私家车进行营运行为之间的一种情形。理论界和实务界能够达成共识的是，在保险合同未予特别约定的前提下，利用私家车进行营运行为当然属于危险显著增加的情形。从逻辑上来讲，顺风车运行行为风险小于利用私家车进行营运行为的风险，并不必然得出顺风车运行行为不属于危险显著增加情形的结论；因为，利用私家车进行营运行为并不是判断危险"显著性"增加的原点。那么，立足现有法律，如果想得出具有绝对说服力的答案，就必须论证顺风车运行行为相较于一般私家车使用行为增加的风险，是否必然导致保险人拒绝继续承保或提高保险费率。但这个问题属于保险精算的范畴，具有极高程度的专业性。在具体案件中，作为原告的被保险人对此很难具有举证能力，而即便将举证责任分配给作为被告的保险公司，保险公司也当然会利用其专业优势为自身拒赔找寻论据。通过中国裁判文书网检索到的相关案件裁判文书中，并没有案件论及保险精算问题或者对保险精算问题以举证责任方式得出的结论。

从自由心证形成的角度来看，未呈明于裁判文书中的论据并非法官自身对保险精算结果的估判，而是对以下问题的价值考量：其一，顺风车运行行为是否应该得到鼓励与提倡；其二，如果鼓励提倡顺风车运行行为，相关行为风险应该由谁来承担以及以何种方式承担。

（三）顺风车运行的价值考量

顺风车运行除了能帮助顺风车驾驶人分担出行成本和帮助顺风车搭乘者提供性价比较高的便利出行方式外，还具有一定的社会公益性。具体表现为：在诸多城市出台私人小客车指标摇号措施和限号出行措施后，顺风车运行通过民间自愿互助的方式实现了对已有私人小客车的充分利用，体现了对物尽其用原则的贯彻落实；从而进一步有效缓解交通拥堵，促进能源节约，有利于环境保护，降低城市交通基础设施建设压力，符合城市管理目标。

然而，任何事物都如同硬币一般具有双面性特征，顺风车运行概莫能外。特别是2018年连续发生多起顺风车驾驶人侵害合乘人人身权益和财产权益的恶性事件后，顺风车运行的风险引起了社会各界的高度关注。顺风车存废之争

一度走上风口浪尖，引发了激烈的讨论。❶

在共享经济蓬勃发展的时代背景下，顺风车运行与很多其他新兴经济模式一样利弊伴生，对社会的影响具有复杂性和多面性。在国家的政策层面，显然不宜做出"存"或"废"的一刀切式决断，而应当在促进其优势发挥的同时，采取措施消弭其弊端。例如，《北京市私人小客车合乘出行指导意见》第9条明确规定，本市鼓励社会各界开展私人小客车合乘出行宣传活动，规范合乘行为、抵制非法营运，维护合乘当事人合法权益。

与此同时，在案件审理过程中，法官同样意识到鼓励顺风车运行行为存续的必要性，并认为要鼓励顺风车发展就不应对顺风车运行的各方参与主体苛以过重的义务❷。越来越多的司法裁判选择尽可能地由保险公司在合同范围内分担相应风险。具言之，即为在区别顺风车运行与网约车营运的基础上，认定顺风车运行行为不属于危险显著增加的情形，被保险人对此不负有告知义务，保险人应当对相应保险事故承担保险责任❸。

三、顺风车运行行为保险保障之路径完善

（一）对顺风车保险事故一般保险索赔路径的反思

通过以上论述，我们不难发现，《保险法》第52条和《最高人民法院关于适用〈中华人民共和国保险法〉若干问题的解释（四）》第4条规定的危险增加"显著"性，似乎很好地成了驾驶人进行顺风车运行时抵御风险的盾牌。于是，私家车可以免却后顾之忧地进行顺风车运行。

但不容忽视的是，与此同时，保险公司则因在订立保险合同时不可预见的顺风车运行行为不断增加，而需要在传统私人小客车保险业务领域承担更大的整体风险。作为商事主体，而非公益法人的保险公司，当然会对此采取措施进行应对。其中，最有可能的方式即为普遍提高私人小客车保险业务的收费标准，而这必然又会对不从事顺风车运行行为的私人小客车投保人群体造成不利。这并不是司法裁判者所希望看到的结果。

但如此困境并非缘于法官法律适用的谬误或价值选择的偏差，而应归结于法律制度本身的滞后性特征。随着互联网经济的不断发展创新，前所未有的经济交易模式和社会交往方式层出不穷，顺风车运行行为即为其中的典型代表。

---

❶ 银昕. 六问顺风车 [J]. 中国经济周刊，2018（21）：72-75；汪昌莲. 滴滴"戴罪"下线，更需治理顺风车"原罪" [J]. 人民法治，2018（17）：64.

❷ 参见（2019）京03民终9958号民事判决书.

❸ 王旭升. 顺风车保险拒赔案件裁判标准的审思与构建——以无讼网53份判决为基础的实证分析 [J]. 法律适用，2019（14）：77-86.

当这些新兴的交易交往模式中发生矛盾冲突时，法官也只能在既有的法律制度框架体系内寻找纠纷解决依据。

但案件的审结不应成为思索的终点。如果涉案的新兴交易交往模式是值得鼓励和提倡的，那么就必须深入分析各方主体之间的法律关系性质，并进一步思考各方矛盾冲突的症结和预防解决同类矛盾冲突的更好办法。

（二）顺风车运行过程中各参与主体的法律关系性质及行为风险分析

顺风车运行中的顺风车驾驶人提供的合乘服务不具有营利性特征，合乘人也不具有消费者的法律地位。顺风车驾驶人与合乘人之间不是运输合同法律关系，其本质上属于非营利的民间互助行为。顺风车的非营利性是其区别于网约车的根本特征。因此，根据权利与义务相一致原则，针对顺风车行驶路途中发生的风险，应该由顺风车驾驶人与合乘人共同承担，而非由顺风车驾驶人一方单独承担。

2010年以来，伴随着智能手机技术的成熟，合乘网约服务已经可以完全依托手机移动端进行合乘信息的查询与合同的缔结，并最终通过移动支付完成付款，乘客和司机仅在线下履行合乘义务即可[1]。为顺风车驾驶人和合乘人提供顺风车搭乘信息的合乘信息服务平台，在交易中仅起到信息交换媒介的作用，并收取一定费用，并不提供平台派单功能。合乘信息服务平台既不是驾驶人的代理人，也不是为合乘人提供运输服务的承运人。合乘信息服务平台与顺风车驾驶人和合乘人之间分别构成居间服务法律关系。

但这并不意味着合乘信息服务平台可以对顺风车运行过程中给相关主体造成的损害完全免责。

一方面，与顺风车驾驶人不同的是，合乘信息服务平台具有营利性属性。其利益来源至少包括三个方面：其一，合乘信息服务平台在提供信息交换、互通的信息服务过程中，会向顺风车驾驶人、合乘人收取一定金额的居间服务费用。其二，结合目前相关合乘信息服务平台的实际运行情况来看，其不仅提供单一的顺风车信息交换服务，而且将网约车与顺风车等业务纳入同一平台同步运营。合乘信息服务平台在网约车等业务中将会获得较顺风车业务更为丰厚的利润收益。无论是顺风车驾驶人还是合乘人，一旦注册为平台用户，合乘信息服务平台即在网约车和顺风车等业务领域均获得了更多的缔约机会。其三，互联网经济具有"流量为王"的特征，活跃用户量是各类合乘信息服务平台竞相争夺的核心资源。吸引用户注册后，合乘信息服务平台可以通过投放广告、获得点击量等方式赚取海量收益；还为其进一步拓展经营范围奠定了良好的客群

---

[1] 刘大洪. 网约顺风车服务的经济法规制[J]. 法商研究，2020 (1): 16-29.

基础。当下，诸多网约车平台利用丰富的用户资源开展保险、借贷等金融类服务，即为上述论点非常有力的论据。据此，根据报偿理论，合乘信息服务平台在因开展顺风车业务获取上述收益的同时，必然应当对顺风车运行行为负有一定的注意义务。

另一方面，机动车作为快速行驶的交通工具，对于交通参与主体具有高度危险性，根据风险开启理论，合乘信息服务平台在开展顺风车运营业务的同时，也开启了机动车这一高度危险的源头。尽管在顺风车业务中，合乘信息服务平台并不直接控制提供合乘服务的车辆，但如果没有合乘信息服务平台，顺风车驾驶人和合乘人均无法获得合乘信息，更无法合乘出行。因此，在开启危险源头的同时，合乘信息服务平台需要采取与其收益相匹配的风险管控措施。

根据《侵权责任法》的过错归责原则，如果合乘信息服务平台没有尽到相应注意义务或采取适当的风险管控措施，则需要承担与其过错程度相适应的侵权责任。在司法实践中，各地方政府出台的顺风车管理规范中对合乘信息服务平台的义务规定，即为判断合乘信息服务平台有无过错的标准。例如，《北京市私人小客车合乘出行指导意见》中规定："合乘信息服务平台应履行下列义务：（一）实行实名注册，内容应当包括：驾驶员身份证、驾驶证；车辆行驶证及保险状况等信息；合乘者身份证；驾驶员、合乘者的手机号码；不得为驾驶员和车辆条件不符合要求、登记事项不完备的合乘行为提供注册和合乘信息服务。（二）所提供下载的合乘软件合乘功能应与巡游车、网约车软件功能分别设置，后台数据分开；合乘软件应当为合乘双方提供协议文本。（三）按照本意见第4条的规定计算合乘分摊费用，按合乘各方人数分摊。（四）每车每日派单不超过2次。（五）驾驶员和车辆如发生违法行为或不符合相关条件的，合乘信息服务平台应当及时注销其注册信息、停止提供合乘信息服务。（六）应当妥善保护合乘双方信息，不得侵害用户合法权益和社会公共利益；接受交通、公安、通信、网信等部门依法监管。"

（三）合乘信息服务平台、顺风车驾驶人及合乘人的保险保障渠道

根据前述分析，在顺风车运行过程中，合成信息服务平台、顺风车驾驶人及合乘人均应当承担一定的风险。相应风险当然可以通过保险的方式得以分担，但是获得保险保障的路径绝不应当局限于传统的私人小客车车辆保险。

在顺风车运行行为的各方参与主体中，合乘信息服务平台具有最高的风险防范意识。因而，实践中，合乘信息服务平台通常通过向保险公司购买公共责任保险的方式，将自身在运营顺风车业务过程中可能承担的部分赔偿责任转嫁给保险公司。此外，部分合乘信息服务平台还在每一个顺风车订单中收取居间服务费之外，面向顺风车驾驶人或合乘人强制性收取保险费用，用于帮助顺风

车驾驶人或合乘人购买相应保险产品，以分担顺风车行驶途中可能发生的风险。

对于顺风车驾驶人与合乘人而言，合乘信息服务平台强制其购买保险产品，能够弥补其保险意识上的不足并帮助其分担可能发生的保险事故所带来的风险。但是作为保险合同当事人的顺风车驾驶人与合乘人，他们的缔约自由和知情权却遭受了不同程度的剥夺；面对缔约优势地位的保险公司，顺风车驾驶人与合乘人的保险合同利益很难得到周全保障。况且，如果合乘信息服务平台仅为顺风车驾驶人与合乘人提供单一保险公司的保险产品，还可能带来保险公司之间的不正当竞争隐患。

因此，顺风车驾驶人与合乘人应当充分意识到选择顺风车出行方式自身可能承担的风险，并提高保险意识，为自己提前安排保险保障。特别是对于顺风车合乘人而言，其必须意识到：由于顺风车的非营利性特征，在选择顺风车这一性价比较之网约车、出租车等更高的出行方式时，其也选择了承担更多风险，而不能抱有"一切由驾驶人负责或者一切由车险负责"的错误观念。

保险公司则应当面向顺风车驾驶人与合乘人提供更加贴合顺风车运行特征的个性化保险产品，进而由顺风车驾驶人与合乘人自主选择，既可以对一定时间范围内的顺风车驾驶或搭乘行为概括投保，也可以对特定订单的行为单独投保。相应保险产品当然可以通过合乘信息服务平台销售，但是合乘信息服务平台并不应当剥夺顺风车驾驶人与合乘人的缔约自由和其作为被保险人所应当享有的知情权等合法权益。从而，建构起顺畅有序和可持续发展的顺风车运行行为保险保障路径。

伤残等级比例赔付保险条款的法律属性辨析

史卫进[1]

摘 要 在保险实务中,"比例赔付或者给付"保险条款,又称为"伤残等级比例赔付"保险条款,它往往被适用于机动车责任保险、意外伤害保险或者健康保险所涉及的意外伤害、工伤、职业病或者疾病等伤残等级的比例赔付或者给付,其依据是国家或行业颁行的若干伤残评定标准。在适用中,对于此类保险条款是仅作为单纯的保险标的损失计算的依据,还是作为免除保险人保险责任的认定标准,保险司法和保险业界存在不同的看法,甚至形成对立。鉴于此,本文对该问题进行研究,结合典型案例,分析其是否属于保险免责条款。

关键词 伤残等级 比例赔付 保险条款 法律属性 辨析

一、问题的提出

所谓"比例赔付或者给付"格式保险条款(以下简称为"比例赔付或给付条款"),是指保险人在保险合同格式条款中设定的数学上的比例计算公式(或方法),用于保险事故发生后对保险标的损失的理算和计算,以确定保险人应当承担的赔付或给付保险金责任的保险条款。比例赔付或给付条款的类别存在法定和约定之分。所谓法定比例赔付或给付条款是指保险条款中记载的《保险法》及相关规范规定的比例赔付或给付规则,主要包括不足额保险比例赔付、施救费用的比例赔付、重复保险的各保险人按比例赔付、年龄误报的被保险人少缴保险费的按比例赔付等。[2] 所谓约定比例赔付或给付条款是指保险条款中约定的,用于保险事故发生后对保险标的损失的理算和计算条款,一般为数学上的比例计算公式(或方法)。

---

[1] 史卫进,烟台大学法学院副教授、硕士生导师,烟台大学知识产权研究中心主任。
[2] 梁鹏.新《保险法》下说明义务之履行 [J].保险研究,2009 (7): 13-18.

本文所探讨的是机动车责任保险、意外伤害保险和健康保险等保险条款中按意外伤害、工伤、职业病或疾病等伤残等级比例赔付或给付条款（以下简称为"伤残等级比例赔付或给付保险条款"）。伤残等级比例赔付或给付保险条款的依据是，国家或行业标准规定的《人身保险伤残评定标准》（JR/TC 088—2013）❶、《道路交通事故受伤人员伤残评定》（GB 18667—2002）❷、《劳动能力鉴定/职工工伤与职业病致残等级》（GB/T 16180—2014）❸ 和《残疾人残疾分类和分级》（GB/T 26341—2010）❹ 等伤残评定标准。

在保险法理论上，学者对于"免除保险人责任的条款"的内涵认识也有多种不同见解。美国的 William 教授指出，"一切减少消费者明确具体同意的保险范围的条款（无论在形式上表现为程序性条款，还是实体性条款），应被看作限制性条款"，应当"要求保险人证明他们已经提醒了消费者并且得到了他们具体同意，否则不能主张强制执行"。❺ 在我国，有学者认为，"免除保险人责任的条款"包括不负赔偿责任条款、限制责任条款和涉及特定效力的条款；❻ 有学者认为，"免除保险人责任的条款"包括除外责任条款、标准条款之外的合理限制保险人责任的条款和一般合同中存在的、对对方不利的不合理条款，具有相当的广泛性；❼ 还有学者提出，免除责任的条款是指实质性免责条款，应理解为保险条款中一切或以限制（即部分免除）或免除保险人给付责任的制度安排。❽ 上述关于"免除保险人责任的条款"的抽象内涵的种种争议，使保险司法领域的法官对"免除保险人责任的条款"的界定范围在保险案件审判中也莫衷一是。

比例赔付或给付条款是保险合同中的传统条款之一，在保险法理论上，比例赔付或给付条款是保险标的损失计算的依据，其与免除保险人责任条款没有直接关系。但是，最高人民法院在《保险法司法解释（二）》第 9 条中规定："保险人提供的格式合同文本中的责任免除条款、免赔额、免赔率、比例赔付或者给付等免除或者减轻保险人责任的条款，可以认定为保险法第十七条第二

---

❶ 《人身保险伤残评定标准》（JR/TC 088—2013），是中国保险行业协会与中国法医学会 2013 年制定并联合发布，经国务院保险监督机构批准的商业意外保险中残疾给付的行业标准。
❷ 《道路交通事故受伤人员伤残评定》（GB 18667—2002），国家质检总局 2002 年发布。
❸ 《劳动能力鉴定/职工工伤与职业病致残等级》（GB/T 16180—2014），中华人民共和国人力资源和社会保障部 2015 年发布。
❹ 《残疾人残疾分类和分级》（GB/T 26341—2010），国家标准化管理委员会 2011 年发布。
❺ WILLIAM MARK LASHNER, A common law alternative to the doctrine of reasonable expectations in the construction of insurance contracts [J]. 57 New York University Law Review.
❻ 梁鹏. 新《保险法》下说明义务之履行 [J]. 保险研究，2009（7）：13-18.
❼ 曹兴权. 保险缔约信息义务制度研究 [M]. 北京：中国检察出版社，2004：225-226.
❽ 马宁. 论保险人说明义务的履行方式与标准——以对我国司法实务的考查为中心 [J]. 时代法学，2010（2）.

款规定的'免除保险人责任的条款'。"由于没有从保险法理论上界定伤残等级比例赔付或给付条款是技术性保险条款还是免除保险人责任条款的认定标准，《保险法司法解释（二）》所建立的"免除保险人责任的条款"司法审判标准的出台，导致了保险司法与保险业界上的严重对立。

一是在保险纠纷审判中，对伤残等级比例赔付与给付保险条款，由于各地法院忽略了因意外伤害、工伤与职业病疾病等致残的伤残程度等级是人身损害的技术性赔偿责任的计算依据，而是以"伤残等级表中所列的伤残未能涵盖所有的伤残情形，保险合同中约定保险人对其列明的残疾程度进行赔偿，但缩小了保险人的赔偿责任范围"为由，将伤残等级比例赔付或给付保险条款等同于免除或者减轻保险人责任的条款，对伤残等级比例赔付或给付保险条款苛以保险人的明确说明义务或进行无效保险合同条款的审查，❶ 认定伤残等级比例赔付或给付保险条款不产生法律效力或是认定为无效保险合同条款的判决❷成为主流判决观点。

二是保险业运营中，作为保险条款的制订者和销售者的保险公司根据法律规定的伤残评定标准，在各类责任保险、伤害保险或健康保险条款中大量使用伤残等级比例赔付或给付保险条款，且获得了行业监管部门的中国银保监会的批准或备案。在保险理赔中，保险公司也是根据伤残等级比例赔付或给付保险条款约定对被保险人按伤残赔偿等级进行理赔。在保险业界看来，因意外伤害、工伤与职业病致伤残程度等级比例赔付或给付保险条款，是保险合同中用以计算和确定受害被保险人或第三者人身损害所致损失的计算公式（或方法），其是技术性保险条款。因此，其约定的受害人人身损害的损失范围和损失数额的计算公式（或方法）不是以限制、减轻或免除保险人的赔偿或给付保险责任为目的的条款，不能将其与免除保险人的保险责任条款等同起来，用以否定伤残程度等级比例赔付或给付保险条款的法律效力。❸

在以上两种观点对立的情形下，笔者通过将各类责任保险、意外伤害保险和健康保险等保险条款中的各种涉意外伤害、工伤与职业病或疾病致伤残等级比例赔付或给付保险条款进行类型化比较，通过对司法实践中的典型案例分析后认为，"伤残等级比例赔付或给付保险条款"是计算保险事故造成的人身伤害损失的计算公式（或方式），是技术性保险条款，不能将其等同于免除保险

---

❶ 李小玲,刘莉. 意外险中评残标准比例赔付的法律性质认定 [EB/OL]. [2018-10-07]. http://blog.sina.com.cn/s/blog_5a0452e10102wc72.html.

❷ 甘肃省高台县人民法院《民事判决书》(2014) 高民初字第856号等。

❸ 在这里应当指出的是，"致残程度等级"与"劳动能力丧失程度"属相同的概念和定义，近年我国的各类残疾评定标准中，多以"伤残等级/伤残程度"这样的概念简而概之，也使用"劳动能力等级"的概念。

人责任的条款。判断伤残等级比例赔付或给付保险条款是否构成免除保险人责任的条款，应当就其是技术性保险条款，还是构成免除或减轻保险人责任条款的这一司法认定标准予以厘清。

二、伤残等级比例赔付与给付保险金条款不属于保险免责条款的分析

保险合同中约定的比例赔付或给付条款，是指保险公司在人身保险合同中约定的，对因伤害、工伤与职业病等致伤残等级比例赔付与给付保险条款的计算保险赔偿金的保险条款。在伤残等级比例赔付与给付保险金条款中，通常适用的因伤或因病致残的伤残评定标准有"四种法定伤残等级标准"。再如人身保险合同中的"比例赔付或给付条款"主要有意外伤害保险中的按伤残比例赔偿的"比例赔偿与给付条款"。如《个人人身意外伤害保险（99）条款》约定：被保险人因遭受意外伤害造成身体或身体功能残废时，保险人根据《人身保险伤残评定标准》❶ 鉴定被保险人的伤残等级，根据约定的伤残等级保险金给付比例向被保险人或受益人支付保险赔偿金。❷ 人身意外伤害保险中因伤害、工伤或职业病等致伤残等级比例赔付与给付保险条款不是保险免责条款。

1. 典型案例

在再审申请人中国人寿保险股份有限公司泰州市分公司（以下简称"保险公司"）与被申请人王某才意外伤害保险合同纠纷再审一案❸，江苏省高级法院认为，《人身保险残疾程度与保险金给付比例表》（以下简称《给付比例表》）是人身损害的基本计算标准，不是减轻或免除保险人责任的条款。法院查明的案情事实为，被申请人王某才在保险公司投保了国寿安心意外伤害保险，其中医疗费用保险金额为 21 万元，伤残保险金额为 3 万元。2013 年 4 月 7 日因与他人车辆相撞致王某才受伤，王某才无事故责任，经泰州市人民医院司法鉴定所鉴定其为九级伤残。

王某才起诉请求保险公司赔偿 24 万元。保险公司辩称，对医疗费用按实际支出赔偿，但对伤残赔偿同意根据《给付比例表》的规定，按伤残保险金额 30000 元的 10% 给付王某才 3000 元。一、二审法院认为，保险条款中关于《给付比例表》的约定，是免除保险人责任的条款，保险公司既未在保险单等

---

❶ 中国保监会 2014 年 2 月发布。
❷ 中国太平洋人寿保险股份有限公司的《个人人身意外伤害保险（99）条款》约定，被保险人因遭受意外伤害造成身体或身体功能残废时，保险人根据《人身保险伤残评定标准》鉴定被保险人的伤残等级，根据约定的伤残等级保险金给付比例向被保险人或受益人支付保险赔偿金。
❸ 江苏省高级人民法院《民事再审判决书》（2016）苏民再 47 号。

其他保险凭证上,以足以引起投保人注意的文字、字体、符号或者其他明显标志作出提示,也未向投保人履行明确说明义务,故该条款不产生效力。故判决保险公司赔偿王某才3万元。

再审申请人保险公司申请称,《给付比例表》不属于免责条款,《给付比例表》是中国保险行业协会与中国法医学会联合发布、国务院保险监督机构明令各保险公司采用的商业意外保险中残疾给付的行业标准。《给付比例表》约定在案涉保险合同的保险责任条款中,明确保险人承担责任的范围是"被保险人如因意外伤害致身体残疾"承担责任的标准,不属于免除或者减轻保险人责任的条款。因为《保险法司法解释(二)》第9条规定的"比例赔付"是指保险公司不按实际损失全额承担赔偿责任,而是按照实际损失乘以保险金额与保险价值的比例承担赔偿责任。

2. 法院的审理观点

再审法院认为,案涉伤残赔偿的保险合同第4条按《给付比例表》给付保险金的约定不属于《保险法》第17条第2款规定的"免除保险人责任的条款"。

法官认为,本案的B型保险合同第4条第1款约定:"在本合同保险期内,被保险人遭受意外伤害,本公司依下列约定给付保险金:被保险人自意外伤害发生之日起180日内因同一原因身体残疾的,本公司根据《给付比例表》的规定,按本合同的保险金额及该项残疾所对应的给付比例给付残疾保险金。"该约定将被保险人伤残程度的重与轻和保险人给付保险金的多与少相对应,是兼顾被保险人利益的同时合理分担各方权利义务的约定。《给付比例表》为国务院保险监督管理机构将给付保险金的标准与被保险人的伤残程度相对应而设定并明令要求业内各保险公司在商业保险中采用的人身伤残保险金给付标准。保险人按照《给付比例表》给付保险金的约定,并未在保险公司承担保险责任的范围内减轻或排除其应当承担的风险与损失,不属于《保险法司法解释(二)》第9条规定的"比例赔付或者给付",不应当认定为免除保险人责任的条款。因此,再审法院以保险人按照《给付比例表》给付保险金的约定不是免除保险人责任条款为由,判决保险公司按比例赔付王某才保险金3000元。

3. 对法院判决的理论分析

责任保险、健康保险和意外伤害保险条款通常约定,对被保险人按统一的《人身保险残疾程度与保险金给付比例表》或《劳动能力障碍等级与保险金给付比例表》等规定的比例予以赔付或给付保险金。此等按伤残等级赔付或给付相应比例的保险金约定,是受害人的伤残损失的计算标准,不是减轻或免除保险人责任的条款,不构成"免除保险人责任的条款",具体理由如下:

（1）在侵权法上或工伤赔偿规则上，被保险人因遭受意外伤害或疾病造成残废时，按照"法定伤残等级标准"确定受害人的伤残程度等级，以计算受害人的损失赔偿数额。如最高人民法院《关于审理人身损害赔偿案件适用法律若干问题的解释》规定，"残疾赔偿金根据受害人丧失劳动能力程度或者伤残等级，按照受诉法院所在地上一年度城镇居民人均可支配收入或者农村居民人均纯收入标准，自定残之日起按二十年计算"。因此，我国法律承认的"伤残等级的认定标准"，按照伤残程度评定等级确认的损失劳动能力的工资价值损失补偿等级标准，是计算人身损害中的受害人损失的技术依据。同理，根据保监会批准的《人身保险伤残评定标准》规定的残疾等级，也是确定保险人应当承担的赔偿责任的行业标准，其效力是通过保险合同的约定适用而在保险合同中产生效力的，该标准也不是减轻或免除保险人责任。本案中的《比例给付表》，是保险监管机构根据被保险人的伤残程度等级与相对应劳动能力的工资价值损失而设定的给付保险金标准，是各保险公司在商业保险中采用的人身伤残保险金给付等级标准。

因此，人身保险合同中约定的无论是按法律规定的交通事故伤残等级、劳动能力障碍等级，还是将《人身保险伤残评定标准》作为伤残评定标准用于确定受害被保险人或第三者的劳动能力损害程度，此均是计算受害被保险人或第三者因人身损害造成的损失赔偿数额的基础标准，未在保险公司承担保险责任的范围内减轻或排除其应当承担的风险与损失，其不构成免除保险人责任的条款。❶

（2）根据《保险法司法解释（二）》第9条规定的比例赔付或给付条款，应当是在具有免除或者减轻保险人责任的情况下，其法律属性才是《保险法》第17条第2款规定的免除保险人责任的条款。也就是说，保险合同约定的按伤残等级比例赔付或给付保险条款，是在确定的实际损失范围和损失数额的约定计算公式（或方法），是为计算受害被保险人或第三者的人身损害的实际损失而设定。因此，由保险人按约定伤残等级比例承担保险赔偿责任，其不属于人身保险中的"减轻或免除保险人责任的条款"。

三、伤残等级比例赔付与给付保险金条款属于保险免责条款的分析

在保险合同中，保险人为转嫁被保险人依法应当承担的法律责任，通常是约定因伤害、工伤与职业病等致伤残等级比例赔付与给付保险条款，是按照伤

---

❶ 基于上述研究结果，在雇主责任险、公共场所责任险等责任保险中的约定适用《交通事故伤残等级》《劳动能力障碍等级》和《人身保险伤残评定标准》等标准计算受害人损失和保险人的保险责任的"比例赔付或者给付"条款，也不属于减轻或免除保险人责任的条款。

残程度评定等级确认的损失劳动能力的工资价值损失补偿等级,由保险人按责任保险条款中约定的意外伤害、工伤与职业病等致伤残等级比例赔付与给付保险金。如中国人民财产保险股份有限公司的《雇主责任保险条款》第 26 条规定,"雇员残疾的,由保险人认可的伤残鉴定机构依据《劳动能力鉴定职工工伤与职业病致残等级》的现行国家标准鉴定残疾程度,保险人按照本保险合同所附伤残赔偿比例表规定的百分比,乘以每人伤亡责任限额赔偿"。也有保险公司的雇主责任保险约定按《人体损伤致残程度分级》规定的标准鉴定残疾程度。

(一) 典型案例

中国人寿财产保险股份有限公司内蒙古自治区分公司呼和浩特中心支公司(以下简称"人寿财保呼支公司")与胡某宽、中国人寿保险股份有限公司呼和浩特分公司(以下简称"中国人寿呼分公司")等责任保险合同纠纷上诉案。法院查明基本案情事实为:

(1) 第三人环卫局与被告人寿财保呼支公司、被告中国人寿呼分公司共同签订了《保险合作协议》,其以自己为被保险人向被告人寿财保呼支公司投保了雇主责任险,包括每人死亡伤残责任限额 450000 元。

(2) 在保险期间,第三人环卫局的环卫工人胡某宽于工作期间因发生交通事故而受伤,属于保险事故。其住院治疗共计 38 天,支付门诊及住院医疗费用合计 49223.48 元。

(3) 原告胡某宽委托呼和浩特市第一医院司法鉴定所对其伤残等级进行鉴定。鉴定结论为:伤情两项,均为十级伤残。

(4) 人寿财保呼支公司在《雇主责任险保险条款》附录 2 中列明的伤亡赔偿比例表,伤残程度虽然划分为一至十级,但相对应的保险金赔偿比例为:100%、80%、65%、55%、45%、25%、15%、10%、4%、1%。被告人寿财保呼支公司主张胡某宽的十级伤残指数赔偿比例应为 1%,两处伤残合并升级,赔偿比例应综合认定为 4%。

(二) 案件争执焦点

胡某宽向一审法院请求依法判令被告给付两个十级伤残保险金共计 100000 元。人寿财保呼支公司根据《雇主责任险保险条款》列明的伤亡赔偿比例表主张,两处伤残合并升级,赔偿比例应综合认定为 4%。

一审法院对这一焦点问题指出,2017 年 1 月 1 日开始实施《人体损伤致残程度分级》,将人体所受损伤按照功能和残疾程度划分为一至十级,级差 10%;同时,中国保监会的《人身保险伤残评定标准及代码》,按照功能和残疾程度将人身保险伤残程度划分为一至十级,与人身保险伤残程度等级相对应的保险金给付比例亦分为十级，级差为10%。而人寿财保呼支公司在《雇主责任险保险条款》列明的伤亡赔偿比例表，伤残程度虽然也划分为一至十级，但相对应的保险金赔偿比例除一级伤残外每一级的赔偿比例均低于国家标准和保监会出台的行业标准。据此，在保险人人寿财保呼支公司未提举证据证实其未利用优势性地位让投保人环卫局无可选择地接受伤亡赔偿比例表的情况下，根据公平原则，十级伤残保险金赔偿系数为10%；针对两处不同部位十级伤残，根据保监会发布的《人身保险伤残评定标准》、被告人寿财保呼支公司的答辩观点以及案件基本情况，法院酌情认定为20%。

人寿财保呼支公司不服提起上诉，二审法院经审理后判决，人寿财保呼支公司主张的应按保险合同约定的伤残赔偿系数1%确定伤残赔偿金无事实和法律依据；一审法院综合认定按20%伤残赔偿指数计算人寿财保呼支公司支付胡某宽90000元的残疾赔偿金并无不当。维持一审判决。[1]

（三）对判决的理论分析

在意外伤害、工伤与职业病等致伤残等级比例赔付与给付保险金条款通常约定为："雇员残疾的，由保险人认可的伤残鉴定机构依据《劳动能力鉴定职工工伤与职业病致残等级》的现行国家标准鉴定残疾程度，保险人按照本保险合同所附伤残赔偿比例表规定的百分比，乘以每人伤亡责任限额赔偿。"根据其约定，该条款的内容约定包括：一是确定伤害、工伤或职业病致伤残程度等级的依据，依据法定伤残评定标准确定受害被保险人或第三者的伤残程度等级；二是为根据伤残等级确定赔偿比例表中不同等级伤情的百分比，即按照伤残程度评定等级确认的损失劳动能力的工资价值损失补偿等级，计算按伤残程度等级的保险金赔偿数额。

中国保监会发布的《人身保险伤残评定标准》，按照功能和残疾程度将人身保险伤残程度划分为一至十级，与人身保险伤残程度等级相对应的保险金给付比例亦分为十级且级差为10%。该案中人寿财保呼支公司提供的伤亡赔偿比例表所记载的保险金赔偿比例为100%、80%、65%、55%、45%、25%、15%、10%、4%、1%，该保险公司的条款没有遵循保险监管部门的规定按照伤残程度评定等级确认的损失劳动能力的工资价值损失补偿等级，即不是等比关系，审理该案的一审、二审法院均认定其属于减轻或免除保险人责任的条款，保险人应当对该免除保险人责任条款履行提示和明确说明义务；且以保险人未履行明确说明义务为由，依职权对本案保险金赔偿比例由第十级1%调整

---

[1] 呼和浩特铁路运输中级法院：中国人寿财产保险股份有限公司内蒙古自治区分公司呼和浩特中心支公司与胡某宽、中国人寿保险股份有限公司呼和浩特分公司等责任保险合同纠纷二审《民事判决书》，(2017) 内71民终46号。

为第十级 10％，判决保险公司承担保险责任。

综上所述，在责任保险、意外伤害保险和健康保险中，约定适用国家或行业伤残评定等级标准和与伤残评定等级标准对应的保险金赔偿或给付比例，是用以计算损失的技术性保险条款。如果保险人提供的格式合同文本中的"伤残等级比例赔付或给付保险条款"有违反国家或行业伤残评定等级标准，有与伤残评定等级标准不对应的保险金赔偿或给付比例约定时，才构成免除或者减轻保险人责任的条款，应当认定为《保险法》第 17 条第 2 款规定的免除保险人责任的条款。

年金保险系典型的储蓄型保险

——兼与陈禹彦、邓晓隆律师商榷

偶 见[❶]

摘 要 在保险实务中，年金保险属于典型的储蓄型保险。保险业界普遍认为，储蓄型保险与分红型保险是相互区别的两类保险险种。但是，社会公众大多数不具备相应的保险常识，因而难以区分这两类保险产品，而投保人在购买保险时，存在保险销售人员误导投保人错误地将分红型保险当作储蓄型保险来购买的情况。故宣传储蓄型保险与分红型保险，就成为防止销售人员恶意误导投保人的举措之一。本文就以此为话题，针对保险实例进行解析，界定储蓄型保险与分红型保险的性质，以求为保护保险消费者权益提供帮助。

关键词 年金保险 典型 储蓄型 保险

一、案情梗概

2017年，陈某到某保险公司要求购买储蓄型保险。业务员徐某以某款年金保险为储蓄型保险并且有4%以上的收益为由向其推荐，陈某接受并签订了两份保险合同[❷]。

2020年4月底，投保人的女儿发现该两份保单无法按照业务员所说的随时支取，投保人多次与保险公司及业务员商议解决方案，但保险公司未予正面回复。陈某咨询多位律师，均被以无胜诉把握为由婉拒后，陈禹彦律师接受了陈某的委托，帮助陈某成功拿回保费147余万元。

2020年9月18日，陈禹彦、邓晓隆律师在微信公众号"FNI融法保"以"代理人销售误导，保险公司拒绝解除保险合同合理吗？保险团队代理当事人拿回全额保费：147万余元！"为题对此案做了介绍并予以分析（以下简称

[❶] 偶见，江苏省保险学会秘书长助理，南京大学保险法研究所副所长。
[❷] "陈文"原文未言陈某所投保为何种保险，经微信联系陈禹彦律师询问，告知为年金保险。

《陈文》)。其认为:①储蓄型保险与分红型保险是不同的保险。储蓄型保险到期后,如未发生风险,则将所交费用返还投保人。常见的险种包括:寿险(终身寿险或带有返还责任的定期寿险)、重大疾病类保险、少儿教育金。②销售人员徐某存在误导销售的行为。陈某想购买的产品为储蓄型保险,销售人员却为其推销分红型保险,故意隐瞒保险合同正确属性,误导投保人将原本属于分红型的保险合同判断为储蓄型。③合同存在销售人员代签名的情形。本案所涉合同保险金给付条件符合"以死亡为给付条件"一说,若此份合同是在没有经过被保险人同意并认可的情况下,由销售人员徐某代签名,即使投保人的缴费行为弥补了该两份保险合同的效力,但是保险公司在签订保险合同时没有详细解释保险条款,更没有交付保险条款、产品说明书和投保提示书,投保单上变更的签名是业务员代为签署,是典型的违规销售行为。

二、笔者评析

(一) 储蓄性是长期人身保险的共同特性

《保险术语》(GB/T 36687—2018)未收录"储蓄保险"或"储蓄型保险",《保险大辞典》[1]收录了"储蓄性质""储蓄保险"。

人寿保险合同期限,长达数年乃至数十年。反之,财产保险合同通常只有一年甚至一年以内期限。在保险费的结构上,人身保险含有储蓄因素,与财产保险在各方面的处理都有很大的差异[2]。

人身保险不仅是一种社会保障制度,还是一种长期性的储蓄业务。人身保险费是由两部分构成的,一部分是刚好足以抵付保险金的支出,称为纯保险费;另一部分是用来偿付保险人的一种业务费用,称为附加保险费。纯保险费与附加保险费合起来就是营业保险费。营业保险费是保险人向被保险人实际收取的保险费。纯保险费还可以分成危险保险费和储蓄保险费,危险保险费是保险人用来抵付当年的保险金给付的;储蓄保险费是用来逐年积累以抵付今后的保险金给付。因此,人寿保险费是依据预定死亡率、预定利率、预定业务费用率来计算的,此三项称为计算保险费的三要素[3]。储蓄保险费则是投保人的储金,历年储蓄保险费积存的终值即成为责任准备金。这种准备金实质上就是投保人存放在保险公司的储蓄存款。人身保险具有储蓄性质,使投保人可以享受财产保险所没有的各种有关储蓄方面的权利。但是,储蓄比较灵活自由,储户可以随意自由变更储蓄计划,而人身保险的计划性较强,一旦参加保险后不能

---

[1] 宋国华. 保险大辞典 [M]. 沈阳: 辽宁人民出版社, 1989: 260, 282.
[2] 中国人民保险公司教育部. 人身保险 [M]. 北京: 中国金融出版社, 1987: 17.
[3] 中国人民保险公司教育部. 人身保险 [M]. 北京: 中国金融出版社, 1987: 95.

随意变更合同内容。因此,有时人们习惯上称人身保险是一种半强制性的储蓄❶。

《保险大辞典》对"储蓄性质"释义为:"储蓄性质,指人身保险具有储蓄的特性。人们参加人身保险如同参加银行储蓄,是一种货币后备行为。这在生存保险中表现最为明显。投保人(或被保险人)按期向保险人缴纳一定数额的保费,保险期满时或在保险期间发生意外事故时,保险人向被保险人给付保险金。死亡保险也有类似性质,参加保险以备家庭或个人日后之急需,在这方面同储蓄有相同之处。但应指出:保险是以少量的保费换得高额的保障,但人的寿命的随机性及人身保险的互助性特点决定着人身保险同储蓄的区别。"

《保险大辞典》对"储蓄保险"释义为:"指以储蓄为重点的生存保险。该项保险可为子女筹集教育费用、结婚资金或立业资金等。储蓄保险除在保险满期时给付保险金以外,保险期间内被保险人死亡时,保险人也负给付死亡保险金责任。"

另外,《保险大辞典》收录了"储金型定期寿险"词条:"储金型定期寿险,属储蓄保险与死亡保险相结合的一种保险。保险期限一般为10年,投保人按年交费,其中第一年所交的保费,高于以后各年年交保费的2倍。第一年保费高出的部分作为一种储金。如果被保险人在保险期限内死亡,其受益人可得到相当于储金2倍的保险金,如果被保险人生存至保险期满,那么相当于储金2倍的保险金退还给被保险人。一旦保单失效,则被保险人丧失对储金的领取权。保险界对此种定期保险争议较大,有人认为其缺少法律和精算依据。"

我国《刑法》第176条规定:"非法吸收公众存款或者变相吸收公众存款,扰乱金融秩序的,处三年以下有期徒刑或者拘役,并处或者单处罚金;数额巨大或者有其他严重情节的,处三年以上十年以下有期徒刑,并处罚金;数额特别巨大或者有其他特别严重情节的,处十年以上有期徒刑,并处罚金。单位犯前款罪的,对单位判处罚金,并对其直接负责的主管人员和其他直接责任人员,依照前款的规定处罚。"《非法金融机构和非法金融业务活动取缔办法》第4条规定:"本办法所称非法金融业务活动,是指未经中国人民银行批准,擅自从事的下列活动:(一)非法吸收公众存款或者变相吸收公众存款;(二)未经依法批准,以任何名义向社会不特定对象进行的非法集资;(三)非法发放贷款、办理结算、票据贴现、资金拆借、信托投资、金融租赁、融资担保、外汇买卖;(四)中国人民银行认定的其他非法金融业务活动。前款所称非法吸收公众存款,是指未经中国人民银行批准,向社会不特定对象吸收资金,出具

---

❶ 中国人民保险公司教育部. 人身保险 [M]. 北京:中国金融出版社,1987:17.

凭证，承诺在一定期限内还本付息的活动；所称变相吸收公众存款，是指未经中国人民银行批准，不以吸收公众存款的名义，向社会不特定对象吸收资金，但承诺履行的义务与吸收公众存款性质相同的活动。"根据我国金融监管制度，保险公司只能提供保险业务，而不可经营或者代理单纯的储蓄业务。储蓄得随时支取，保险合同提前支取现金价值则需解除合同（俗称"退保"），除犹豫期内解除合同（俗称"撤单"），客户不可能在保险公司买到所谓可以"随时支取"的储蓄保险——这是保险交易所默认的任何一位保险消费者到保险公司购买保险时所应当具备的基本消费知识，此基本知识所构成的订约前提不因业务员"随时支取"之背离保险常识的介绍而变异。《陈文》所列举的所谓储蓄险常见险种——寿险（终身寿险或带有返还责任的定期寿险）、重大疾病类保险、少儿教育金，亦非可以"随时支取"。本案：陈某到某保险公司要求购买储蓄型保险，从理论上说，业务员徐某向其推荐任何一款长期性人身保险，均不违背陈某投保目的，不应以不可"随时支取"为由否定业务员推荐意见的妥当性。倘以不可"随时支取"来否定长期性人身保险的"储蓄性"进而要求解除合同以全额退还保费，投保人应当举证：①自己不为理性人，未达到一个普通消费者应具备的消费知识水平，如根本搞不清楚保险与储蓄乃至保险公司与银行的区别；②此知识的欠缺性为业务员所利用而订立了本合同。

终身寿险是不定期的死亡保险，保险合同订立后，被保险人无论何时死亡，保险人均给付保险金。"人生有涯"——既为生命，终有终点。从理论上说，保险期限为"终身"的终身寿险在保险期限内不可能不发生死亡之保险事故，亦即不可能发生"保险到期"或"保险到期未发生风险"之事实；尽管当被保险人生存达到该保单所依据的生命表的最高年龄时，保险公司仍会向其支付保险金额（其时与责任准备金等额），保险合同终止，但这仅仅是个例，实际是以生命表的最终年龄（limiting age）为到期日的定期保险。《陈文》将"终身寿险"作为"储蓄险，保险到期后，如未发生风险，则将所交费用返还投保人的保险"之实例，竟未察觉其间凿枘，匪夷所思。

如前所述，长期性人身保险费（营业保险费）是由危险保险费、储蓄保险费、附加保险费三部分构成的，其中储蓄保险费形成保单现金价值。除重大过失未如实告知等《保险法》所列举的特殊情形以及犹豫期内解除合同外，保险公司向投保人或其他保险相对人所退还的款项是现金价值而非投保人的"所交费用"。如《保险法》第44条规定："以被保险人死亡为给付保险金条件的合同，自合同成立或者合同效力恢复之日起二年内，被保险人自杀的，保险人不承担给付保险金的责任，但被保险人自杀时为无民事行为能力人的除外。保险人依照前款规定不承担给付保险金责任的，应当按照合同约定退还保险单的现金价值。"第45条规定:"因被保险人故意犯罪或者抗拒依法采取的刑事强制措施导致其伤残或者死亡的,保险人不承担给付保险金的责任。投保人已交足二年以上保险费的,保险人应当按照合同约定退还保险单的现金价值。"所以,《陈文》"储蓄险,保险到期后,如未发生风险,则将所交费用返还投保人的保险"之描述欠缺专业性。

(二)年金保险系储蓄性表现最强的保险产品

由于人寿保险合同期限较长,为避免被保险人在高龄需要保险保障时负担不起保险费,故采均衡保费制,即在整个缴费期,每期所缴纳的保险费数额相等,前期所缴纳的超过保费形成保单现金价值予以积累。亦即,具体保单的储蓄性取决于投保人所缴保费中与保单保险责任相对应的危险保费的当期扣除比重。若某款保险能够在某一阶段不扣除危险保费,则此阶段的保险即表现为纯粹的储蓄。

年金保险（annuity insurance）,是以被保险人生存为给付保险金条件,按保险合同约定分期给付生存保险金,且给付间隔期不超过一年的人寿保险。年金最单纯的形式是年金受领人在第一个给付预定日以前死亡的话,公司分文不给付,此做法公众难以接受,所以具体实务中,大多数保险人对年金产品作了改良:这些契约的一般基础是从保险费减去营业费用,并将其余额附利息储蓄,到了已届规定的退休年龄时,用全部储蓄购买始自那时的年金;这样的契约规定在未届退休年龄以前,随时付给所保证的解约退还金,又准许在年金开始时选择解约退还金,并且在年金开始前发生死亡也给付上述的退还金。即延期养老年金保险在积累期是一种按年度（保单年度）计算复利的储蓄[1]。年金保险是唯一存在只储蓄不发生风险保费时段的保险。

本案,陈某到某保险公司要求购买储蓄型保险,徐某向其推荐年金保险,系充分理解了投保人投保目的并与保险公司所提供保险产品相匹配,其建议是极妥当的。

(三)分红保险是长期性人身保险中的具体类别之一

分红保险是指保险公司将其实际经营成果优于定价假设的盈余,按一定比例向保单持有人进行分配的人寿保险产品。从本质上看,分红保险应属于传统保险业务。分红保险的特点是:①保单持有人享受经营成果。分红保险不仅提供合同规定的各种保障,而且保险公司每年要将经营分红险种产生的部分盈余以红利的形式分配给保单持有人。目前,监管机关规定保险公司应至少将分红保险业务当年度可分配盈余的70%分配给客户。这样投保人就可以与保险公

---

[1] J B MACLEAN. 人寿保险学通论 [M]. 台北:国泰人寿保险丛书编辑委员会,1983:48.

司共享经营成果，与不分红保险相比，增加了投保人的获利机会。②定价的精算假设比较保守。对于分红保险，由于寿险公司要将部分盈余以红利的形式分配给客户，所以在定价时对精算假设估计较为保守，即保单价格较高，以便在实际经营过程中产生更多的可分配盈余。

亦即：①分红保险与储蓄型保险系种属关系，而非完全不同的两种保险，分红保险仍然是储蓄型保险，其保险费率厘定仍含有预定利率要素。②分红保险一般实行"三差"分红，资金运用收益是红利的主要来源。与不分红保险相比，分红保险投保人具有获利机会。③分红保险保单持有人只分享利益，不分担亏损。亦即即使保险公司投资失败，并不减损保险相对人包括预定利率在内的约定利益，因而更能满足投保人的储蓄诉求。

本案，陈某到某保险公司要求购买储蓄型保险，未将收益标准明示作为投保条件，即使业务员所作4%以上的收益演示可能会与未来事实有出入，但并不构成实质性误导，因此，徐某向陈某推荐分红型年金保险是极妥当的。

《陈文》基于其"储蓄型保险与分红型保险是不同的保险""分红险的本质是投资型险种"误解，指责业务员"误导投保人将原本属于分红型的保险合同判断为储蓄型"，颇为不妥。

《人身保险新型产品信息披露管理办法》第7条规定："保险公司在产品说明书和其他宣传材料中演示保单利益时，应当采用高、中、低三档演示新型产品未来的利益给付。利益演示应当坚持审慎的原则，用于利益演示的分红保险、投资连结保险的假设投资回报率或者万能保险的假设结算利率不得超过中国保监会规定的最高限额。"《中国保监会关于推进分红型人身保险费率政策改革有关事项的通知》（保监发〔2015〕93号）第3条第1款规定："保险公司用于分红保险利益演示的低、中、高档的利差水平分别不得高于0、4.5%减去产品预定利率、6%减去产品预定利率。"《陈文》"业务员徐某以某保险为储蓄型而且有4%以上的收益作为营销噱头，诱使陈某签订保险合同"之因果关系论断，既未言明"4%以上的收益"究竟为红利演示还是合同外承诺，亦未言明"4%以上的收益"是否超过监管规定的演示标准，将"4%以上的收益"诠释为投保人投保决策的充分必要条件，感情色彩过浓，疏于法律逻辑。

（四）代签名不是全额退还保险费的理由

《保险法》第34条第1款规定："以死亡为给付保险金条件的合同，未经被保险人同意并认可保险金额的，合同无效。"《保险法司法解释（二）》第3条规定："投保人或者投保人的代理人订立保险合同时没有亲自签字或者盖章，而由保险人或者保险人的代理人代为签字或者盖章的，对投保人不生效。但投保人已经交纳保险费的，视为其对代签字或者盖章行为的追认。保险人或者保险人的代理人代为填写保险单证后经投保人签字或者盖章确认的，代为填写的内容视为投保人的真实意思表示。但有证据证明保险人或者保险人的代理人存在保险法第一百一十六条、第一百三十一条相关规定情形的除外。"《保险法司法解释（四）》规定："当事人订立以死亡为给付保险金条件的合同，根据保险法第三十四条的规定，'被保险人同意并认可保险金额'可以采取书面形式、口头形式或者其他形式；可以在合同订立时作出，也可以在合同订立后追认。有下列情形之一的，应认定为被保险人同意投保人为其订立保险合同并认可保险金额：（一）被保险人明知他人代其签名同意而未表示异议的；（二）被保险人同意投保人指定的受益人的；（三）有证据足以认定被保险人同意投保人为其投保的其他情形。"据此：①非以死亡为给付保险金条件的合同，未经被保险人同意并认可保险金额的，合同有效；②被保险人同意不仅包括"签字"；③投保人未亲自签字或者盖章，但投保人交纳保险费的，视为其对代签字或者盖章行为的追认。

如前所述，年金保险系纯粹的生存保险，具体条款设计中可能会出现"死亡保险金"之称谓，但此"死亡保险金"不过是为保障保险相对人利益而对保单现金价值的另一种称谓，不应就此而认为年金保险合同亦是"以死亡为给付保险金条件的合同"。业务员代签名行为，仅仅是违反监管规定，应受行政处罚，但并不影响作为生存保险合同的年金保险合同效力。

《陈文》"本案所涉合同保险金给付条件符合'以死亡为给付条件'一说，若此份合同是在没有经过被保险人同意并认可的情况下，由销售人员徐某代签名的，即使投保人的缴费行为弥补了该两份保险合同的效力，但是保险公司在签订保险合同时没有详细解释保险条款，更没有交付保险条款、产品说明书和投保提示书，投保单上变更的签名是业务员代为签署，是典型的违规销售的行为"之分析意见：①未调查清楚本案保险合同签订是否经过被保险人同意并认可，评论不具实质针对性；②没有正确认识年金保险中死亡保险金性质，机械适用《保险法》第34条第1款规定；③将业务员签订生存保险合同中的违规行为作为否定合同效力继而"维权"的理由，于法无据；④既承认投保人缴费行为的追认效力，又规避此追认行为对合同效力的责任，将所谓合同无效的责任全部归咎于保险公司，有失公允。

结语

保险合同是最大诚信合同，其最大诚信不仅借助合同订立时双方当事人实施的签约行为来体现，也表现为发生争议的处理时合同双方当事人应持的态度。本案的投保人（被保险人）作为保险消费者来到某保险公司要求购买储蓄型保险，业务员应其要求向投保人推荐了分红型年金保险，属于在保险公司法律所规定的业务范围内最大限度地迎合投保人追求的保险目的、满足其保险需求。不过，该业务员向投保人所作出的红利描述可能会与未来的事实略有出入，乃至业务员代投保人进行签名。这些行为虽然确有不当之处，但丝毫未减损投保人（被保险人）的合同利益，连白璧之微瑕亦谈不上。律师作为本案的诉讼代理人尽最大努力维护当事人权益是无可厚非的，但是，律师作为法律工作者理应在正确诠释和运用保险法律规则和基本保险知识的基础之上来发表代理意见。而保险公司先是对投保人数次提出的疑问不予正面回复，而后又认同律师在庭上提出的有违保险基本常识的观点，满足其主张，给予全额退保，其业务素质令人大跌眼镜。

被接管金融机构的风险化解
——以安邦集团接管实践为例

陈 胜[1] 洪浩熠[2]

摘 要 2020年9月14日,安邦集团正式发布了股东大会关于公司解散并进行清算的通告,其在获得中国银保监会相关的行政许可后将启动清算程序。早在2020年2月22日,中国银保监会宣布结束为期2年的接管,根据《保险法》第147条规定,从安邦集团拆分新设的大家保险已具备正常经营能力,而大家保险的资产处置、引战重组工作仍在持续推进中。本文拟梳理安邦集团从被接管到截至目前的风险化解基本情况,分析中国金融机构的接管原因及进路,并对金融机构的接管思路予以讨论,期待相关立法能够得以进一步的完善。

关键词 被接管 金融机构 风险化解

一、安邦集团风险化解的时间线

2018年2月23日,中国银保监会对安邦集团开始了为期一年的全面接管。2018年4月,中国保险保障基金有限责任公司(以下简称"保险保障基金")向安邦集团注资608.04亿元以填补安邦集团此前虚增的资本金缺口。此后,保险保障基金、上海汽车工业(集团)总公司(以下简称"上汽集团")、中国石油化工集团有限公司(以下简称"中石化")对安邦集团的持股比例分别为98.23%、1.22%、0.55%。2018年5月,安邦集团正式宣布开始陆续进行公开挂牌并转让其集团旗下的公司股权资产。

2019年2月22日,一年的接管期限届满后,中国银保监会根据《保险保

---

[1] 陈胜,大成律师事务所高级合伙人,大成中国区全球银行和金融行业组对接牵头人,大成上海办公室保险专业组及金融科技行业组负责人。中央财经大学法学博士、复旦大学经济学博士后,上海市法学会银行法律与实务研究中心主任。

[2] 洪浩熠,北京大成(上海)律师事务所律师助理。

障基金管理办法》的规定，决定将安邦集团的接管期限延长一年。2019年3月，安邦集团重组方案获批。

2019年4月，安邦集团正式对外发布公告，其注册资本将由原有619亿元减缩为415.39亿元。2019年6月25日，大家保险正式成立，注册资本为203.61亿元，并已经全部实缴。此后，大家保险陆续通过收购与承接安邦集团部分股权，依法受让安邦财险的部分保险业务、资产和负债等方式，将安邦集团持有的一部分资产变更为大家保险。目前，大家保险的资产处置、引战重组工作仍在持续推进中。

2020年2月22日，中国银保监会正式宣布接管工作小组终止接管。

2020年9月14日，安邦集团正式对外发布公告称，股东大会决议解散公司，并将及时启动清算程序。

二、安邦存在的问题

（一）股东结构复杂，虚增资本

安邦集团资本金为619亿元，其中吴小晖通过各类机构"投入"的608亿元都是靠占用保险资金循环注资而成。

增资方式有合规、违规、违法的区别。安邦集团的资本结构是推动安邦集团在短时间内迅猛成长的关键。公开数据表明，安邦集团设立于2004年，初始注册资本为5亿元。历时10年，经历过七次增资变更。其中在2014年，安邦集团180亿元及319亿元的增资，让安邦集团的资本金在短期内达到令人瞠目结舌的619亿元。

2014年的野蛮增资，是安邦集团为满足偿付能力与相关监管规定的要求不得不做的决定。如此短的时间内，安邦集团是如何做到增资499亿元的呢？通过对安邦集团股权端的穿透梳理分析，可从其股权端101家公司中梳理出86名与安邦集团有疑似"关联关系"的个人股东，通过多个条线进行循环出资或虚假出资以达到放大资本的效果。安邦集团也因此涉嫌违反《保险公司股权管理办法》第39条，利用其保险资金直接或间接进行自我注资、虚假注资。通过穿透分析，上述86名个人股东很可能是通过少数公司以合计5.6亿元左右的股权实现对整个安邦集团的最终控制。

增资419亿元时引进的新股东有以下几项特征：①股权端结构相当复杂，背后蕴含着大量的"关联关系"，而且几乎都与安邦集团原董事长吴小晖（或其家庭成员或其商业伙伴）有千丝万缕的联系；②安邦集团股权端存在许多注册资金较小的企业实际控制注册资金为其数十倍甚至数百倍企业的情况，股权端的许多公司都是注册资金不足3000万元的公司；③安邦集团股权端的许多公司在 2014 年前夕集中注册成立，股权端许多公司的法定代表人及董监高进行大批人员替换；④所有新股东都在 2014 年进行过增资和股权变更，其行动非常一致，他们之间存在一致行动协议或受控于同一实际控制人的嫌疑。

2018 年 4 月，保险保障基金增资后，37 家吴小晖关联公司全部退出安邦系，安邦集团股东也仅剩保险保障基金、上汽集团、中石化三家。目前，安邦财险的车险业务、安邦人寿、安邦养老及安邦资管约 7000 亿元"好资产"转移至大家保险，对应保险保障基金的 203.61 亿元；在大家保险平台上，通过引战重组，拟使保险保障基金分步、适时退出。

（二）保单问题

除变卖资产甩包袱外，接管组面临的最棘手的问题，还是如何解决安邦集团的商业模式造成的巨大金融风险。

自 2014 年开始，安邦集团便已通过银行渠道激进销售了大量短期理财型万能险，快速获得配置风险资产的杠杆资金，以负债端撬动资产端。而安邦集团多起高调的海外收购均属长期投资，短钱长配的资产负债结构，缺乏专业的风险管理，实际难以持续。这也是监管机构下决心要整顿包括安邦集团在内的几家保险公司乱象的根本原因。

从 2015 年到 2017 年的三年时间内，安邦集团销售的中短期理财型保险产品规模高达 1.5 万亿元，期限均为三年以内，因此在 2018 年至 2020 年初出现了满期给付和退保高峰。这也就意味着，接管组在处置各类资产的同时，还要面临巨大的现金流压力，保证对投资人的兑付。其中，从 2018 年 7 月起要集中兑付 8100 亿元，2019 年全年现金流出 6800 亿元，这就是 1.5 万亿元待兑付保单的由来。

近 8000 亿元的保单兑付，主要靠处置资产的收入（安邦集团通过出售和谐健康、成都农商行、世纪证券、招行股份等境内资产，处置所得约 750 亿元）以及部分贷款（民生银行、上海银行、建设银行等分别提供一年期特批贷款，处置所得约 830 亿元）。所有高流动性资产包括牌照变卖的资金，全部集中用于相关保单的兑付缺口。在近 8000 亿元旧保单兑付完毕后，安邦集团的金融许可证已经注销；在涉讼资产处理完毕后，安邦集团将依法注销。

短期保单兑付也曾遇到难关，主要来自于资产处置时间上的错配，因此部分流动资金来自银行贷款。比如 2019 年 12 月，民生银行在披露日常关联交易时公告称，给予大家人寿 205 亿元的授信额度。在 2019 年 12 月，包括民生银行、上海银行、建设银行等分别提供了 30 亿～150 亿元不等的一年期特批贷款，共计约 630 亿元。这是因为老安邦的大量涉讼资产变现需要时间，因此会想方设法找到商业化资金来平缓短期的现金流缺口，实际上，相关资产处置的现金流是可以完全覆盖负债的。

2020年1月31日,他们兑付完了安邦集团发行的最后一笔旧保单,至此,1.5万亿元安邦集团的中短期理财型保单全部兑付完毕。

(三) 管理基础薄弱,内控体系不健全

安邦集团的另一大问题是管理基础异常薄弱,内控体系极不健全,大小事情都高度集权于吴小晖一人之手,公司治理、风险控制体系形同虚设。

接管组进场后,已辞退或者劝退了近60名吴小晖原管理层人员,再从市场上选调和招聘了近百名专业人士,努力使公司回归正轨,回归保险主业本源。另外,接管组原28人,在结束接管前,已缩减为18人。

安邦集团发生如此重大事故虽然是综合多种原因的结果,但安邦集团公司治理结构上的欠缺无疑起到了推波助澜的作用。仔细分析安邦、华信、海航等企业的"野蛮扩张",会发现有很多共通的特点。其中,最显著的就是高杠杆。高杠杆的首要原因在于向金融机构借款、靠发债等方式来加杠杆,很多还是利用自己控制的金融机构进行关联交易。第二个原因,在于其通过各种手段进行虚假增资。单纯地杠杆再增加也不可能高到非常离谱的地步,核心还是需要弄到资本金。于是安邦集团为了实现资本金不可想象的快速扩展,动用了非常多的手段,其中多数并非实际增加的资本金。[1]

安邦集团利用了层层嵌套的交易结构与其掌控的金融机构,将其存款资金、信贷资金等最终注回安邦的资本金中。此外,保险业恰好有一个特点,就是保费可以用于投资,于是这些资金也在集团内部交叉投资,最后也转变成了资本金。资本金增加以后继续加大杠杆,膨胀速度进一步加快。华信集团也有类似的做法。至于明天系,可能是一个规模更大、更加系统的实体经济和金融机构混合在一起的模型。[2]

(四) 税务问题

在安邦集团与大家保险拆分之际,保险保障基金投入的608.4亿元中,203.6亿元放入新成立的大家保险,对应约7000亿元新保单及相应资产;剩余405亿元放在老安邦,对应8000亿元保单和相应资产。在安邦集团资产处置、保单兑付完毕后,约有200亿元收益,原本应弥补保险保障基金405亿元付出,而保险保障基金尚有约200亿元亏空,需在大家保险引战重组中予以弥补。但对于保险保障基金在安邦集团200亿元收入能否免税以及是否应该免税,政策并不明确,需在安邦集团正式解散清盘中厘清。

---

[1][2] 周小川. 公司治理与金融稳定 [J]. 中国金融, 2020 (15).

三、安邦集团风险化解的整体思路

安邦集团风险化解的整体思路可以概括为分"三步走":资产瘦身、业务重组、引战重组。

在投资端,截至2018年6月,安邦集团总资产3.16万亿元,其中包括海外资产近1万亿元,保险资金(全部来自三年期以内的中短期保单)1.5万亿元,并表的成都农商行总资产接近7000亿元;安邦集团总体净资产为负828亿元❶。在资本端,安邦集团资本金619亿元,其中吴小晖通过各类机构"投入"的608亿元,都是靠占用保险资金循环注资形成。2018年4月,保险保障基金对安邦集团完成增资608.04亿元,换得37家吴小晖关联公司全部退出。即使在保险保障基金完成注资后,安邦集团资金缺口的规模还有约220亿元,要靠资产处置、引进战略投资者重组的溢价等手段来进行填补。

(一) 资产瘦身

1. 夯实资产

通过将近一年的清产核资工作,并经过对安邦集团和300多家关联公司、近20家银行、8000多个账户流水记录的调查,监管人员最终厘清了吴小晖通过虚构交易、错误记账、套取挪用资金等方式导致安邦集团资产虚增的规模。

2. 处置资产

2019年3月,安邦集团重组方案获批。接管组的做法,是将安邦集团分为"坏资产"和"好资产"。其中,将坏资产留在"老"安邦,主要是牵涉大量涉诉与理财类负债的安邦保险集团与大部分的安邦财险,对应保险保障基金的415.39亿元,未来在资产负债厘清后,原安邦集团将依法注销;而好资产则被剥离出来,包括安邦财险的车险业务及安邦人寿、安邦养老、安邦资管等平台(除保留安邦人寿、安邦财险两张主营业务牌照外,其余资产都需要处置——尤其是非保险业务,如银行、地产的牌照或股权,原则上均为按期剥离),转至新的平台——大家保险,对应保险保障基金203.61亿元,并在大家保险的平台上,引资重组。

接管组处置资产的主要思路是:尽可能盘活、优化资产,通过专业化、市场化变现,将处置的增值部分,作为安邦风险处置缺口的重要保障。如境内资产中,安邦接管组陆续公开处置了世纪证券、邦银金租、和谐健康、成都农商行等非上市公司股权,也处置了招行股权等大量权益类资产,相关溢价是接管

---

❶ 未将安邦集团投资民生银行股权的浮亏计算在内,如果两者合计,吴小晖治下的安邦集团净资产为负1300亿元。

组弥补安邦集团负资产的窟窿、兑付保单缺口、逐渐回收保险保障基金出资的关键。

下面就安邦集团重大资产的处置安排及进展情况简要说明。

（1）成都农商行是接管组需处置的首批资产——非主业相关、非上市公司的资产。

成都农商行是安邦集团扩张金融版图的起点。并表得以扩大资产，方便安邦集团对外投资，这是安邦集团收购成都农商行的首要目的。2011年11月，安邦集团以56亿元的对价成功购得成都农商行35亿股股权，实现并表，得以进一步扩大保险投资；此后，安邦集团通过多个关联公司，实现对成都农商行的绝对控股，同时通过同业资金、存单质押、银保交叉销售等多种手段得以更多套取银行资金。

年报数据显示，2013年年末，安邦保险在成都农商行存款为419亿元，2014年存款1100亿元，2015年、2016年、2017年存款均在1500亿元左右。[1] 从成都农商行披露的利息支出中我们可以分析出，这些存款付息的成本为5.225%。但有关专业人士透露，这些存款其实均是以活期存款方式存入的，"应该按0.35%计息"。仅是计息利率方面的差异，安邦集团就能从中取得数十亿元超额利润。另外安邦保险为方便快速募集巨额资金，采取"长险短做"方式，推出保险产品的成本及风险由农商行承担，资金和收益归集到安邦。目前，成都农商行股权中安邦集团持有的部分已悉数转让给国企，成都市国资委共持有成都农商行56.92%的股权。

（2）高光资产。

安邦集团自2014年开始陆续投资900亿元，持有民生银行17.8%的股份，成为民生银行的第一大股东。安邦集团原本还有增持到20%甚至30%，将民生银行并表的计划。但是因为股价下跌，造成浮亏500亿元，难以马上处置，而这一巨大浮亏，还没有计算到安邦集团828亿元的净资产窟窿内。这笔股权投资的价值究竟如何估量，取决于机构投资者对民生银行前景的综合判断。

（3）海外重要资产。

资金来源：从2014年起，安邦集团通过五大行、招行等银保销售渠道，发行大量中短期理财保单，实则是"准银行存款"；而又将这些保费资金用于存单质押，再通过银行"内保外贷"出境投资。据监管确认，安邦集团海外投资的1300亿元人民币（近200亿美元）（见图3-1），全部来自"内保外贷"。

---

[1] 武晓蒙，全月，吴红毓然．中小农商行回归县域［J］．财新周刊，2019（841）．

第三编 保险法律实务研究

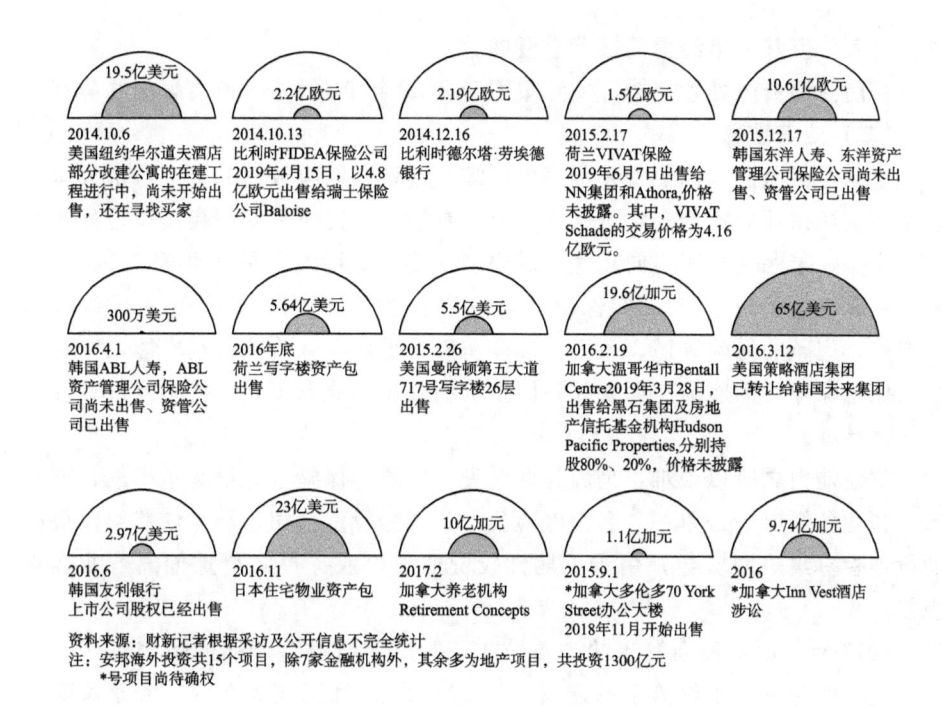

金额	日期	说明
19.5亿美元	2014.10.6	美国纽约华尔道夫酒店部分改建公寓的在建工程进行中，尚未开始出售，还在寻找买家
2.2亿欧元	2014.10.13	比利时FIDEA保险公司2019年4月15日，以4.8亿欧元出售给瑞士保险公司Baloise
2.19亿欧元	2014.12.16	比利时德尔塔·劳埃德银行
1.5亿欧元	2015.2.17	荷兰VIVAT保险2019年6月7日出售给NN集团和Athora，价格未披露。其中，VIVAT Schade的交易价格为4.16亿欧元。
10.61亿欧元	2015.12.17	韩国东洋人寿、东洋资产管理公司保险公司尚未出售、资管公司已出售
300万美元	2016.4.1	韩国ABL人寿，ABL资产管理公司保险公司尚未出售、资管公司已出售
5.64亿美元	2016年底	荷兰写字楼资产包出售
5.5亿美元	2015.2.26	美国曼哈顿第五大道717号写字楼26层出售
19.6亿加元	2016.2.19	加拿大温哥华市Bentall Centre2019年3月28日，出售给黑石集团及房地产信托基金机构Hudson Pacific Properties,分别持股80%、20%，价格未披露
65亿美元	2016.3.12	美国策略酒店集团已转让给韩国未来集团
2.97亿美元	2016.6	韩国友利银行上市公司股权已经出售
23亿美元	2016.11	日本住宅物业资产包
10亿加元	2017.2	加拿大养老机构Retirement Concepts
1.1亿加元	2015.9.1	*加拿大多伦多70 York Street办公大楼2018年11月开始出售
9.74亿加元	2016	*加拿大Inn Vest酒店涉讼

资料来源：财新记者根据采访及公开信息不完全统计
注：安邦海外投资共15个项目，除7家金融机构外，其余多为地产项目，共投资1300亿元
*号项目尚待确权

图3-1 安邦集团海外资产

海外资产的处置：安邦集团海外投资约1300亿元，控制海外资产约1万亿元。安邦集团名下持有海外15个项目。经过近三年的努力，接管组处置了8个项目，还有3个项目已经在交易程序之中，回笼资金逾800亿元，包括华尔道夫酒店在内的4个海外项目尚待处置，均一并纳入了大家保险。资产处置和追索难处在于相关资产产权并未登记在安邦集团名下，而是在吴小晖关联人名下。

(4) 国内不动产项目。

吴小晖在国内拿下总计18个不动产项目，接管组已经收回了12个。这些不动产项目实际涉及股权不清、资产瑕疵、管理混乱、寅吃卯粮等问题，处置的难度很大。海外资产的处置同样一波三折，大家保险资产有些缩水有些盈利，总体有待重新评估，200亿元净资产基本不受影响。但这一数据并未计算对民生银行投资的潜亏。当前民生银行股价低迷，浮亏在500亿元左右，该笔投资平移到了大家保险的资产负债表中尚未处置。因未来有翻身希望，该笔投资按成本入账，未按市值调整并反映在净资产中。

更严重的是，安邦集团在北京CBD的多块土地，这些土地账面价值几十亿元，原本具备增值空间，但土地尚未确权，并需进一步投入开发，而吴小晖已经把这些土地包装成几百亿元装进了报表，造假、撑门面，资产被严重透

支,财务价值基本已经提前被严重侵蚀。

目前涉诉资产处置完毕,安邦集团于 2020 年 9 月 14 日申请解散并清算。

(二) 业务重整

中国银保监会剥离了安邦集团中不涉及诉讼及风险较低的资产,由大家保险集团受让该部分资产。对于保单兑付、置换只是完成了安邦集团风险处置的第一步,大家保险真正走向重生,需要彻底摆脱安邦集团原来的模式,在保险行业强调"保险姓保"、回归保障功能的基本原则指引下,借助已有的综合体系架构、完整的保险牌照、一定的规模基础,重建在保险业的基本能力。坚定回归保险保障,彻底摒弃原安邦集团投资型公司的经营模式,持续促进其业务的快速转型。

重建能力之所以艰难,是因为此前安邦集团的保险主业根基不牢靠,产品形态和业务渠道十分单一,名为保险公司,实为投资公司,严重依赖银保渠道的投连险募集短期资金,用于长期性投资业务,业务模式严重偏离行业客观规律。

2017 年,原保监会发布的 134 号文,对短期理财型产品的销售进行了严格控制。按照中国银保监会的建议,从 2019 年 7 月正式成立后,大家保险开始推动转型进程,按照市场化手段引入一批专业机构、经营管理人员和监督管理团队,对保险公司相关的业务板块进行专业化管理,提高存量资产管理效率。

1. 拉长产品久期

首先是拉长产品久期,降低短期兑付的现金流风险。中国银保监会副主席梁涛曾在 2019 年 7 月表示,将会通过采取一系列措施不断降低大家保险中短期理财型产品的规模和占比。截至 2019 年年末,大家保险的 7000 亿元保单中,短期产品已从之前的 100% 下降至 24%,76% 的产品期限为五年期及以上。

2. 拓展分期期缴

大家保险也在逐步拓展分期期缴产品。从无到有,2019 年共拓展了 55.7 亿元的五年期期缴产品。根据中国银保监会的统计数据显示,大家财险在 2019 年全年累计实现保费收入 43.4 亿元,综合成本率大幅下降了 12%,经营性现金流转正;大家养老险公司专注个人养老保障业务,2019 年业务规模累计超过 445 亿元。

此外,大家保险业绩的最大亮点争议是,资管公司投资结构也在持续地得以改善,2019 年实现总投资收益率 8.62%,远超行业 4.9% 的平均水平。

但拉长产品久期和推动期缴,只能说产品结构相比老安邦有所进步,能够带来更稳定的现金流；要真正推动保障型产品，还要靠保险产品的精算与设计、个险渠道的建设和代理人扩张，即保险服务的核心竞争能力建设。市场人士指出，在目前行业增员困难的大背景下，代理人大幅扩张的方式并不现实。因此在销售队伍方面，大家保险更加强调代理人的质量而非数量。

从安邦集团到大家保险，经营管理得到了重塑，但真正的转型和业务拓展、全面的市场化和专业化，还要等待引战重组成功以后，引入新的专业团队来书写。而保险保障基金的608亿元投入最终能否全身而退，也取决于此。

（三）引战重组

在2018年，监管及多家中介机构对安邦集团的引战重组计划提出了三个选项：整体引战、拆零出售、拆分重组。其中，整体引进战略投资者，需要有人为安邦集团的资金缺口兜底，极其考验企业的资金实力与未来的控盘能力；拆零出售，容易导致资产快速贬值，又不利于稳住溢价目标；与前两项相比，拆分重组，是最为务实可行的做法。

在甩开了财务与法律包袱后，大家保险集团开始引入战略投资者，以实现保险保障基金的逐步退出，首要目标是妥善化解重大金融风险，同时尽可能保证600多亿元的投保人资金不受损失。

大家保险的估值报价是600亿元，对应约200亿元的净资产，7000亿元的总资产。简单而言，大家保险按新老股本1：1配股。由此，现在的报价相当于2倍PB（市净率）。

按照原定计划，大家保险应在2020年5月至6月完成引战重组谈判，最晚于8月底前上报有关部门批准、完成重组。2020年8月31日，大家保险引战、保险保障基金退出的重组方案未能完成，不得不推倒重来，并计划在2020年年底前完成评估后再次启动谈判、引战重组，保险保障基金限期退出。

根据中央精神，大家保险重组三大基本原则：一是坚持民营性质不变；二是保险保障基金不能长期持有，限期处置完毕；三是将大家保险建成一家业务合规、公司治理良治、市场化机制完备的机构，更好地服务于金融市场。

大家保险重组方案于2020年2月17日正式上报给有关部门：初步就重组定价至1.5元/股形成共识并达成协议；春华资本与厦门国金两家机构共同持股约32%，保险保障基金持股63%，上汽集团与中石化仍以小股东形式参股。保险保障基金仍面临几十亿元的账面浮亏，需阶段性持股，未来100亿股股权价值提升后方可回收全部投入。

对于以上方案，监管当局内部看法不一：有人认为这是市场博弈和现实市场环境下的结果，若能抓住机会应速战速决，可为问题金融机构的"收购—处置"提供定价基准。但有人对保险保障基金投入浮亏线性化顾虑重重。

在看到保险公司被民企一股独大、控制保险公司后肆意妄为的做法，监管当局倾向于清理问题股东后为大家保险设计相对分散的股权结构，早期希望引入三五家符合资质的民营机构、外资机构、国有机构等分散持股、专业化运营，同时保持民营性质不变。但在实际操作中发现，并不容易一步到位：一方面是2018年后金融和宏观环境有所改变，有自有资金实力投资保险公司的民营资本并不容易筛选出来；另一方面是过于分散的持股会降低入股对投资者的吸引力，使得控制权溢价可能较难实现。种种权衡之下，各方倾向于重组推倒重来。

在原重组方案种种掣肘下，各方接受重组推倒重来的想法，决定在2020年年底前对大家保险资产重新评估，然后用一年时间重新遴选战略投资者，以最大限度令保险保障基金回收投入为基本目标，即只要引入大家保险长期发展有利的符合资质的投资者，而不坚持特别分散的持股设计，满足中国银保监会对保险公司入股及股权比例的基本需求。

大家保险作为综合化架构的保险平台，在处理完安邦集团原问题保单和问题资产后，仍是市场不多的保险业优质重组标的，即便一些问题资产造成了估值存在争议，但对于市场机构来说仍具有吸引力。据了解，春华资本仍有兴趣参加下一轮重组。

结语

安邦集团的案例为后续类似接管项目提供了样板，安邦集团规避法律法规，通过将保险资金或其他资金重新注入保险公司注册资本的方式提高保险公司偿付能力，必将受到监管机构的严惩。而保险公司接管法律法规的空白，也必将为后续的案例处置造成障碍。鉴于此，应早日修改《保险法》或制定《金融机构风险处置条例》，从立法上予以完善。

第四编

中国保险法制研究的新视角

论大规模传染病纳入巨灾保险制度的路径

——以疫情下发挥保险社会治理功能为视角

柳冰玲[❶]

摘 要 大规模传染病符合巨灾保险承保对象损失发生巨大、风险预测难度大、风险难以分散的三大识别标准,应纳入巨灾保险承保对象范畴。在政府与市场的功能分配上,保险作为市场力量和现代风险管理的基本手段,应发挥其防灾减灾的重要风险分散功能,同时基于大规模传染病防控的特殊性,在发挥政府支持者角色的同时注意把握政府介入的边界。为全面建立大规模传染病纳入巨灾保险的配套机制建设,本文主张应在立法设计、巨灾产品体系安排、"政府投保"与"公众投保"二元模式、加强保险公司风险防范能力等方面多管齐下,从而优化地区疾病应对方式、提高城市防御大规模传染性疾病的能力。

关键词 大规模传染病 巨灾保险 承保对象 新冠肺炎疫情

《国务院关于加快发展现代保险服务业的若干意见》《中国保险业发展"十三五"规划纲要》均规定以制度建设为基础,以商业保险为平台,以多层次风险分担为保障,建立巨灾保险制度。2020年新冠肺炎疫情的暴发使得保险法界将大规模传染病如何进行保险应对及如何进行区域疾病应急管理列入重要议题。大规模传染病是指在特定区域内广泛流行,高致病率、致死率的传染性疾病。传统巨灾保险多局限于对战争巨灾、自然巨灾的承保。本文认为,从保险业的发展历史看,风险的可保性本身具有相对性问题。如保险业早期的战争风险、政治风险、卫星发射风险等均为不可保风险,但上述风险陆续纳入巨灾承保范围。即巨灾保险产品在满足市场主体个性化需求的同时,也模糊了传统理论下可保风险与不可保风险之间的界限。[❷] 因此,大规模传染病是否可纳入

[❶] 柳冰玲,厦门大学法学院民商法学研究生毕业,现为福建旭丰律师事务所律师、金融保险专业委员会副主任,中级律师职称。

[❷] 石兴.巨灾风险可保性与巨灾保险研究[M].北京:中国金融出版社,2010:13.

巨灾保险承保范围仍需依赖于大规模传染病本身的特征及巨灾保险的通用识别标准，进而构建大规模传染病纳入巨灾保险的模式。

一、险种解构：巨灾保险承保对象的识别标准

巨灾保险是指对发生概率不高但损失严重的风险进行承保管理和保险补偿的特别险种。关于其承保对象标准，国内外保险实务界和理论界尚未形成一致意见。综合相关权威观点，本文将巨灾保险承保对象的识别标准大致呈现于表4-1中。

表4-1 关于巨灾保险承保对象识别标准的观点

名称	巨灾定义	巨灾保险承保对象识别标准
美国保险服务局[1]	巨灾是指造成参保人总的财产损失超过2500万美元，并影响到多位参保人与多家保险公司的单个的或是序列相关的人为灾害或是自然灾害	定量标准：损失超过2500万美元
联合国"国际减灾十年"科学技术委员会[2]	巨灾是指财产损失超过该国国民收入的1%，受灾人口超过该国总人口的1%，死亡人口超过100人的事件	定量标准：财产损失超过国民收入的1%，受灾人口超过该国总人口的1%，死亡人口超过100人
慕尼黑再保险公司[3]	若受灾地区无法依靠自身应对自然灾害，而须依赖于国际援助，则称为自然巨灾	定性标准：风险难以分散
瑞士再保险公司[4]	巨灾包括自然灾害和人为灾害。自然灾害会引发大量财产损失以及保单赔付，包括洪水、风暴、地震、海啸等。人为灾害是指在有限空间中大量保险标的受到损害，包括重大火灾和爆炸、航空航天灾难、航运灾难、恐怖主义等	定性标准： 1. 损失巨大； 2. 赔付集中、风险分散难
Erik Banks[5]	低概率自然或人为事件就属于巨灾，这类事件对现有的社会、经济和/或环境框架产生巨大的冲击，并拥有造成极大的人员和/或财务损失的可能性	定性标准： 1. 风险发生概率低； 2. 损失巨大

---

[1] DOHERTY N, Innovations in managing catastrophe risk [M]. Journal of Risk and Insurance, 1997 (64)：713-718. 转引自韩立岩，支昱. 巨灾债券与政府灾害救助 [J]. 自然灾害学报，2006 (1)：17-22.

[2] 韩天雄. 加快建立巨灾保险机制 [N]. 解放日报，2006-09-13.

[3] Insurance and catastrophe, 1995 Annual Geneve Lecture [J]. Geneva Paper On Risk And Insurance Theory, 1995 (20)：157-195.

[4] Natural catastrophes and man-made disasters in 2012 [J]. Sigma, 2013 (2).

[5] 埃瑞克·班克斯. 巨灾保险 [M]. 杜墨，任建畅，译. 北京：中国金融出版社，2011：145.

续表

名 称	巨灾定义	巨灾保险承保对象识别标准
谷洪波，郭丽娜，刘小康❶	巨灾是指突然发生的无法预料、无法避免且损失巨大的严重灾害或灾难，包括自然巨灾和人为巨灾	1. 风险预测难； 2. 损失大

综合上述巨灾保险承保对象的识别标准定义，概括而言包括定量定义和定性定义。本文认为，虽然以定量的方式界定相对简单易操作，但容易忽略各地区政治、经济、自然等特殊情况，因此，进行标准定性更为符合我国的本土化情况和巨灾保险发展的需要。从巨灾保险基础理论出发，损失巨大性、风险预测难度大以及风险难以分散是识别巨灾保险承保对象的三大标准。

（一）损失巨大性

巨灾保险由于爆发集中，一旦发生，容易产生同区域、同时段大范围相同风险共发，形成次连锁灾害反应链，进而造成集中、连续的财物和人身损失，并对城市或区域、国家的人口、经济、社会、环境造成重大恶劣影响，甚至引发经济危险、社会问题。

（二）风险预测难度大

与其他保险承保风险不同，其他险种如雇主责任险、企业财产险等均有广泛的统计数据基础作为精算条件，可预测性强，而巨灾风险本身发生概率低、难循规律、损失程度波动巨大、历史积累性差，缺少值得信赖的预测值，因此，其风险的不稳定性导致预测难度大、在适用大数法则方面存在瓶颈。

（三）风险难以分散

对于一般保险，保险公司能够运用保险精算原理和大数法则将同类风险的投保人集合，实现对少数人因事故所发生损失的赔偿，同时实现保险公司的盈利。但巨灾由于风险的模糊性、"三高三低"（高风险、高损失、高赔付，低保额、低保费、低保障）的风险特征，使得保险公司基于"模糊厌恶"（Ambiguity Aversion）的核保心理规避承保，难以实现保险风险分散。

二、标准洽合：大规模传染病符合巨灾保险承保对象的识别标准

本次新冠肺炎疫情中，国内在保险方面的应对措施主要体现为应急命令式地要求保险公司扩展已投保的商业人身险的承保范围，其措施既未考虑商业险种本身的应然承保范围与新冠肺炎疫情损失是否能兼容，也未考虑保险精算，

---

❶ 谷洪波，郭丽娜，刘小康. 我国农业巨灾损失的评估与度量探析 [J]. 江西财经大学学报，2011（1）：44 – 49.

且受众面极窄,非应对大规模传染病的长久之计。那么,作为另辟蹊径的保险险种,大规模传染病是否符合巨灾保险承保对象的识别标准?

(一) 大规模传染病发生原因复杂、预测难度大

新冠肺炎疫情暴发至今,关于新冠肺炎疾病的发生和变异原因,目前仍未定论。世界卫生组织卫生紧急项目执行主任在2020年5月1日记者会上表示,确定新冠病毒源自自然界。悉尼大学的爱德华·霍姆斯等三名学者在英国权威杂志《自然·医学》发表观点认为,新冠病毒的源头与蝙蝠和穿山甲身上的冠状病毒的基因相似性为96%,4%的不同正是传播过程出现基因变异造成的,证明新冠病毒传播的时间可能很长,可能在人群之间悄悄地传播了几年甚至数十年。国家卫健委公布的《新型冠状病毒肺炎诊疗方案(试行第七版)》,将此前要求出院患者进行14天"自我健康状况监测",改为14天的"隔离管理和健康状况监测",该变化的原因是有少数出院患者出现"复阳",而"复阳"的原因并未有明确结论。新冠肺炎疾病复杂、成谜的发生原因导致预测该疾病的难度巨大。就此方面,以新冠肺炎疫情为例的大规模传染性疾病与地震、台风等自然巨灾具有高度相似性。

(二) 大规模传染病致死率高、控制难度大

在2020年2月底,世界卫生组织粗略估计,每1000例确诊新冠肺炎患者中有38人死亡。现在,研究人员使用各种方法的大量研究估计,在许多国家,新冠肺炎患者的死亡率为千分之五至千分之十。[1] 大数据表明,新冠肺炎疫情的致死率为流感的10倍以上。截至2020年7月1日,全球在统计之内的确诊病例超过了1000万人,因新冠肺炎死亡的确诊病例也超过了50万人。在疫情暴发超半年后,新冠肺炎病毒在全球的传播速度未见减缓,疫情甚至正在恶化。世卫组织首席科学家在全球董事会网络研讨会上表示:"估计在4年到5年的时间内,我们可能会控制住新冠肺炎疫情。"在国内,在北京连续56天无本地报告新增确诊病例后,新冠肺炎病毒再次出现并持续升级,这提醒我们新冠肺炎疫情控制难度巨大、随时可能卷土重来。新冠肺炎疫情所呈现的大规模传染病致死率高、控制难度大的特征凸显了疾病巨灾与自然巨灾的共性。

(三) 大规模传染病易发生连锁反应

国家统计局数据显示,2020年一季度经济指标呈现断崖式下降(见图4-1)。对于企业而言,由于企业仍需负担租金、工资等支出,而营收因外贸受阻、经济衰退而大幅下滑,企业利润受到侵蚀,对现金流造成极大挑战,直接导致众

---

[1] MICHAEL DANTAS, AFP, GETTY. How deadly is the coronavirus? Scientists are close to an answer [EB/OL]. [2020-06-16]. https://www.nature.com/articles/d41586-020-01738-2.

多企业求生不能。对于个人而言，餐饮、住宿、幼教、电影等行业首冲，直接导致上亿人就业难。与此同时，因企业关闭、人口失业导致社会不稳定因素增加、社会关系紧张，网络信息传播加剧公众恐慌。世界卫生组织总干事指出，"精神卫生必须被视为我们应对疫情大流行并从中复苏的核心要素，这是各国政府和民间社会在整个联合国系统支持下肩负的集体责任，对人们的情感健康掉以轻心，将会造成长期的社会和经济代价"。因此，新冠肺炎疫情所造成的经济、社会的多重负面影响需要全方位应对。此次全国、全球性的新冠灾害连锁反应后果远大于此前地区性的自然灾害，且复苏时间仍遥遥无期。

一季度GDP	社会消费品零售总额	全国规模以上工业企业实现营业收入	全国规模以上工业企业实现利润总额
同比下降6.8%	同比下降19%	同比下降15.1%	同比下降36.7%

图4-1　2020年第一季度主要经济指标

综上所述，以新冠肺炎疫情为例的大规模传染病呈现的发生原因复杂、预测难度大、疾病致死率高、控制难度大的特征使得大规模传染病齐备了一般自然巨灾所具有的损失严重、发生概率低、难以预测等特性。此外，由于大规模传染病易发生连锁反应，损失巨大，风险难以分散。从上述大规模传染病自身特点出发，其完全符合巨灾保险承保对象所应满足的三大识别标准，即损失发生巨大、风险预测难度大、风险难以分散。因此，大规模传染病应当属于巨灾保险承保对象，故应纳入巨灾保险体系范畴。

三、角色探微：大规模传染病巨灾保险中政府与保险公司的分立制衡

（一）独木难支：政府与市场不可偏废

1. 单纯依靠政府难以满足灾害管理目的

我国实行社会主义民主集中制，政府部门分工负责、属地管辖等机制有助于集中应对突发事件。在新冠肺炎疫情暴发后，中国所体现出的"集中力量办大事"的大国作风使国内疫情防控走在世界前列，体现其优越性。但单纯依靠政府"一揽子承包"的方式仍然存在弊端。如灾害风险分散方式的手段单一、未能依靠专业风险管理技术化解风险、财政负担过重、民众依赖思想严重等。

2. 单纯依靠市场难以实现保险有效供求

作为一种准公共物品，巨灾保险具有收益上的非排他性、生产经营上的规

模性、消费的非竞争性、成本或利益上的外在性等公共物品特点，❶ 这些特点决定了商业保险公司难以独立实现其供求。一方面，就供给而言，因巨灾风险的保险产品定价难度大、资本占用率大、再保成本高，若单纯依靠保险公司"理性人"思考，大规模传染病难以通过市场渠道流入巨灾保险体系；另一方面，就需求而言，一般民众的风险意识较弱，且巨灾保险可能引致国家系统性风险，进一步增加居民对政府的依赖，❷ 因此，单纯依靠商业保险公司实现大规模传染病巨灾保险险种的设立和运营，实现难度较大。

综上所述，单纯依靠政府或者市场，难以妥善解决大规模传染病巨灾保险风险分散问题。

（二）理性回归：政府与市场分工协作

2016年全国民政工作会议提出"政府推动与市场调节和社会参与相结合"的原则，即在民政公共产品提供上，要善于利用多种所有制形式的市场主体，借助市场力量满足广大群众多层次、个性化需求。❸ 在大规模传染病巨灾保险经营上，应传承如上理念，确立政府与市场共同经营模式，明确市场的主导作用与政府的引导、支持者角色。

1. 充分发挥市场的主导力量

在大规模传染病巨灾保险经营中，应给予商业保险公司充分的自主权和创新空间，减少政府的行政管理成本，保证市场配置效率。一方面，保险公司应基于其丰富的保险产品开发、精算、服务经验，负责开发大规模传染病巨灾保险业务，包括险种的搭建、配套，提供全程专业巨灾保险服务；另一方面，保险公司可引入资本市场来分散巨灾风险。目前，通过资本市场分散风险的主要方式是实现巨灾风险证券化，即通过发行巨灾债券、期货等进行资金的筹集和风险的分散。❹

2. 严格把握政府介入的边界

诺贝尔经济学奖获得者罗纳德·科斯在其《社会成本问题》一文中指出：私有商品市场体系在分配资源方面是最有效的体系，但当出现妨碍市场功能发挥的情形时，该体系失灵。巨灾本质上属于"公众危险"，其公众属性决定了转嫁巨灾危险的保险必须由公共管理者——政府介入，以弥补完全交由保险公司进行商业化运作的不足。

---

❶ 李逸波，陈宝峰. 政府参与我国洪水保险的理论分析 [J]. 金融教学与研究，2006（1）：64-65.
❷ 张新. 巨灾保险制度中保险公司与政府的责任 [J]. 全国流通经济，2018（5）：67-68.
❸ 潮平岸阔，民政事业再扬帆——积极贯彻十八届五中全会精神 深入推进民政事业改革发展 [J]. 中国民政，2016（1）：8-25.
❹ 宗宁. 我国巨灾保险经营模式法律问题研究 [J]. 河北法学，2013（6）：180-185.

为确保市场力量主导作用的发挥,政府在巨灾保险发展中应担负起必要的"保姆""警察"与"超额损失分担者"的角色❶,包括:出台专项立法明确大规模传染病的法定标准界定、政府与保险公司的责任分工等问题;以保费补贴、税收激励、保险产品前端优惠等方式引导、塑造大规模传染病巨灾保险产品(见图4-2)。当赔偿金超过保险公司赔偿限额或穷尽保险赔偿方式后,由政府承担最后责任。

图4-2 政府和保险公司的角色承担

四、模式构建:大规模传染病纳入巨灾保险的配套机制建设

(一)建立大规模传染病巨灾保险的立法设计

"九层之台,起于累土",明确大规模传染病巨灾保险的法律地位、法律理念、立法原则等问题是巨灾保险险种开创的重要前提。

1. 在立法理念上,建立保险补偿优先理念

尽管保险不可能满足灾害被保险人的所有赔偿需求,但其仍是提供灾害救助最有效、最合理的方式。因此,在险种立法中应普及、树立保险赔偿优先的理念,纠正过去过于依赖政府救济的非市场化倾向,使灾害救济能回归市场本位。

2. 在立法模式上,实行单独立法

单独立法相较综合立法的优势在于:第一,明确大规模传染病的界定标准,进而根据其特殊性设置其投保、保费计算、理赔等具体内容;第二,后续调整巨灾疾病的标准等级操作难度较小。

3. 在立法原则上,遵循逐渐性原则❷

大规模传染病巨灾保险的设立和完善不是一蹴而就的,在投承保方式、政府补贴等方面均可在一定区域内试验、调整并推广,以使该险种真正起到抵御风险的作用。

---

❶ 任自力. 论中国巨灾保险立法的构建[J]. 首都师范大学学报(社会科学版),2013(5):45-50.
❷ 梨文静,郭丹. 我国巨灾保险法律制度研究[J]. 黑龙江政法管理干部学院学报,2019(5):89-94.

（二）推行三级（国家、省、市）巨灾产品体系

大数法则是支撑保险产品运行的基本原则，其依据在于发生同类危险的投保人只占其中小部分比例。但巨灾风险一旦发生，若未进行产品事前的技术处理和协调，容易发生购买同一保险的同一投保群体同时发生损失，与大数法则相矛盾。鉴于我国幅员辽阔，在政府的防疫措施下，某地域集中暴发的传染病风险能在一定地域内得到控制，大规模传染病巨灾保险的大数据基础应以全国为单位，通过扩大保费承担主体的群体范围、投保的地域范围，进而解决保费和保险金赔付聚集的矛盾。在具体安排上，保险产品的推广、销售、理赔服务采用以省、市为单元，但保费归集、保费运作管理由国家统一安排。

（三）推广"政府投保"与"公众投保"二元模式

从国内的巨灾保险试点情况看，绝大多数以政府作为单一的投保人，但仍有部分省份先行先试，在巨灾保险中融入个人投保情形（见表4-2）。从短期来看，实现民众自愿投保而推动大规模传染病巨灾保险的运行具有一定难度。本文建议丰富巨灾保险产品供给，同步经营"社会保障类大规模传染病巨灾保险"与"商业类大规模传染病巨灾保险"。前者由政府向保险公司购买，保费与赔偿额度较低，满足最基本的保障需求。后者由保险公司向社会公众推广，由公众自主选择是否购买。该二元模式在短期内能实现资源最优配置。但应当明确的是，"政府投保"与"公众投保"的二元模式即便在短期内也仍然应倡导以"政府投保"为基础、以"公众投保"为主力，通过长期的发展培育，逐渐过渡到实现完全的"公众投保"。

表4-2 主要巨灾保险试点城市的投保方式[1]

试点类型	试点地市	投保人
政府单一投保型	深圳	深圳市民政局
	宁波	宁波市民政局
	厦门	厦门市民政局
	广东省（湛江、韶关、梅州等）	广东省及各市两级政府（省级与地市3:1的比例分担）
	黑龙江省	黑龙江省财政厅
"政府+个人"共同投保	四川省	由投保人个人承担40%的保费支出，各级财政提供60%的保费补贴。特殊优抚群体涉及的基本保额参保保费由财政全额承担

---

[1] 丁玉龙．我国巨灾保险各地试点情况综述．微信公众号"深圳市保险中介行业协会"，2017-11-10．

(四) 优化"公众投保"模式

政府购买大规模传染病巨灾保险发展初期的制度设计，商业类巨灾保险方是该险种发展的活力和最终归途。因此，为鼓励公众积极投保"商业类大规模传染病巨灾保险"，建议政府对投保人给予保费补贴，从而降低民众购买保险成本、激发民众自主投保意愿，提升巨灾保险制度的稳定性和可持续发展能力。[1] 此外，还可通过扩大承保范围、设置长期限承保期等方式增加民众投保意愿；将该商业类巨灾保险作为人寿险、健康险、意外险等险种的附加险一并销售，增加保险销售渠道、扩大投保人人群（见图4-3）。

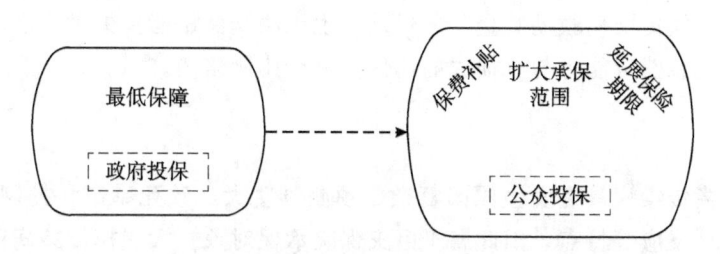

图4-3 "政府投保"与"公众投保"二元模式

(五) 加强保险公司风险防范能力

保险公司作为大规模传染病的主导力量，提高其风险防范能力才能推动险种走得远、走得稳。

1. 保险公司强制承保与自愿承保相结合

在承保环节上，对于"政府投保"部分要求保险公司强制承保。对于"公众投保"部分，在政府给予保险公司税收优惠等条件下要求保险公司在最高保额以内实行强制承保。对于超出保额的部分则以市场化手段实行自愿承保，给予保险公司利润创造空间。

2. 发行大规模传染病巨灾保险证券

除传统的保险和再保险层次外，巨灾风险证券在发达国家已经被广泛证明是一种有效的巨灾风险管理工具。通过完善债券评级体系，创新债券品种，不断扩大对债券的需求，为发行巨灾债券创造市场空间。[2] 巨灾保险证券化对国家财政负担、企业经营风险的减轻作用有充分的国际经验累积。所以在大规模传染病巨灾保险运营中，应该对巨灾保险的证券化进行相关规范，保证其在合理的轨道上运行，通过对巨灾保险的结构设计，起到减轻负担、缓冲风险的

---

[1] 陈明之. 我国巨灾保险经营模式路径选择研究[J]. 西南金融, 2019 (7): 87-96.
[2] 卓志. 改革开放40年巨灾保险发展与制度创新[J]. 保险研究, 2018 (12): 78-83.

作用。[1]

3. 构建"大规模传染病救助基金"

为增强灾害应对能力，作为保险补偿的长效机制，建议将平常汇集的个人、团体慈善捐赠汇集成立"大规模传染病救助基金"。该基金专款专用，作为经营此类保险公司的保费补助金，专门用于保险公司在发生补偿不足情况下的补充，变事后救助为事前储备，实现自助、互助、公助三位一体的保费汇集方式，防止救助资金后援不足问题。当发生大规模传染病巨灾赔付达到一定比例以上时，由"大规模传染病救助基金"进行赔付，以基金累积额度为限。当发生"大规模传染病救助基金"赔付殆尽也无法全额赔偿损失时，启动回调机制，即按照总偿付能力与总损失的比例，进行比例赔偿。[2]

结语

大规模传染病具有发生原因复杂、预测难度大、致死率高、控制难度大、易发生连锁反应等特点，因此属于巨灾保险承保对象。大规模传染病巨灾保险制度的建立，有助于逐步扭转在面对新冠肺炎疫情等传染疾病时单一依赖政府或通过行政决定变更既有商业保险承保范围等现象，实现大规模传染病的风险分散，有助于平衡政府与市场在应对风险的角色定位，实现疾病应对的良性循环，优化地区乃至国家的疾病管理方式，提高城市防御大规模传染性疾病的能力。

---

[1] 蒋佶良. 我国巨灾保险及其证券化立法研究 [J]. 民商法争鸣，2018 (2)：143-149.
[2] 朱伟忠，吴茜，陈敬元. 广东建立巨灾保险制度的可行性研究 [J]. 南方金融，2016 (3)：72-86.

供应链金融中保险创新的价值与法律检视

陆新峰[1] 高 洁[2]

摘 要 中小企业融资难是阻碍企业发展的一大难题,为解决这一难题,市场供应链金融数量激增,信用保证保险迅速发展,各种创新险种应运而生,为融资健康有序发展带来了新的价值。信保领域相对应的法律问题在不断产生,检视业务模式,完善法律制度,将保障供应链金融保险行业的健康发展。

关键词 供应链金融 创新产品 法律检视

中小企业融资难是阻碍企业发展的一大难题,据中国中小企业协会数据显示,现在供应链金融或者是贸易金融领域,通过应收账款、预付账款的融资缺口,在中国大概是110万亿元人民币,以应付账款进行融资的缺口大概为13万亿元人民币。供应链金额作为创新融资模式,近年来发展迅猛,成为极具潜力的金融新领域。

供应链金融,是金融机构根据产业特点,围绕供应链上核心企业,基于真实的交易过程向核心企业和其上下游相关企业提供的综合金融服务。供应链金融主要表现为三种形态:应收账款融资、库存融资以及预付款融资。主要参与主体是商业银行、保理公司、供应链企业等,随着融资需求的扩增,保险公司正逐步踏入主体行列。供应链企业在运转过程中存在多重风险,一是经营风险,如上下游企业之间资信状况较差或出现故障、贸易融资的背景虚假、单据伪造等;二是财务风险,如资金周转不开,流动性差,供应链融资业务规模大,杠杆水平高,会加剧金融风险暴露,保险则可用分摊损失的方法来实现其经济补偿的目的。可以说,保险公司的融入为供应链金融健康有序发展提供了一份有力保障。

---

[1] 陆新峰,中国法学会保险法研究会理事。
[2] 高洁,紫金财产保险股份有限公司法务。

一、供应链金融中保险创新的发展现状

保险作为现代金融服务业的重要组成部分，是风险管理和财富管理的基本手段，是衡量经济发展水平和社会治理能力的重要标志。经济高速发展的今天使得财产保险的需求日益多样化、复杂化和综合化，保险产品与金融产品、中小企业、融资渠道等领域有着愈发紧密的联系。

（一）创新驱动保险行业升级

供应链金融既是各行各业在生产产品、提供服务中的新要素，也为各行各业、各类组织创设效率更高的组合结构提供了新的可能，对保险行业和保险主体而言，既是机遇又是挑战。保险行业自主研发能力不断提升，金融企业与服务平台资源不断整合与共享，逐渐形成开发稳健的金融保险生态圈，供应链金融正助力行业创新发展和转型升级。站在保险行业的角度看，实现创新驱动升级，融合供应链金融发展，有四个方面值得关注。

一是规划，供应链金融涉及各行各业，包含的主体也各式各样，背后存在多种法律关系，保险应着眼未来、统揽全局、合理定位、整体规划保险准入与创新，适应不同场景下保险业务发展。二是渠道，保险行业要扩展业务范围，加强对融资手段的规划整理，加快对客户资源的汇聚，应拓展连接优质渠道。金融市场上发展较好的渠道有大数金融、大道金服、狐狸金服、紫金普惠、精确数科等，都为企业融资贷款、信用贷款等提供服务。三是产品，围绕保险产品，创新设计责任险或保证险类别，产品可参与供应链金融多维度环节，与银行、供应商、经销商多主体发生业务可能。四是营销，构建全面完整的供应链金融保险创新体系，突出营销重点，策划营销手段，通过自主创新或者交互合作等方式加快发展，经由业务实践的不断检验，迭代更新，完善创新体系。

（二）保险公司不断创新产品

1. 解除财产保全保险

《民事诉讼法》第104条规定：财产纠纷案件，被申请人提供担保的，人民法院应当裁定解除保全。另最高人民法院《关于在经济审判工作中严格执行〈中华人民共和国民事诉讼法〉的若干规定》第14条中规定，被申请人提供相应数额并有可供执行的财产作担保的，采取措施的人民法院应当及时解除财产保全。民事诉讼中财产保全的作用是防止当事人在人民法院作出判决前处分有争议标的物或者处分判决生效后用以执行的财产，以防止纠纷扩大，并保障生效判决得到执行，而被申请人如果提出相应价值的财产担保，则在很大程度上消除了将来生效判决不能执行或者难以执行的可能性，让今后的判决有实现的物质基础，也达到了法院采取财产保全措施的目的。

解除财产保全保险的应用场景越来越明晰，随着人们法律意识的不断加强，法律纠纷越来越多，尤其是关乎大金额的交易，涉诉可能性极高。核心企业处于贸易往来的中心地位，资金流转对于企业的发展壮大具有重要意义。涉诉不仅意味着官司缠身，同时还代表着很多重要资产将被保全，短则几个月，长则几年，一笔两笔可能无关痛痒，当数十笔保全全压在企业资产上，这将会是不小的阻碍。保险行业正在研究解除财产保全保险，从保险行业产品的角度出发，向法院提供担保，解除正在进行的财产保全，不影响案件执行，为企业解决燃眉之急。

解除财产保全保险担保业务在严格的客户筛选及设定反担保措施（含抵押物）的情况下，能实现各方共赢：第一，保障了法院诉讼程序正常推进，有效遏制了保全措施的滥用，节约了有限司法资源的消耗；第二，确保权利人的生效判决利益能够得到兑现保证，保全申请人合法的执行利益得到可靠保障；第三，有效解决了被保全方的流动性，避免商誉损失，同时保险担保保全置换使被保全方更好地继续进行生产经营，创造社会财富；第四，保险公司业务创新，在风险可控的情况下业务得到发展。只要严格选择客户，做好反担保措施，保险公司赔付风险可控，属于典型的蓝海业务，短期内享受阶段性的先入市场红利。

2. 国内短期贸易信用险

供应链金融的快速发展，使市场产生了大量信用保险的需求，也为大规模发展信用保险提供了得天独厚的经济条件。在供应链金融的模式中，保险公司可以挖掘客户关系，开发信用保险，如经销商和供应商之间往往长期合作，来往的合同交易数目较多，且在双方约定的账期内会及时清偿。如果供应商出现资金困难等问题，最常见的做法是拿着应收对账找寻融资可能，银行这时会审查供应商的整体信用资质，通过后将提供相应的融资服务。

保险公司设计的创新产品正在参与这个环节，供应商（卖方）拿着对经销商（买方）的应收账款，采用赊账方式销售商品或提供服务，由于到期后没有及时收回账款所导致的损失，属于信用保险的保险责任，由保险公司承担相应风险。例如，国内短期贸易信用险，实际上是权利人向保险公司投保债务人信用风险的一种保险，债务人的保证责任转移给保险人，当债务人不能履行其义务时，由保险人承担赔偿责任。而保险公司关注的就是买方的信用资质，保险人根据被保险人申请对买方资信情况进行调查，对买方信用风险进行评估，并审批信用限额。信用限额审批和调整是贸易信用保险最典型的风险控制手段，综观各国信用保险机构的保险合同，均采用了大体相同的信用限额审批、调整机制。

3. 企业贷款履约保证保险

完整的供应链金融模式里有银行存在，一般来说，最基础的银行介入模式有：企业有基础交易合同，向银行申请贷款。保险公司的贷款履约保证保险在银行和企业中形成三方关系，为银行放贷提供保障，为企业顺利贷款提供好处。可以说，保证保险在帮助企业取得贷款的同时，带动了资金流动的运转，提高了供应链金融整体的融资效率。同时，银行对保险公司的履约能力有充分的信心，保险公司在企业与银行间起到充分沟通的作用，分担了银行的贷款违约风险。

保监会一直在加快发展面向中小微企业的小额贷款保证保险，利用保险资金化解企业融资的后顾之忧，促进经济发展。相比较传统的融资模式，银行与保险公司合作正是跨行业合作的优势之作，贷款企业不需要提供抵押或担保，只需按照贷款金额的一定比例缴纳保费，就能获得较低利率的贷款。可以说，通过购买企业贷款履约保证保险产品，不仅促进保险市场的创新发展，拓宽产品序列，增加保费规模，而且可有效打消银行放贷的顾虑，帮助中小微企业更容易获得贷款，提供强有力的资金支持。

除了以上保险产品，作为现代经济的重要产业和风险管理基本手段，保险行业还着手通过投资企业股权、债权、基金等方式，创新更多类型的产品为中小微企业的发展提供资金支持，承担着社会责任。

（三）行业创新经营数据状况

我国信用保证保险市场起步较晚，近年来迎来快速发展阶段，信用保证保险保费收入从2010年的118.9亿元增长至2017年的593.6亿元，年均复合增长率达26%。2018年我国信用保险保费收入增速超过60%，排名财产险中第一位，其中信用险为367.4亿元，保证险为796.7亿元。根据平安集团2018年财报数据，保证保险已经成为平安产险除车险外的第二大保险产品，保费收入330亿元，占公司总保费收入的13.34%。近年来，保证保险的保费收入开始大幅超过信用保险，未来这一趋势将更加明显，尤其是个人、企业贷款保证保险业务占据保证险市场大头。随着市场规模的不断增长，信用保证保险行业产值也将不断增加，预计到2025年将达到8664.4亿元左右。

二、供应链金融中保险创新的现实价值

（一）缓解资金制约，保障市场融资发展

供应链金融发展以供应链为基础，整个经营过程贯穿供应链条，从采购经过物流到中间商，再到最终产品售出，涉及生产商、供应商、销售商、零售商、物流方、银行等主体。商业银行基于对整个供应链资金流转现状和企业征

信情况分析后,提供资金支持,保险公司的加入就是为资金融通增加更多动力与可能,缓解资金制约,保障融资发展。

从主体来看,中小微企业是资金的需求方,发展先天具有劣势,成长空间受限,难以与大型企业抗衡,而在供应链金融中,有一环资金发生周转问题,势必造成整体经营困难的局面。同时银行在审核中小微企业信贷资质时,必然尺度较严,当企业购买保证保险,获得保险公司为企业提供担保后,银行会更快通过审核,急速放贷,保险公司也能在理赔过后向企业追偿。保险公司的加入提升了融资效率,优化了放贷审核,尽管保险公司会承担一定经营风险,但这种风险转嫁的模式降低了中小微企业的融资门槛,缓解了资金缺口,并在总体上保障了市场经济的良好运转。

(二)分散经营风险,推动经济消费转型

供应链金融与传统金融模式的不同之处在于它是一个动态、快速的联合体。传统金融模式里的授信是点对点的交互,供应链金融下的授信是点对链的信任,当银行对单一公司的信任不足或资质有限时,授信会遭受阻碍,但当核心企业拿出供应链中真实往来的交易时,可信度则大大增加,尤其是有长期往来的应收账款、应付货款、交货单、汇票凭证等。与此同时,当与银行交互的核心企业受到银行的青睐与信任时,实际与核心企业发生真实交易的下游企业也会因此获得授信可能,这就是供应链金融带来的普惠优势。

但这些授信的前提在于整个供应链金融的交易是真实有效的,如果交易存在虚假,企业伪造合同单据等凭证,恶意取得授信,那么大批量的恶意行为必然造成金融市场的混乱,进而危害市场经济健康发展。保证保险的出现可以有效转嫁此种经营风险,推动市场经济消费转型。首先,保险公司的加入对原有授信审核模式增加了一层风控保障,在银行进行第一步风控措施之后,客户进入保险公司的风控体系,双重审核制度加强了保障能力。其次,保险公司为银行提供了风险兜底的服务,当客户出现逾期不还款、恶意欠付等行为时,就触发了保险事故进入理赔阶段,保险公司会第一时间替投保人还款,保证资金到位,这使得银行放贷减少了很多后顾之忧。最后,保险公司在赚取保费、发展险种的同时,因为保证保险的特性,仍然可以实现自身权利的保障,理赔之后保险人可以基于担保法律关系向投保人追偿,尽管追偿存在无法实现的可能,但在风控把握好的前提下,这样的险种仍是优质有利的。一份创新的保证险种不仅可以分散供应链整体的经营风险,促进市场经济的发展,也为消费转型注入了活力。

(三)补充金融主体,构建多层借贷体系

提供融资服务的主体一般为商业银行、保理公司、小额贷款公司、担保公司以及典当行等。非银行金融机构近年来发展迅猛，保理公司就是常见的机构之一，一般以应收账款作为担保，放款给需求公司，金额较大，一笔常常达到数亿元资金。销货方将其销售商品、提供服务或其他原因产生的应收账款转让给银行，由银行再通过保理为其提供应收账款融资及应收账款管理的金融服务。企业应收账款由商业银行买断后，这批应收账款就具有无追索性，即使买方到期不还贷款，商业银行也不能向应收账款的卖方进行追索，由此，企业的坏账风险转移到了保理公司身上，应收账款风险被锁定。但保理业务办理后，全部风险由银行一家承担，风险相对较大，严重制约了我国保理业务规模的扩大。

保险公司创新的保证保险产品可以拓宽供应链金融下金融主体的种类，补充进来，加强银保合作甚至是银行、保理公司、保险公司三方合作，降低整体金融风险，实现多层借贷体系的有效构建。我国的保证保险业务正处于发展阶段，业务量及保费规模可观，开展的区域逐步扩增，不仅仅局限于经济发展较好的城市。随着我国金融市场发展，正确认识和恰当地运用供应链金融下的创新保险业务，对于改善我国银行等金融机构经营环境以及提高我国企业的竞争力，都具有积极的推动作用。

三、供应链金融中保险创新的法律检视与完善

保险是社会进步的产物，是以多数人的互助共济为基础，以对危险事故所导致的损失进行补偿为目的，具有经济补偿、资金融通和社会管理的功能，是经济金融保障的重要制度。保证保险是保险行业近年来的创新之举，直到2009年修订的《保险法》才正式规定了保证保险，并纳入财产险范畴内，但在实际使用过程中，这类创新险种在现行法律规定下存在一定争议，需要我们检视现有问题并予以完善。

（一）创新保险现存的问题

1. 担保性质不明，法律适用混乱

保证保险从签订保险合同的角度来看，属于《保险法》规定的财产保险的一种，法律关系是在投保人与保险人之间发生，受《保险法》调整。《保险法》第12条规定："财产保险的被保险人在保险事故发生时，对保险标的应当具有保险利益。……财产保险是以财产及其有关利益为保险标的的保险。……保险利益是指投保人或者被保险人对保险标的具有的法律上承认的利益。"另外，《信用保证保险业务监管暂行办法》（保监财产〔2017〕180号）第2条规定："本办法所称信用保证保险，是指以信用风险为保险标的的保险，分为信用保险（出口信用保险除外）和保证保险。信用保险的投保人、被保险人为权利

人；保证保险的投保人为义务人、被保险人为权利人。"保证保险以债务的履行为保险标的，投保人与被保险人之间存在基础合同关系，投保人如果届期不向被保险人履行债务，则保险事故发生，保险人要依据保险合同向被保险人承担保险责任，按约定承担债务。实际上是两个法律关系并存，一是基础合同关系，二是保险合同关系。

但实践中，保险人需要提供保函实现保证保险的功能，从保函的角度来看，保证保险似乎是一种担保性质的行为，受《担保法》调整。有学者认为保证保险实则就是保险公司出具的担保，保证债务人届时履行债务，不履行时，保险公司承担相应担保责任。支持这种观点的原因之一在于司法实践与审判中，保险公司往往具有追偿权，即在承担保险责任后，能够向债务人进行追偿，这正表明这一保险就是一种担保行为，适用《担保法》。

针对保证保险担保性质的争议，目前学界认为两者可以并存。梁慧星教授认为："根据保证保险合同的形式与实质的关系，人民法院审理保证保险合同纠纷案件，应遵循以下法律适用原则：①对于《保险法》和《担保法》均有规定的事项，应当优先适用《保险法》的规定；②《保险法》虽有规定但适用该规定将违背保证保险合同的实质和目的的情形，应当适用《担保法》的规定，而不应当适用该《保险法》的规定；③对于《保险法》未有规定的事项，应当适用《担保法》的规定。"最高人民法院的法官也持类似观点，认为"在当事人明确约定保险人承担保证责任的，则按担保定性，适用《担保法》确定双方当事人的权利义务，没有约定的，适用《保险法》"。但具体何时适用《保险法》，何时适用《担保法》的界限较难认定，存在分歧，这样混乱的法律适用导致保证保险法律纠纷陷入司法困境，对保证保险制度的发展造成了一定的阻碍。

2. 参与主体多元，风控体系缺失

在供应链金融的融资过程中，最主要的风险来源就是企业的信用风险，而信用风险来源于上下游企业本身以及供应链中的交易。企业经营状况不佳、无法偿还到期债务，或者由于道德风险，不履行偿债义务等，这些信用问题都可能使银行办理放贷以及保险公司出具担保后遭受经济利益损失，从而产生"恐贷"的心理。这种潜在的高额风险一定程度上扰乱了金融市场的经济秩序，因此建立一套全面的企业信用风险管理制度，是保证创新险种健康发展的关键。

建立全面系统化的风险管理制度，离不开完整的风控模型。风控模型可以由财务状况、管理能力和社会背景三部分组成，其中财务状况指企业财务报表的营利性、运营性指标，包括财务信息真实性、业务利润率、资金周转率、资产负债率等指标项目；管理能力指体现公司管理制度与竞争能力的评价指标，包括主要经营管理者的信用资质、涉诉情况、以往的经营业绩等指标项目；社会背景指企业对外的社会关系资源与影响力，包括与其合作的企业规模水平、参股股东的能力以及参与社会活动的影响力。

但现有市场的风控体系相对缺失，主要原因有以下几点：从人员的角度来看，大多数保险公司缺乏完整的风控团队，成熟的团队需要金融、经济、法律和审计方向的人才，确保每一个环节都落到实处。与银行相比，保险公司的工作人员大多没有金融行业的工作经验，缺乏对信贷业务的法规、信贷业务的知识以及信贷业务的操作流程等方面的认识。保证保险的发展愈发迅猛，如果不加强专业人才团队建设，势必影响整体业务规模和风控审核。从业务实质风险的角度来看，为避免银行和保险公司遭受损失，对于核心企业或供应链中各企业的信用能力需尽调审核。如今各家保险公司的业务审核模式不一，且业界没有通用的审核流程或资源平台，业务能否承接主要看各保险公司研究设计的审核尺度，其专业性和时效性难以得到保障，因此完整的风控体系建设势在必行。

（二）创新保险制度的完善

1. 完善法律制度

供应链金融规模日益庞大，保险业务数量逐渐增多，不论是《保险法》《担保法》还是《合同法》，关于供应链金融下这些创新险种担保制度的相关规定都没有明确的立法规定，司法实践中存在法律适用混乱的情况。要想解决信用保证保险制度现存的问题，就要完善相关法律法规，强化金融监管，维护供应链金融下保险业务的良性发展。

首先，保证保险法律属性在理论界及司法实务界一直存在较大争议，一般学说有"保证说""保险说"和"二元说"，"二元说"结合了前两者学说内容，受到较多人的认可。保证保险兼具保证和保险双重属性，保证保险既具有担保债权实现的功能，又由于保证保险的独立性、有偿性等特征符合了保险合同的基本属性。二元说使得保证保险在部分情况下适用《担保法》，部分情况下适用《保险法》，因此，立法应当明确保证保险中担保的性质究竟是什么，以此确定保险合同法律关系和基础合同法律关系之间的联系，并明确解决此类纠纷应如何适用法律。

其次，保证保险属于物保还是人保，其与其他保证并存时，债权人实现权利的顺序如何进行有待法律明确。笔者认为，根据《合同法》中约定优先的原则，如果债权人与保险公司、保证人在协议中约定了各方承担责任的顺序，就应该从其约定。如果没有约定保险公司与保证人的承担顺序就应当根据债权人银行的诉讼请求来确定，决定权在于债权人银行自己。另外，如果将保证保看作人保，赋予保险公司先诉抗辩权较为不合理，保险公司作为销售保险产品的营利机构，它通过保险精算，测算了险种费率并且向投保人收取保险费，风险与收益并存，如果保险公司通过先诉抗辩权拒赔出险的债务损失，对于金融市场也会带来不良影响。

最后，有学者认为保险公司的追偿权存在问题，如果赋予收取保费，具有赢利可能的保险公司向担保人追偿的权利，这对担保人来说很不公平。但基于担保法律关系来说，保险公司似乎确有追偿的依据，当下的司法环境倾向于支持保险公司向债务人追偿索赔，但这仍亟待法律规定予以明确。

2. 健全风控体系

为适应供应链金融下的风险管理要求，市场要健全对信贷交易等的风控体系，尤其是作为兜底方的保险公司。第一，匹配专业人员。多岗位专业人才对口，保险公司人员需要多维度全面审核，这对工作人员的业务技能提出了较高的要求。保险公司应更加注重对从业人员信贷知识的培训，积累人才资源。第二，开发数据平台。当下是大数据时代，数据为王，掌握海量数据的数据源服务商，就掌握了稀缺的数据源资源，必将处在大数据产业链上游，资源掌握意味着甄别能力提升。开发数据平台可以建立海量数据的储存空间，搭建风险量化的数据库和指标库。同时设计云计算模型，将个别信息输入计算库，经过处理，得到识别和评估的结果，实现风控审核。第三，客户智能标签。供应链金融场景下的客户数量众多，且公司之间交互程度高，存在人格混同、子母公司、股权互持等各种情形。客户的信用和偿付能力是重要的风控维度，结合企业公开年报、工商登记信息、企业涉诉状况等公开信息，设计智能的客户标签，分为ABCD不同等级，配合承保端的承保条件进行甄别分析。第四，研发反欺诈模型。外部欺诈风险日益严峻，金融业一直致力于建设反欺诈风险管理体系，快速响应多样化的应用场景需要，聚焦风控痛点。传统的反欺诈识别方式一般为人工审核、U盾、密码器等方式，形式烦琐且效率不高，与生物高科技等方式结合，可研发新型模型，提高客户身份识别的准确性和效率，简化业务流程，优化客户投保体验，提升反欺诈风险防控智能化水平。

参考文献

[1] "2019全球财说峰会"主题演讲：区块链在供应链金融中的落地应用［EB/OL］. https://finance.sina.com.cn/stock/stockzmt/2019-12-21/doc-iihnzhfz7448438.shtml.

[2] 谭中明，师家慧，江红莉. "互联网+"时代我国保险创新研究［J］. 西南金融，2017 (09): 36-42.

[3] 卢爱军，郑志广，万立雪，等. 贸易信用保险合同"信用限额审批条款"效力问题研

究 [J]. 北京仲裁, 2018 (03).
[4] 黎毅. 保证保险法律性质之探讨 [J]. 法制与社会, 2008 (24): 94-95.
[5] 张振华, 许星辰. 信用保险立法模式与主要结构 [J]. 中国保险, 2016 (10): 52-55.
[6] 刘瑞霞. 打造基于大数据的智能化风控体系 [J]. 金融电子化, 2018 (08): 57-58.
[7] 耿丽娟. 中国工商银行信用风险管理研究 [J]. 内蒙古科技与经济, 2015 (08): 41-42.
[8] 赵娟. 保证保险代位求偿权对象的司法认定 [J]. 法律适用, 2019 (24): 11-21.
[9] 蒙震. 中小企业信用风险评估模型研究——以某国有控股上市银行为例 [J]. 暨南学报 (哲学社会科学版), 2014 (12): 40-48.

网络互助法律制度建构重要问题刍议

何启豪[1]

摘 要 健康保障是民生第一需求。受历史、文化等因素的影响,我国居民防范疾病风险主要依赖于国民医保。2020年3月,中共中央、国务院发布《关于深化医疗保障制度改革的意见》,提出"到2030年,全面建成以基本医疗保险为主体,医疗救助为托底,补充医疗保险、商业健康保险、慈善捐赠、医疗互助共同发展的医疗保障制度体系"的改革发展目标。其中,"医疗互助"首次占有了一席之地。本文选取新兴的网络互助作为对象进行初步的讨论和研究,包括界定网络互助的法律性质,特别是其与保险产品的差异性;论证网络互助的双层法律结构,研究网络平台的法律地位和责任规制体系,提出对网络互助的监管建议等。

关键词 网络互助 法律制度 重建 刍议

一、引言

健康保障可谓民生第一需求。由于历史、文化等因素的影响,我国居民防范疾病风险本能地依赖国家医保。中央启动医改以来,取得了巨大成绩,基本上实现了人员全覆盖。但是,存在保障不足的难题。尤其对于癌症等大病,病人所承担的医疗费用以及其他疾病负担,往往超过大病保险保障范围。国家癌症中心调查显示,接近八成的受访对象表示患病给家庭带来难以承受的经济负担。根据国务院扶贫办统计,官方扶贫对象中有四成是"因病返贫"。即便对于中产之家,同样面临类似的风险。尽管政府医疗卫生投入迅速增加,但在新冠肺炎疫情的影响下势必又创新高,但据华中科技大学和人民出版社共同发布的一份报告预测称,到2024年,医保基金将面临结余亏空7353亿元的严重赤字。

---

[1] 何启豪,中国政法大学副教授。

在国家提供的保障之外,商业健康保险被寄予厚望。自1982年我国首次开展健康保险业务以来,经过30多年发展,在国民健康保障中的作用越来越重要。但是,健康保险的发展仍处于较低水平,健康险市场渗透率仅9.1%(2017年),而且还存在保费较高、中低收入群体难以承受、承保条件苛刻导致较多中等风险群体无法投保等问题。根据2018年《中国商业健康保险发展指数报告》显示,我国商业健康保险人均卫生支出占比远低于美欧等发达国家,患者的经济负担仍较重。

2020年3月5日,中共中央、国务院发布《关于深化医疗保障制度改革的意见》(以下简称《意见》),提出"到2030年,全面建成以基本医疗保险为主体,医疗救助为托底,补充医疗保险、商业健康保险、慈善捐赠、医疗互助共同发展的医疗保障制度体系"的改革发展目标。相较于2016年《"健康中国2030"规划纲要》提出的"健全以基本医疗保障为主体、其他多种形式补充保险和商业健康保险为补充的多层次医疗保障体系",《意见》首次明确了"医疗互助"在国家医疗保障制度体系中的定位。

目前,互助与互联网技术结合而生的网络互助发展迅猛。仅以"相互宝""水滴互助""轻松互助"三家头部企业为例,"相互宝"依托"支付宝"平台巨大的流量和"蚂蚁金服"完善的金融体系,自2018年上线以来发展迅猛,截至2020年4月,"相互宝"已发展成员数达1.05亿,且已为37000多位成员募集了52亿元互助金。"水滴互助"成立于2016年,目前已累计发展救助会员11000多人,募集互助金15亿元。"轻松互助"目前的互助会员数也已超过千万,且已为会员累计提供互助金15.55亿元。

网络互助以互联网为媒介,与普惠金融发展的契合,体现在网络互助的受惠人群覆盖广,风险保障门槛低,损失分摊成本小,以及信息披露透明化。例如,"相互宝"的所有成员中,56%来自三线城市及以下区域,其中32%来自农村和县城❶。用户满意度较高,84%的网络互助参与者对网络互助计划表示满意。网络互助还提高了用户保障意识,有效推动了健康保障教育。网络互助参与者中41%也投保了商业保险,较未参与人群高出了三成。❷

扩大互助范围,是对人类更高尚进化的保证。在信息时代,互助在互联网技术的支撑下,在更广泛领域发挥了作用。譬如,以维基百科为代表的"知识互助",使得知识普及进入了新阶段。而网络互助则是在现代网络科技的支撑下,保留互助本质的传统互助风险保障范围的极大化(事实上网络互助保留了

---

❶ 国际金融报. 相互宝一年获1亿成员,近六成来自三线及以下城市[EB/OL]. https://www.ifnews.com/news.html? aid=59305.
❷ 艾媒报告. 2019中国网络互助发展专题研究报告[EB/OL]. https://www.iimedia.cn/c400/67468.html.

第四编 中国保险法制研究的新视角

保险的优点,即规模经济)。

与商业保险一样,网络互助也是一种风险分担机制,在理论框架下它与商业保险同根同源。甚至反对将网络互助视为保险的监管机构(原中国保监会),也承认网络互助是为风险分摊机制:"网络互助是以互联网为主要渠道,以互助计划等名义向公众收取费用、招募会员。如果会员发生约定的意外事故、重大疾病等风险事件,再向会员分摊或募集互助金。"❶ 一般认为,网络互助与保险的不同主要表现在风险保障的后果上,即网络互助不保障刚性赔付。但在这一点上并不绝对,随着会员规模的扩大(比如超过亿人)以及分摊的金钱成本和时间成本的增多(比如分摊超过十年),网络互助也可能会逐步从"无刚性赔付"转变为"准刚性赔付"乃至最终为"刚性赔付"。

然而,目前对网络互助的监管仍处于空白状态,而仅以无名合同规制,所暴露出的以及潜藏着的商业风险、法律风险和健康保障风险巨大。因此,有必要构建网络互助法律规制体系,厘清法律性质、保障机制、平台责任等问题,以防范风险、保护消费者利益。

二、网络互助的法律性质

当前网络互助法律规制面临的最大问题就是"身份问题"。学界、业界、监管部门和司法部门对该问题尚无共识。如果能就该问题阐释清楚、达成共识,将会为监管体制的构建提供坚实依据和明确指引。

对于网络互助,目前尚缺乏统一的定义。例如,原中国保监会副主席魏迎宁先生从操作流程的角度给出的定义为:网络互助是借助互联网技术与平台,公众自愿参加发起机构开发的互助计划(目前主要针对死亡、重大疾病和意外伤害等风险),一般事先约定最高分摊限额,公众加入时储值少量资金,一旦发生赔付,大家分摊扣款。从业者则认为网络互助是指在互联网公司或科技公司等互联网平台("平台运营者"或"管理人")的发起或推广下,具有同质风险保障需求的自然人("互助成员"),通过互联网加入互助计划,并委托平台运营者管理、运营互助计划,约定当互助成员发生意外事故、重大疾病等风险事件且达到约定的条件时,由互助成员根据约定接受或分摊互助金的互助共济机制。

从法律规范意义上来看,按照《保险法》第 2 条的规定,保险被定义为:"投保人根据合同约定,向保险人支付保险费,保险人对于合同约定的可能发

---

❶ 《中国保监会关于开展以网络互助计划形式非法从事保险业务专项整治工作的通知》(保监发改〔2016〕241号)。

生的事故因其发生所造成的财产损失承担赔偿保险金责任,或者当被保险人死亡、伤残、疾病或者达到合同约定的年龄、期限等条件时承担给付保险金责任的商业保险行为。"基于此,原保监会在 2015 年发布《关于"互助计划"等类保险活动的风险提示》,2016 年又发布了《关于开展以网络互助计划形式非法从事保险业务专项整治工作的通知》,均认为大多数"互助计划"不承诺刚性赔付责任,不进行事前定价,所收款项用于后续分摊,用完后需要补充,与保险产品存在本质差异。监管部门严格划清互助计划与保险产品界限,防范消费误导,但也将网络互助排除在保险监管之外。

总结目前关于网络互助法律性质的主要观点。一是"公益说":基于对网络互助产生与发展的历史以及平台所暴露出的风险分析,认为网络互助应属于慈善组织或公益社团的范畴,并建议由民政部门进行监管。二是"保险说":认为网络互助实质就是保险,尤其与相互保险高度相似。目前,该观点不仅在理论界多有拥趸,而且在司法审判实践中也被多次采纳,如在"张亚霞、郑俊芳等与北京轻松筹网络科技有限公司合同纠纷案"[1] 中,法院认定为网络互助提供了"事实上的保险保障";在"谷元文与深圳点燃信息科技有限公司合同纠纷案"[2] 中,法院认定"成员与互助平台之间为保险法律关系,适用保险法予以规范"。三是"类保险说":认为网络互助即使不是保险,也应被视为"类保险"。根据"穿透式监管"理念,亦应将之纳入保监部门监管。

笔者认为,网络互助虽然不是"保险"产品,但属于"保障"产品,是一种新型的健康风险分散与保障机制。具体的理由是:首先,随着保险的保障属性被越来越强调,网络互助与保险在功能上有重叠与交叉已是客观事实。其次,网络互助与保险科技的发展方向一致,也是要充分利用数字技术来改善保障机制。最后,网络互助回归社群合作,并通过互联网平台实现了社群的规模效应,避免了传统互助的局限性。因此,作为一种新型的健康风险分散与保障机制,网络互助将成为我国"以基本医疗保险为主体,医疗救助为托底,补充医疗保险、商业健康保险、慈善捐赠、医疗互助共同发展的医疗保障制度体系"的重要组成部分。

三、网络互助双层法律结构

法律关系是法律主体之间的权利义务关系。对于网络互助的法律关系,意见多有分歧。有学者及法院认为网络互助的法律关系为"成员与平台之间的契

---

[1] (2019) 闽 0305 民初 1246 号。
[2] (2019) 冀 0107 民初 141 号。

约关系",此认定乃是将网络互助与保险关系视为同一。笔者认为,网络互助应为双层结构的法律关系:成员与成员之间订立网络互助成员公约的行为应属于共同法律行为,平台经营网络互助计划是成员与平台之间的委托代理行为。

(一) 网络互助成员之间订立成员公约的行为属于共同法律行为

所谓网络互助,是以自愿加入为前提,依靠互联网技术重构"信任"机制,并契合大数法则原理,通过会员之间损失共担的方式,提供健康风险保障的普惠性互助行为。成员之间是一种共担风险,助人同时也是自助的关系,网络互助为群体公约,成员遵循互助公约。所谓共同法律行为,又称多方法律行为,即指因当事人多个方向相同的意思表示趋于一致而形成的法律行为,其特征为多数意思表示的平行一致且方向相同而非相反。相较于双方法律行为,典型的共同法律行为的特征具体包括:①意思表示的同向性而非相对性;②目标的涉他性;③身份的一致性;④效力的整体性;⑤关系的团体性;⑥合作的长期性。

可以"共同法律行为"模式解释成员签订成员规则和计划条款的行为。在网络互助计划中,会员行为符合多方法律行为的重要特征。例如:①会员的意思表示具有同向性:对于网络互助计划的成员而言,其签订成员规则和计划条款的行为,可视为对互助规则的认可和对"帮助他人,守护自己"这一共同的价值和目标的追求。②身份具有一致性。网络互助计划的所有成员均为成员规则和计划条款的成员。③关系具有团体性。网络互助计划的成员因有共同的目标以及彼此互负分摊互助金的义务而具有一定的牵连关系。

(二) 网络互助成员与经营平台之间属于委托代理行为

平台经营网络互助计划是成员与平台之间的委托代理行为,这是因为平台不仅是撮合交易的中间媒介人,而且也是会员的代理人,它根据会员的委托,经营管理具体的网络互助计划。换言之,平台不仅撮合了交易,而且还根据委托授权,成为网络互助的经营者、服务者与管理者。

成员与平台之间的委托代理法律关系主要体现在网络互助《成员公约》的概括性约定以及具体的《互助计划》条款规定中。平台的权利与义务应符合委托合同下受托人权利义务的一般特征。通常而言,委托合同下受托人的义务与责任包括依委托人的指示处理委托事务的义务、亲自处理委托事务的义务、报告义务、财产移交义务及因违反注意义务或越权而应负的损害赔偿责任。

四、平台的法律地位及责任规制体系

平台是网络互助的发起人、经营者,但基于网络互助法律关系的双层结构,平台的权利义务有别于保险公司,仅属于"实际代理人"。换言之,平台通过信息撮合以及管理服务获益,却不承担会员赔付风险。因此,平台变更互助计划规则往往会引发较大的争议。在司法实践中,法院亦判决平台类比适用《保险法》施加保险人的明确说明义务、合同不利解释等规则。由此可见,廓清平台的法律地位,明确平台经营者的权利义务,建立平台责任规制体系意义重大。

笔者认为,网络互助平台作为会员的代理人,平台对所有会员主要负有忠实义务、勤勉义务和信息披露义务。忠实义务包括两个主要的规则:一是避免利益冲突规则(no conflict rule),即受托人应避免其个人利益与受托义务相冲突;二是不牟利规则(no profit rule),即受托人不得利用其受托人的地位牟利。勤勉义务是指平台在经营管理网络互助包括赔付审核时,应以全体成员的利益为标准,不得有疏忽大意或重大过失,应以适当的方式并尽合理的谨慎、技能和注意,履行自己的职责。信息披露义务是指平台经营网络互助的过程应当透明,信息披露真实、准确、及时、完整。平台的权利则主要是根据对互助计划的运营、管理服务收取管理费,不得以运作互助资金的方式获取利益。

另外,还应完善平台的退出或破产机制。与《保险法》规定了保险公司破产后的救济机制并成立保险保障基金不同,目前网络互助行业并未建立清晰的退出救济机制。实践中,有些平台退出后,其成员由其他互助平台接收。例如,深圳未来互助平台停业,其成员由上海"众托帮"互助平台承接。但成员在新旧平台中的过渡却未有明示的处理规则,成员的权益能否获得保障不得而知。更糟糕的是,有些平台(如上线仅三个月,拥有95万会员的"八方互助")退出后,并无其他平台接受其成员,平台的善后工作也仅是退回充值金额,并没有对用户进行任何的赔偿,也没有受到任何的处罚。

五、网络互助的经营风险与成员救济机制

作为新生事物,加之欠缺法律规范,一些网络互助平台没有互联网金融的准入许可,也缺乏开展这些创新业务的风险管控能力,暴露出了以下商业经营及资金管理风险:①经营比较混乱,加入时告知不充分甚至误导。"30万元额度保障,不要钱!""加入互助,倒送3元红包。"②产品不合理,甚至违反常识。例如,一则"糖尿病互助计划",19元加入,最高赔付30万元,竟号称"不管是否罹患糖尿病,都能同样加入"。③商业模式不清晰,迄今为止所有平台均未实现盈利,也未形成有效的、可复制的盈利模式。④设立的初心和理赔严谨性需要平衡,线上扩张与线下理赔需要平衡。例如,有的互助平台汇集数十万人,缴纳数百万元互助金,9个月来竟无一人申请到救助。⑤部分网络互助平台采取预先收费并建立资金池的互助金管理模式,存在资金管理风险。

另外，由于信息不对称，还存在道德风险和逆向选择。①平台的道德风险。由于平台并不承担成员的风险，其盈利来源主要为收取会员以分摊方式支付的管理费（一般为6%~10%），而不承担分摊。因此，平台招募的会员越多，其收取的管理费越多，可能会对会员风险审核不严，片面追求规模。在这样的风险与收益分配机制下，平台基于吸引会员加入网络互助的动力可能会降低对会员风险的控制，甚至会出现平台虚构互助事件骗取资金的可能性。②会员的逆向选择。由于平台并未要求成员强制体检，导致风险越高的人越愿意加入，久而久之则推高均摊费用，进而造成健康会员流失，陷入恶性循环。

当成员的互助金正当申请因其他成员未按约定缴纳互助金而被拒绝时，不管是从法律依据（成员分摊被视为单方赠予）还是从现实操作（数千万乃至数亿成员）的角度考虑，求助者向其他成员请求赔付均不可行。更为糟糕的是，当网络互助平台暂停互助，成员便会面临失去最后救济（the last resort）的困境，因为平台经营者并不承担"刚性赔付"的责任。例如，2017年1月，上线仅三个月、拥有95万会员的"八方互助"发布公告暂停互助，且没有对用户进行任何赔偿。因此，建议参照保险等行业的做法，建立网络互助机构破产或退出的程序规则，以及成员权利转移接续机制，可考虑成立"网络互助保障基金"或保证金制度。但由于当前缺乏监管主体，对于如何建立、如何运作仍需靠审慎论证和市场主体的自觉。

另外，对于会员超千万、甚至超亿的互助平台，平台经营影响社会稳定和金融秩序。在缺乏监管的情况下，平台理论上可以虚构病历、套取互助金，从"小额易腐"到制造庞氏骗局，造成系统性风险。当平台修改规则，或引发集体诉讼；当平台破产时，或使会员无处寻求救济而引发群体性维权事件。

六、网络互助监管建议

网络互助应当纳入金融监管范畴，但又因其与保险并不完全相同，因此，应该在借鉴保险监管的基础上，起草《网络互助业务管理办法》《网络互助组织监管办法》，进而制定《网络互助条例》，构建专门针对网络互助的监管体制和架构，以保护会员（消费者）的利益，并促进行业发展。

（一）保护消费者（会员）利益

监管应以"消费者保护"为基础价值。上文所述网络互助的经营风险、成员救济机制不完善以及平台退出或破产风险，均对会员（消费者）的利益造成重大影响。因此，监管应当重点关注四个方面：①消费者安全，包括交易安全、隐私信息安全以及保障安全和持续赔付。②保障的可获得性，在区别定价（differential pricing）基础上兼顾实质公平乃至社会和谐团结，保障被"污名化的风险贱民"(underclass stigma)能够获得健康风险保障。③防范平台侵犯消费者权益,如未经会员许可,修改《互助公约》或《健康要求》等为由拒绝赔付;对平台资金用途、资金账户等进行监管,防止平台挪用、滥用资金。④完善对成员赔付的救济机制。企业可建立互助对接"慈善捐赠"机制,也可以参考"保险保障基金",建立成员保障救助基金,乃至全行业的成员保障救助基金。

(二)推动行业自治与自律,促进网络互助的价值实现

对于新兴的风险保障行业而言,成立行业协会并加强自治具有重要的意义。以美国众筹的合法化为例,这一过程显示出了行业协会在脱离监管到拥抱监管的重要作用。如果要开创一个中国银保监会监管的新的风险保障行业,有必要成立行业协会。网络互助行业自治应当着眼以下几个方面。首先,鼓励网络互助发挥风险保障的作用。作为健康风险保障的网络互助计划,其价值目标首要在于提供会员财务安全,即防止"因病返贫"。网络互助提供社会保障之外的资金保障,有助于避免患者因疾病负担而不堪重负。其次,鼓励网络互助发挥风险教育的作用,促进会员对互助组织的认知、参与组织治理。再次,鼓励平台发挥风险管理的作用,网络互助应当积极建立细化的操作手册和实施行业标准,网络互助应当优先考虑被保险人无法合理预见、预防的伤害所需医疗费用的保障,防范并控制道德风险与逆向选择。最后,鼓励行业自律,发布并完善网络互助行业标准与业务规范。

(三)提高监管能力,拥抱监管科技

网络互助是互联网科技发展的产物,充分利用了最新的信息革命、在线支付、大数据等技术成果,打造了支撑"现代信任"的环境。因此,监管应关注信息工具的利用并进行法律规制。另外,大数据的应用也是对网络互助监管的重要支撑,有助于监控甚至降低平台风险。

结语

网络互助起源于互助,充满了情感主义。但其经营的是健康风险保障,这些产品在文化上是被界定为超越货币价值的。这就陷入了一个无可逃避的困境:为作为商业而存活下去,网络互助就只有被迫追求最大化的利益,但是仅拿利益作为正当理由对网络互助而言却又是肮脏的。这也是目前网络互助尚未找到盈利模式的重要原因。网络互助的可持续发展需要解决由道德和市场的不平衡需求而引起的张力。